차 한잔의 여유와 함께
이 책을 읽으며,
긍정적인 생각들로 당신의 앞날이 열려
정상에 오르시길 바라며
이 책을 드립니다.

정상에 오른 사람들의
1일 1분 특강

정상에 오른 사람들의 1일 1분 특강

3판 1쇄 발행 ㅣ 2022년 11월 25일
3판 1쇄 발행 ㅣ 2024년 1월 15일

글 ㅣ 지그 지글러 외
펴낸이 ㅣ 이현순
엮은이 ㅣ 김은주
펴낸곳 ㅣ 백만문화사
주소 ㅣ 서울시 마포구 토정로 214(신수동 388-2)
전화 ㅣ 02)325-5176   **팩스** ㅣ 02)323-7633
신고번호 ㅣ 제 2013-000126호
이메일 ㅣ bmbooks@naver.com
홈페이지 ㅣ www.bm-books.com
Translation Copyright©2022 by BAEKMAN Publishing Co.
Printed & Manufactured in Seoul, Korea

ISBN 979-11-89272-31-9 (03190)
값 16,000원

*잘못된 책은 서점에서 바꾸어 드립니다.
*값은 뒤표지에 있습니다.

우리를 변화시키는 1분의 성공 메시지!

A Minute's Insight!

정상에 오른 사람들의

1일 1분

특강

지그 지글러 외 ㅣ 김은주 편역

time for a
BREAK

차 한잔의 여유와 함께 읽는 책!

백만문화사

정상에 오른 사람들이 남긴 감동의 메시지

인류 역사를 돌아보면 어떤 사람은 100세를 살면서도 아무런 성과 없이 허송세월하기도 하고, 어떤 사람은 60세를 살면서도 자기 분야의 정상에 올라 많은 업적을 남기기도 합니다. 이렇게 뛰어난 업적을 남긴 사람들은 우리의 삶을 변화시킬 수 있는 수많은 감동의 메시지들도 남겼는데 이 책은 바로 그 메시지들을 매일 하루에 부담 없이 읽을 수 있는 분량으로 모아 엮은 것입니다.

　　인생에서 무엇보다 중요한 것은 오늘 하루를 어떻게 보내는가 하는
것입니다. 오늘이 모여 한 달이 되고, 한 달이 모여 1년이 되며, 1년이 모
여 일생이 되기 때문입니다.

　　아무쪼록 이 책을 통해서 하루를 알차게 보내고, 1년을 후회 없이 보
내어 마침내 정상의 반열에 동참하는 독자가 되기를 바랍니다.

| 차 례 |

01 January 〈비전〉 · · · · · · · · · · · · · · · · · · · 9
원대한 꿈과 비전을 갖자

02 February 〈자세〉 · · · · · · · · · · · · · · · · · 41
긍정적인 자세가 성공을 부른다

03 March 〈선택〉 · · · · · · · · · · · · · · · · · · 71
후회 없는, 현명한 선택을 하자

04 April 〈용기〉 · · · · · · · · · · · · · · · · · · 103
참된 용기를 갖자

05 May 〈목표〉 · · · · · · · · · · · · · · · · · · 134
확고한 목표를 세우자

06 June 〈수단과 방법〉 · · · · · · · · · · · · · 166
방법도 정당해야 한다

07 July 〈욕망〉 · · · · · · · · · · · · · · · · · 197
성공하겠다는 강한 욕망을 가져라

08 August 〈인내심〉 · · · · · · · · · · · · · · 229
끈기와 인내심을 기르자

09 September 〈실천력〉 · · · · · · · · · · · · 261
실천력을 기르자

10 October 〈사랑〉 · · · · · · · · · · · · · · · 292
사랑으로 충만한 인생을 살자

11 November 〈대인관계〉 · · · · · · · · · · · 324
사회생활에서 가장 중요한 대인관계

12 December 〈반성〉 · · · · · · · · · · · · · · 355
반성하고 다시 시작하자

1 January 〈비전〉

원대한 꿈과 비전을 갖자

"인생은 엄숙한 경기다"

인생의 기간은 짧다. 그 짧은 인생도 천하게 보내기에는 너무 길다.
— 셰익스피어

우리는 오직 하나밖에 없는 생명을 가지고, 오직 한 번뿐인 인생을 살고 있다. 이세상에 생명을 둘 가진 사람은 아무도 없다. 어느 누구도 하나밖에 가지지 못했다.

인생은 1회성이다. 인생은 1회전으로 끝나는 엄숙한 경기다.

인생에는 연습이 없다. 운동선수들은 많은 연습을 하고 시합에 나간다. 그러나 인생에는 정해진 시합이 없다.

인생이라는 게임에는 타임아웃도 없고, 인생의 시계는 한순간도 멈추지 않고 돌아간다.

인생이라는 게임에는 연습게임이 없다. 오직 본 게임뿐이다. 매일 매일이 엄숙한 순간이요, 매일 매일이 중요한 결승전이다.

남이 내 인생을 살아줄 수 없고, 내가 남의 인생을 살아줄 수 없다. 나의 인생은 내가 살고, 나의 길은 내가 가는 것이다. 아무도 대신해줄 수 없는, 한 번뿐인 인생, 지나가면 다시 안 오는 삶을 후회 없이 사는 지혜를 배워야 한다. 인생을 아름답게, 멋지게 사는 철학을 배워야 한다.

이제 한 번뿐인 인생을 어떻게 살 것인가를 새해를 맞이한 오늘 이 시간에 결정해야 한다. 보다 엄숙한 시간이다.

"원대한 꿈을 갖자"

꿈이란 당신이 잠에서 깨어나면 잊어버리는 그 무엇이 아니라,
당신을 잠에서 깨우는 그 무엇이다. ― 찰리 헤지스

당신은 꿈이 있는가? 꿈을 가질 바에야 원대한 꿈을 가져라. 남들이 터무니없다고 비웃더라도 좋다. 이루어질 것 같지도 않은 무모한 꿈을 꾸는 것은 젊은이의 특권이니까. 그리고 일단 꿈을 정했으면 어중간하게 버려두지 말고, 철저하게 온 몸을 내던져서 그 꿈을 이루기 위해 노력해보자.

꿈이 모두 이루어지지 않아도 좋다. 밑져야 본전이라고 생각하자. 다른 사람에게 웃음거리가 되거나 무시당했다고 해도 중요하지 않다. 그런 건 모두 잊어버리자. 사람은 각자 자신의 인생을 사는 것이므로 힘껏 살라. 당신에 대해 언제까지고 기억해 줄 만큼 다른 사람들은 결코 한가하지 않다.

인생은 전력을 다해 살지 않으면 인생의 끝자락 어느 부분에선가 반드시 후회할 것이다. 꿈이라는 건 유명해진다든지 부자가 되는 일만을 말하는 것이 아니다. 전 세계의 산들을 모조리 정복해야지, 평생 동안 1만 권의 독서를 해야지, 세계일주 무전 여행을 해야지 등등, 어떤 일이든 좋다.

자기가 선택한 거대한 꿈이면 된다. 다른 사람과 비교할 필요는 전혀 없다. 비교하면 쓸데없이 골치만 아프다. 내가 말하고 싶은 것은, '자신'이라는 껍데기를 깨기 위해 일상의 자신을 뛰어넘을 꿈을 그릴 수 있으면 된다는 것이다. 어리석은 일이라도 자기가 어디까지 열심히 할 수 있을지를 아는 것은 아주 중요하다. 필자도 그 노력 덕분에 하면 된다는 자신이 생겼다. 어차피 인생이란 무슨 일이나 원한다고 다 해낼 수 있는 게 아니니까 말이다.

"꿈을 현실화하려면"

간절히 원하는 꿈은 우주가 힘을 합하여 도와준다.
— 파울로 코엘료

목표가 중요하지 않다고 하는 사람들도 있다. "언젠가 어떻게 되겠지." "언젠가는 도착하겠지." 물론 어떤 목표를 갖는다고 해서 당장 어떻게 되는 것은 아니다. 또 목표가 없이 살아도 평생 아무런 일도 없이 잘 사는 사람들도 있다. 그러나 그런 생활태도가 문제가 되는 것이다. 당신이 스스로 달려가야 할 때 누군가가 당신을 재촉하게 된다는 것이다.

다시 말해서 얼마나 오래 걸릴지, 또 얼마나 달려가야 할지를 다른 사람들이 가르쳐 준다는 사실이다. 당신 스스로 언제 달려가야 할지 무엇을 어떻게 해야 할지 모르니까 다른 사람들이 하라는 대로 따라가게 된다는 것이다. 다른 사람이 당신이 목적이 없다는 것을 알게 되면, 다른 사람이 당신의 인생을 결정하고 여러분을 지시하고, 이리저리 끌고 다닐 것이다. 목표를 세우려면 먼저 꼭 필요한 것이 소망이다. 소망은 무엇일까? 당신은 장차 부자가 되고 싶다는 생각을 하고 있을 것이다. 부자가 되고 싶다는 생각, 바로 그것이 소망이다.

목표는 구체적이다. 이것이 목표의 첫 번째 특성이다. 그 다음으로 검증이 가능하다. 적어도 달성이 가능한 것. 이것이 목표의 두 번째 특성이다. 그리고 목표의 세 번째 특성은 그 목표를 달성하는 시기가 정해져 있어야 한다는 점이다. 목표란 항상 그 목표에 도달하고 싶은 시점을 정해두어야 한다. 안 그러면 계속 미루다가 죽는 날까지 시작도 안 해보고 포기해 버릴 수도 있으니까 말이다. 그리고 그 목표를 향해 한걸음씩 나아갈 수 있는 방법을 구체적으로 설명할 수 있어야 한다.

"비전이 갖추어야 할 다섯 가지 조건"

위대한 사람에게는 목적이 있고, 평범한 사람에게는 소망이 있다.

— 워싱턴 어빙

비전은 다음과 같은 조건을 갖추어야 비전이라고 할 수 있다.

첫째, 원대한 포부와 꿈이 들어 있어야 한다.

원대한 포부와 꿈, 그리고 희망이 들어 있어야 한다. 최고이거나 최초가 되고자 하는 열망이 담겨 있어야 한다. 당신의 비전에 그 정도 열망이 없이는 여러분이 인생을 성공적으로 건너가게 만드는 동기가 될 수 없다.

둘째, 목표는 명확하고 구체적이어야 한다.

궁극적으로 무엇이 되고 싶은지 명확하고 구체적인 목표가 그 속에 담겨 있어야 한다.

셋째, 분명한 목적이 있어야 한다.

목적지가 불분명하다면 방황하게 된다. 목적이 분명해야 구호가 아닌 현실적인 비전이 된다.

넷째, 장, 단기 균형이 이루어져야 한다.

비전이 살아 움직이고, 여러분의 선택의 기준이 되기 위해서는 장, 단기 균형이 있어야 한다.

마지막으로 당신에게 가장 소중한 것이어야 한다.

비전에는 인생에서 가장 소중하고 중요한 것이 담겨 있어야 한다.

13

"미래를 제대로 알라"

미래를 위해서 무엇을 해야 할지 알 수 없다. 그래서 인생은 멋지다.
— 톨스토이

우리는 미래를 제대로 읽기 위해서 이성적이고 논리적인 사고도 필요하지만, 직관과 같은 감성의 도움도 필요하다.

우리 삶의 방향을 제시해 주는 우리 자신만의 고유한 나침반이 우리 내면의 세계에 존재하는 것처럼 직관 역시 우리 내면에 존재하고 있는 것이라고 할 수 있다.

세계적으로 큰 업적을 남긴 인물 중에 베토벤, 모차르트, 다빈치, 아인슈타인 등이 창조적 활동을 할 때 바로 직관을 통해서 영감을 얻었던 것이다.

그러면 이런 위대한 인물에게만 직관이 존재하는 것일까? 반드시 그렇지만은 않다는 것이 학자들의 공통된 답이다.

우리 모두 "인간은 누구에게나 태어나면서 자연과 신으로부터 고도의 직관을 선물로 받았다. 문제는 이런 직관을 얼마나 개발하느냐가 문제이다. 직관은 감각기관에 의해 지각되는 감정으로, 직관과 감성으로 사물을 볼 때 인간은 영감과 통찰력을 얻는다."라고 학자들은 말한다.

당신은 인생의 항해를 시작할 때 변화로 인해서 불확실성이 많은 미래를 읽는 안목이 무엇보다도 필요하며, 그런 안목을 갖기 위해서는 직관을 활용할 줄 알아야 한다.

"현명한 선택의 6가지 방법"

희망은 사람을 성공으로 이끄는 신앙이다.

— 헬렌 켈러

인생의 바다를 항해하는 것은 곧 선택의 연속이다. 매순간 선택을 해야 한다. 지금 이 순간에도 여러분은 무엇인가를 선택해야 한다. 중요한 사항일수록 후회 없는 선택이 매우 어렵다. 왜냐하면 그 결과에 대해서 책임을 져야 하기 때문이다. 그러면 현명한 선택을 할 수 있는 방법은 없는 것일까? 학자들이 권하는 비법은 다음과 같다.

첫째, 현명한 선택을 하기 위해서는 올바른 문제의식을 가져야 한다.

지금 무엇을 결정해야 하는지, 당신이 선택해야 할 문제가 무엇인지 똑바로 인식해야 한다. 선택을 할 때 문제를 분명히 알지 못하고 그저 감으로 하는 경향이 있기 때문이다.

둘째, 선택하는 목적이 무엇인지 분명히 알아야 한다. 어느 쪽으로 가고 싶은지, 무엇을 하고 싶은지, 무엇을 원하는지를 분명히 알고 선택해야 한다.

셋째, 창의적인 대안을 제시해야 한다. 어떤 선택을 할 때 창의적인 대안을 갖지 못하면 올바른 선택을 할 수 없다. 창의적인 대안은 구체적이고, 측정가능하며, 달성이 가능하고, 적합하고, 시의적절해야 한다.

넷째, 결과를 예측할 수 있어야 한다. 냉정하고 객관적으로 가져올 수 있는 결과를 어느 정도 예측할 수 있어야 한다.

다섯째, 여러 가지 목표가 균형을 이루도록 선택해야 한다. 한 가지 목표를 달성하기 위해 다른 목표를 달성하기 어렵게 해서는 안 된다. 최적의 선택은 목표 간의 조화와 균형을 이룰 수 있도록 하는 것이다.

마지막으로 불확실성을 고려해야 한다.

"꿈을 이루는 7가지 법칙"

꿈을 밀고 나가는 것은 이성이 아니라 희망이며, 두뇌가 아니라 심장이다.
— 도스토옙스키

첫째, 나는 할 수 있다는 생각으로 시작하라. 불가능하다고 생각하면 그대로 된다.

둘째, 목표가 마음에 소원하고 있는 것과 일치해야 한다.

셋째, 부정적인 생각을 버려야 한다. "나는 안 돼." "할 수 없어."라는 생각을 버려야 한다.

넷째, 언제나 긍정적인 말을 매일 반복하라. "나는 성공할 수 있다." "나는 발전하고 있다." "해낼 수 있다."라는 말을 매일같이 반복하여 말하라. 말은 힘과 용기를 준다.

다섯째, 대가를 지불하라. 참된 성공은 반드시 땀과 노력이라는 대가를 요구한다.

여섯째, 문제가 생기고 어려움이 닥쳐도 포기하지 말라.

일곱째, 가능한 꿈을 크게 가져라. 꿈을 구체적으로 설계하라. 시간과 목표를 정하여 반드시 이루겠다고 다짐하라.

"후회 없는 선택을 위하여"

태양을 향해 달려라. 그러면 그림자는 보이지 않을 것이다.
— 헬렌 켈러

첫째, 당신이 놓여 있는 현재의 상황을 분석하라. 스스로 능동적으로 선택하기 위해서는 여러분의 현재 상황을 객관적으로 먼저 분석해야 한다. 당신은 먼저 위험 요소가 무엇이며, 기회가 되는 요소는 무엇인지 파악해야 능동적으로 선택할 수 있다.

둘째, 선택을 피하려고 했던 진정한 의도를 파악하라. 선택을 미루거나 피했을 때 처음에는 귀찮다거나 하는 등의 이유가 있었으나 실제 의도는 다를 수 있다. 예를 들어서 대학의 어떤 과를 선택했을 때 그 선택이 잘못되어 그 결과가 두려워서든지 아니면 부모의 거부로 선택을 피했을 수도 있다. 당신이 현명한 선택을 하기 위해서는 당신 의도 뒤에 숨어 있는 진정한 의도를 파악해야 한다.

셋째, 항상 당신 자신에게 물어라. 능동적인 선택을 하기 위해서는 다음과 같은 질문을 자주 스스로에게 해봐야 한다. 이것이 내가 한 선택인가? 나의 선택이 아니면 진정으로 내가 하고 싶은 것은 무엇인가? 나는 선택을 피한 것에 대해서도 의도를 알고 있는가?

넷째, 최상의 선택에 집착하지 말라. 최상의 선택에 집착하다가 선택을 미루게 된다. 아무리 심사숙고해서 최상의 선택을 했을지라도 항상 아쉬움이 남는 것이 선택이다. 따라서 당신이 선택한 것이 최고의 결과가 나오도록 노력하는 것이 더욱 현명하다.

다섯째, 하루에 하나씩 능동적으로 선택하도록 하라. 선택의 능력은 훈련을 통해서 길러진다. 따라서 사소한 것이라도 매일 능동적으로 선택하는 습관을 갖도록 한다.

"위험과 기회를 구분하라"

세상이 미쳐 돌아갈 때 가장 미친 행동은 현실에 안주하여 꿈을 포기하는 것이다. ─ 미겔 데 세브란테스

불확실성이 높아지면 우리는 목적지를 잡기가 매우 어려워진다. 언제 어떤 변화가 닥칠지 모르기 때문에 무엇을 해야 할지 무엇을 목표로 삼아야 할지 알지 못하게 된다. 그러나 환경의 변화에서 오는 불확실성을 현명하게 대처하기 위해서는 불확실성 속에 위험과 기회가 공존한다는 것을 알고 두 가지를 분별할 줄 알아야 한다.

위기 속에 기회가 있다는 말처럼 변화로 인한 불확실 속에는 언제나 기회와 위험이 공존하고 있다. 문제는 그 안에 숨어 있는 위험을 축소하고 기회 요인을 잘 활용하는가 하는 것이다.

여기서 우리는 우산장사의 지혜를 생각해볼 수 있다. 우산장사는 비가 오는 날에는 우산이 많이 팔려 돈을 많이 벌 수 있으나 비가 오지 않는 날에는 우산이 팔리지 않아 허탕을 치게 된다.

내일 비가 올지 오지 않을지 알 수 없는 불확실성이 항상 놓여 있다. 그런데 날씨에 대한 불확실성은 두 가지 가능성을 제시한다. 즉 비가 올 경우 우산을 많이 팔아 돈을 많이 벌 가능성과 비가 오지 않아 우산을 하나도 못 팔아 손실을 볼 가능성이다. 따라서 우산 장사에게는 비가 많이 올 가능성은 긍정적인 기회이지만, 비가 오지 않아 손실을 볼 가능성은 부정적인 위험 요인이라고 할 수 있다.

우산장사와 달리 우리의 환경은 더욱 복잡하고 불확실성이 더 크다. 그러나 그 불확실 속에 들어 있는 위험과 기회를 알려주는 사람은 없다. 둥지를 떠났기 때문에 당신 스스로 분별하고 인식해야 한다.

"꿈은 크게"

성공은 결과이지 목적은 아니다.

— 플로베르

꿈은 무엇으로 실현할 수 있을까? 큰 뜻을 가지고 아무리 노력해도 현실 속에서 얻는 것은 아주 작은 것뿐이다. 하물며 큰 뜻을 품지 않고 별로 노력도 하지 않고서 일생 동안 무슨 일을 할 수 있겠는가? 꿈은 크고 목표는 높으면 높을수록 좋다.

이 순간이 남은 생의 시작이다.

매순간은 새로운 시작이다. 영원히 반복될 날의 출발이 순조롭지 못하면 처음부터 다시 시작하면 된다. 필요하면 언제든지 다시 시작하라. 멀지 않아 당신은 영원히 반복될 가치가 있는 특별한 순간을 발견하게 될 것이다.

"비전은 어떤 것인가?"

높이 비상하지 않는 자는 낮게 추락할 일도 없다.
— 존 셸킨

당신은 어디로 가야 할지, 인생의 방향을 결정해야 하며, 그런 다음에 단호하게 실행에 옮겨야 한다.

결정하는 것을 미루거나 결정하는 것을 두려워하지 말라.

결정할 때 당신의 가치를 낮게 평가해서는 안 된다.

집짓기, 스포츠카사기, 은행에 100만 달러 저축하기 등은 비전이 아니라 목표임을 기억하라.

목적과 비전은 당신의 존재와 관계가 있어야 한다. 그것은 "내가 왜 태어났지?"하는 혼잣말의 질문에 대답할 수 있어야 한다.

"당신이 진정으로 하고 싶은 일은 무엇인가?"

소망을 말하는 것은 연약하기 때문이고 뜻을 세우기 위해서는 힘이 필요하다. — 구스타프 아돌프 린트넬

당신은 삶에서 진정으로 이루고 싶은 것이 무엇인가? 어떤 사람은 자기 잇속 차리기에만 몰두하기를 원한다. 어떤 사람은 자신의 인생이 은퇴하면서부터 시작된다고 생각하여 그 때의 일을 위해서 준비하다가 한평생을 놓치고 만다.

어떤 사람은 살 만한 집 한 채만 있으면 족하다고 생각한다. 그러나 집이 생기고 나면 승용차를 기대한다. 그러면 그 다음에는 무엇을 기대하겠는가?

인생은 우리가 모으고 또 모으고 나면 또 부족한 것이 생기기 마련이다.

인생에는 진열해 놓고 싶은 트로피보다 더 중요한 것이 있다. 바로 비전이다.

비전은 당신이 죽고 난 후에도 존속할 수 있는 것으로 소유물보다 오래 지속할 수 있는 것이어야 한다.

"극한 상황에서도 희망은 있다"

선과 악이 실제로 그렇게 존재하는 것은 아니다. 다만 생각이 그렇게
만들었을 뿐이다. — 셰익스피어

오늘은 일시적인 실수나 사회적인 책임으로 좋지 않은 곳에서 고생하
는 사람들을 위해서 강의를 하고자 한다. 그런 극한 상황에서도 희망을
잃지 않고 노력하여 성공한 사람들이 있다.

레리 웰스는 강도죄로 캘리포니아 주 법원으로부터 15년 형을 받고 청
소년 교도소에 수감되었다. 그는 그곳에 복역하는 동안 자신의 잘못을 뉘
우치고 참으로 반성의 시간을 가졌다. 그러던 어느 날 부모님이 차입시켜
준 〈인간이 생각할 때〉라는 책을 통해서 많은 것을 깨달았다.

그 책의 주제는 '인간은 누구나 자기가 생각하는 대로 된다.'는 것이
었다.

그 책을 탐독하고 난 그는 그때부터 부정적인 사고를 버리고 긍정적인
생각을 하기로 결심하고 실천하기로 했다. 그는 마침내 모범수로 12년을
복역하고 가석방되었다.

현재 레리는 젊은이를 상대로 적극적인 자아상을 설립하는 프로그램을
개발하여 선전하는 〈인간개발연구소〉소장이다.

어떠한 극한 상황에서도 희망을 잃지 말고 부정적인 생각을 버리고 적
극적인 사고로 행동하자.

"모든 문제는 기회이다"

'기회'의 문에는 어떤 문이나 '미시오' '당기시오'라는 글귀가 붙어 있다.
— 지그 지글러

당신은 오늘 최소한 한 가지 문제는 해결했을 것이다. 사실 문제는 좀 더 나은 생활을 하기 위한 기회이다. 그리고 이 기회들을 취급하고 해결하는 일이 곧 생활의 일부분이 된다.

우리는 아침에 눈을 뜨는 순간부터 저녁에 잠자리에 드는 순간까지 여러 가지 상황에서 문제들을 만난다.

이때 성공하기 위해서는 이런 문제들을 신속하게 해결하는 법을 배워야 한다.

훌륭한 사업가는 자료나 정보들을 수집하고 잘 정리하였다가 어떤 문제들을 해결할 때 그것을 활용한다.

문제를 해결하는 일은 지위가 높거나 인격이 성숙해지면 일상생활에서 매우 중요한 부분이 된다.

실제로 문제의 크기와 성격에 따라 우리의 가치는 비례한다. 따라서 기회가 생기면 감사하게 생각하고 그 기회를 다시 보는 시간적 여유를 갖도록 해야 한다.

재빠른 분석의 기술도 요구된다.

당신이 하는 일에서 문제들을 만나지 못한다면 그 자체가 문제일 수도 있음을 알아야 한다.

모든 문제는 성공의 가능성을 테스트하는 기회임을 명심하자. 그리고 오늘의 문제를 푸는 데에 최선을 다하자.

"비전을 실천하기 위한 준비 단계"

희망이란 본래 있다고도 할 수 없고, 없다고도 할 수 없다. 그것은 마치
땅 위에 길과 같은 것이다. 본래 땅 위에는 길이 없다. 걸어가는 사람이
많으면 길이 된다. ― 루쉰

30분 정도 시간을 내서 당신이 이루고 싶은 꿈이 무엇인지 생각해보라. 당신에게는 어떤 소원이 있는가? 당신은 언제나 무엇을 하고 싶은가?

당신의 천부적인 재능은 무엇인지 생각해 보라. 그리고 그 재능과 당신의 꿈이 어떻게 서로 조화를 이룰지도 생각해 보라.

당신의 꿈, 소원, 천부적인 재능을 적어 놓고 한 주 동안 매일 읽어 보라. 그런 다음 스스로에게 질문하라.

'이런 아이디어가 진실성이 있는가? 그것들은 내가 하고 싶은 것인가?'

"비전의 청사진을 개발하라"

나는 운을 신봉하는 자이다. 그리고 더 열심히 일하면 일할수록 더 많은
운을 갖게 된다는 것을 알고 있다. ― 토머스 제퍼슨

당신은 "내가 누구인가?"와 "나는 지금 어디로 가고 있는가?"라는 질
문에 대한 답을 알고 있는가? 이 질문에 응답할 때 당신은 비전의 청사진
을 개발할 수 있게 된다.

지금으로부터 앞으로 1년, 5년, 10년, 20년 후에 당신이 어디로 가고
싶은지 생각해 보라. 떠오르는 생각들을 얼른 메모해 둔 다음 매일 아침
마다 읽으면서 그것을 위해 달려가라.

"비전을 향한 열정을 가져라"

꿈을 날짜와 함께 적으면 목표가 되고, 목표를 함께 나누면 계획이 되며,
계획을 실행에 옮기면 꿈은 실현된다. ― 그레그

당신이 비전을 향해 나아갈 때 저항이 있기 마련이다. 그 저항을 극복하는 길은 비전을 향한 열정을 갖는 것이다. 자신의 꿈에 대해 진실로 열정을 가진 자라면 어떤 문제가 생기더라도 굳세게 견딜 수 있다.

투지가 있으면 앞으로 계속 나아갈 것이다. 하지만 투지를 유지하려면 열정을 가져야 한다.

열정은 죽음보다도 더 강한 소원이다. 지금 하고 있는 일을 중단하더라도 그다지 서운한 마음이 들지 않는다면 그것은 그 일에 대한 열정이 없다는 증거다.

열정에 갖가지 문제가 따른다면 이런 식으로 말하며 반박한다.

"당신은 지금 거절한다고 할지 모르겠지만 나는 그것을 기다리라는 뜻으로 받아들인다."

"실패를 두려워하지 말고 도전하라"

자기가 하려는 일에 한계를 긋는 사람은 자기가 할 수 있는 일에 한계를
긋는 사람이다. ─ 찰스 M. 스왑

미국의 유명한 럭비 팀인 뉴올리언스 세인츠 팀에 톰 템프시란 선수가
있다.

그 선수는 63야드의 필드골을 성공시켜 세상을 놀라게 하였다. 그러
나 더욱 놀라운 일은 그가 발가락이 없는 불구로 그와 같은 성과를 냈다
는 사실이다. 그는 태어날 때부터 오른발의 발가락이 없었다. 그는 자신
의 놀라운 기록에 대해 겸손했다.

"제가 이런 기록을 내게 된 것은 모두 부모님 덕분입니다. 부모님은 저
의 결함을 조금도 개의치 않으셨습니다. 신체검사 때에도 저에게 할 수 없
다는 말씀을 한 번도 하지 않았습니다. 그래서 저는 그 결함을 핑계거리
로 삼지 않았습니다. 오히려 도전의 계기가 된다는 사실을 그분들에게 배
웠습니다. 그리하여 저는 거기에 구애받지 않고 하고 싶은 것을 할 수 있
었습니다."

'할 수 있다'는 확신을 가지고 삶에 도전한다면 당신도 분명히 성공하
게 될 것이다.

사람은 누구나 한두 가지 정도는 결점을 가지고 있다. 그 결함에 집착
하거나 구애된다면 아무것도 할 수 없다. 따라서 그런 결점 따위는 무시
하고 도전할 때 성공은 당신의 것이 된다.

톰 템프시의 반쪽짜리 발은 수백 개의 필드골을 차냈다. 당신도 자신
의 결함이나 문제를 도전의 발판으로 삼아라.

"높은 이상을 선택하라"

승리에 대한 설명은 첫 번째 음절에 모든 것이 다 들어 있다.

— 사무엘 존슨

사람들은 대부분 일생 동안 살면서 좀더 높은 곳을 바라보게 된다.

어느 대학의 한 교수는 학생들을 상대로 문제의 난이도를 세 단계로 하여, 제일 난이한 문제는 50점, 그 다음에 난이한 문제는 40점, 제일 쉬운 문제는 30점을 주었다. 그리고 답안지를 걷은 다음 제일 어려운 문제를 택한 학생에게는 A학점, 그 다음 어려운 문제를 택한 학생에게는 B학점, 나머지 제일 쉬운 문제를 택한 학생에게는 C학점을 주었다. 그 문제의 답과 관계없이 그렇게 결정하였다.

학생들이 항의를 하면서 그 이유를 묻자 그 교수는 이렇게 대답했다.

"나는 여러분의 목표를 본 것이다."

랭스톤 휴즈는 이렇게 말했다.

"빨리 꿈을 잡아라! 꿈이 죽어버리고 나면 인생은 마치 날개가 꺾여 더이상 날 수 없는 새와 같은 꼴이 된다."

시인 브라우닝도 말했다.

"인간의 목표는 인간의 힘이 미치는 한계를 초월한 것이어야 한다."

달에 가겠다는 꿈과 한 줌의 흙이 되겠다는 꿈은 비교조차 할 수 없다. 꿈은 크게 목표는 높게.

"비전이 이루질 것이라는 믿음을 가져라"

성공한 사람이 될 수 있는데 왜 평범한 이에 머무르려 하는가?

— 베르톨트 브레히트

비전을 이루려면 비전에 대한 믿음을 개발해야 한다. 시각은 눈의 기능인 반면 비전은 마음의 기능이다.

신이 인간에게 준 선물 중 가장 위대한 것은 비전이다.

헬렌 켈러는 생후 8개월 만에 질병으로 장님, 귀머거리, 벙어리가 되었다. 그러나 그녀는 자신이 살았던 시대는 물론 오늘날 우리에게도 많은 영향력을 미치고 있다.

그녀는 노년에 자신의 일생을 제작하는 방송국의 앵커맨과 면담을 하였다.

대담을 하다가 앵커가 이런 질문을 했다.

"헬렌 켈러 여사님, 눈이 안 보이는 것보다 더 불운한 일이 있을까요?"

그러자 그녀는 잠시 생각하더니 이렇게 말했다.

"장님이라는 장애보다 더 궁색한 것은 눈은 가졌으나 비전이 없는 것입니다."

헬렌 켈러 여사는 마음 속에 충만한 비전으로 살았다. 사물을 보는 눈은 흔하지만, 앞날에 대한 비전을 갖기는 힘든 것이다.

"뜻이 있으면 길이 있다"

변화를 추구하는 시기는 두려움의 시기일 수도 있고, 기회의 시기일 수도
있다. 그들 중 어느 시기를 맞이하느냐 하는 것은 당신의 태도에 달려 있다.
— 어네스트 G. 윌슨

신념이란 실패의 시기에 만나게 된다. 예를 들어서 높이뛰기 선수들이
가로막대를 뛰어넘지 못할 때에 비로소 자신이 얼마나 높이 뛸 수 있는가
를 알게 되는 것 같다. 즉 실패를 해야만 성공도 할 수 있는 것이다.

왜냐하면 실패란 목표에 도달하지 못했다는 뜻이 아니다. 계획서 안에
할 수 있는 모든 것을 포함시키지 못했다는 것을 의미한다.

이와 반대로 성공은 어떤 상황에서든 자신의 잠재력을 최대한 끌어내
었다는 것을 의미한다.

"최선을 다했다."라고 당신이 말할 수 있을 때 당신은 성공한 것이다.
정말로 실패한 사람은 자신의 능력을 지나치게 과소평가하여 실패의 위험
을 무릅쓰지 않은 사람들이다.

신념이란 아무런 두려움 없이 실패에 정면으로 맞서는 것이다.

성공은 우리가 지금 이 순간에 하고 있는 것보다 더 이상 잘할 수 없는
지점에 도달해 있는 것이다.

갈채는 우리가 주어야 할 것을 모두 주었을 때 비로소 오는 것이다.
관중들은 승자와 패자가 모두 최선을 다했을 때 그들 모두를 사랑한다.

"열정은 마음을 한 곳으로 집중시킨다"

꿈을 단단히 붙들어라. 꿈을 놓치면 인생은 날개가 부러져서
더 이상 날지 못한다. ― 랭스턴 휴즈

열정의 또 다른 특징의 하나는 마음 한 곳으로 집중시킨다는 것이다.

비전을 향한 열정은 다른 사람에 대한 불평이나 환경에 대한 분노 같은 것에 신경을 쓸 겨를도 없이 사람의 마음을 한 곳에 집중시킨다.

부부생활에서도 문제가 일어나는 것은 부부들이 서로 공유할 수 있는 비전을 상실했기 때문이다. 따라서 당신 부부가 문제가 없는 부부생활을 원한다면 공통된 목적과 비전을 위하여 노력하는 열정을 재발견해야 한다.

스스로 질문을 해보라.

"나는 얼마나 열정에 굶주린 사람인가? 내가 추구하는 것을 얼마나 간절히 열망하는가?"

당신의 삶에서 비전을 향한 열정의 증거로 무엇을 보여줄 수 있는가?

"소망은 분명하게, 계획은 치밀하게"

내일을 위한 최선의 준비는 오늘의 일을 가장 훌륭하게 하는 것이다.
— 윌리엄 오슬러

당신이 인생에서 진정으로 원하는 것을 얻고 싶은가? 그러기 위해서는 먼저 진정으로 원하는 바가 무엇인지를 알아야 한다. 그 다음 그것을 얻기 위한 세부 계획을 세워야 한다.

원하는 것을 얻는 데 절대적으로 필요한 열쇠는 소망을 기록하는 것이다. 우선 연필과 종이를 준비한 다음, 종이 위에 소망을 적는다. 그 다음에 다음 문장을 완성시켜 보는 것이다.

"나는 ~ 때문에 목표를 달성할 수 없다."

예를 들어서 당신은 이렇게 적을 수 있을 것이다.

"나는 돈이 없기 때문에 목표를 달성할 수 없다."

당신의 목표를 방해하는 것이 무엇인가를 알면 다음 2가지 질문 중 어느 하나에 대답하게 될 것이다.

첫째, ~없이 어떻게 나는 목표를 달성할 수 있는가?

둘째, 어떻게 나는 ~을 얻을 수 있는가?

이러한 방식으로 풀어 나가다 보면 당신은 목표에 보다 가까워질 수 있다. 자신의 목표 달성을 위한 계획을 수립한 후 끝까지 노력하라. 분명히 성공하게 될 것이다.

"부정적인 말은 당신의 비전을 망가뜨린다"

인간은 자기의 운명을 창조하는 것이지 받아들이는 것이 아니다.

— 비르만

이 세상에서 가장 중요한 것이 생각인 반면에 말은 가장 강력한 힘을 지니고 있다. 생각은 미래를 계획하는 한편 말은 미래를 창조한다. 따라서 말과 생각을 연관시켜서 이해하는 것이 중요하다. 즉 당신이 어떤 일에 대해 입으로 선포해야만 비로소 그 일이 일어날 수 있다는 뜻이다. 말이란 입으로 표현하든 글로서 기록하든간에, 거기에는 창조적인 능력이 가득 차 있다.

그러므로 비전을 통하여 눈으로 바라보는 것을 말로 표현할 때, 당신이 하는 말은 창조적인 능력을 갖게 되고 비전은 열매를 맺을 수 있다.

하지만 당신의 능력이나 가치에 대해서 부정적인 말을 하면 당신의 비전은 망가질 수 있다.

"비전을 품고 세상을 바라보라"

이룰 수 없는 꿈을 꾸고, 이길 수 없는 적과 싸우고, 견딜 수 없는 고통을
견디며 잡을 수 없는 저 하늘의 별을 잡자. ― 미겔 데 세르반테스

인생은 당신이 바라보기 나름이다. 믿음의 눈으로 바라보기 시작하면
비전이 어떻게 실현되는가를 알 수 있을 것이다.

두 친구가 오래 전에 인도를 방문했다. 거리에는 수많은 사람들이 신
발도 신지 않고 활보하고 있었다. 불결한 모습으로 구걸을 하고 있었다.
그런 광경을 목도한 한 친구가 말했다.

"저 사람들 좀 봐. 신발도 안 신고 다니니 얼마나 불쌍해."

그 때 그의 말을 듣고 있던 한 친구는 종이에 뭔가를 적고 있었다. 그는
인도로 신발을 우송하는 계획과 인도에서 신발을 제조하는 과정을 구상
하고 있었던 것이다. 그는 "맨발로 다니는 사람들을 좀 봐,"라고 생각하
지 않고 "신발을 필요로 하는 저 발을 좀 봐." 하고 있었던 것이다.

오늘날 그가 운영하고 있는 신발회사는 미국에서 가장 큰 신발 회사
이다.

그의 친구는 맨발만 보았지만 그는 그것을 시장의 기회로 본 것이다.
모든 것이 당신의 관점에 따라 결정된다.

"당신은 외로운 결정자이다"

행복의 원리는 간단하다. 불만에 속지 않으면 된다. 어떤 불만으로
인해서 자기를 학대하지 않는다면 인생은 즐거운 것이다. ― 버트란트
러셀

믿음은 개인적이다. 따라서 우리의 가장 중요한 결정인 믿음은 다른
사람에게 위임할 수 없다.

당신이 내려야 할 중요한 결정 몇 가지를 생각해 보자.

첫째, 나는 무엇을 할 것인가, 어떤 직업을 가져야 할 것인가, 스스로
결정해야 한다.

둘째, 누구를 가장 절실한 친구로 사귈 것인가, 누구와 결혼할 것인
가, 이런 결정은 정부의 어떤 기관도 어떤 상담소도 당신을 위해 해줄 수
없다.

셋째, 어떤 종교를 가질 것인가, 나는 아무것도 믿지 않을 수도 있다.
즉 유신론자인가 아니면 무신론자인가를 당신 스스로 결정해야 한다.

위의 세 가지는 당신 스스로 결정해야 한다.

타석에 서 있는 야구선수들처럼 배트를 휘둘러야 한다. 그 순간을 피
할 수는 없다.

믿음은 당신에게 열려 있는 적극적인 선택이다.

"오늘의 결정이 내일로 이어진다"

인생에 있어서 목표로 삼아야 할 두 가지가 있다. 당신이 원하는 것을 얻는 것이고, 그것을 즐기는 것이다. ― 로건 피어설 스미스

당신이 성공을 원한다면 비전의 우선순위를 정해야 한다.

우선순위는 효율적인 결정을 내리는 열쇠이기 때문에 이에 대한 이해는 꿈을 이루는 데에 도움이 된다.

날마다 내리는 우리의 결정은 비전을 성취하는 것에 영향을 준다. 그러므로 사람들이 어떻게 인식하든지 상관없이 인생에 있어서 성공과 실패를 결정하는 것은 그들이 내리는 결정의 속성과 질에 따라 결정된다. 인생은 양자택일의 문제로 가득 차 있다. 우리는 자나 깨나 선택에 시달리는 인생이다. 그리고 개인의 선택에 따라서 우리가 인생에서 무엇을 소중히 여기는지 나타난다.

사실상 인생은 당신이 날마다 내리는 결정의 결과이다. 따라서 오늘 내리는 결정이 앞으로 당신이 살아갈 인생의 성격을 말해준다.

때때로 우리는 현재 잘못된 결정도 이후에 수습할 수 있다고 생각한다. 그런 사고는 잘못된 사고방식이다. 우리가 지금 하는 모든 것은 바로 내일로 이어진다.

"내일을 위해 준비하라"

순풍에 돛을 단 것과 같은 행복은 항상 위태하다. 행운은 드문드문
찾아올 때가 더 안전하다. — 그라샨

성공적인 삶은 내일을 위해 준비하고 계획하는 삶이다. 저녁이 되면 오늘 하루는 끝이 나고 내일이라고 하는 새로운 날을 맞이하게 된다. 내일은 굉장한 날이다.

그러나 내일이 굉장한 날이 되기 위해서는 오늘 많은 노력을 기울여야 한다.

내일이 굉장한 날이 되기 위해서 당신은 오늘 얼마만큼 노력을 했는가? 보람 있는 날이 되기 위해서 어떤 목표를 세웠는가? 내일을 위해서 오늘 최선을 다하라. 눈을 감고 목표를 향하는 자신을 생각해 보라.

만일 당신의 어제가 실패한 하루였다면 내일을 위해서 오늘 최선을 다하라. 내일이 어제처럼 꿈에도 생각하기 싫은 날이 되지 않기 위해서는 부과된 오늘의 일에 최선을 다하는 것이다.

오늘, 내일에 성공한 당신의 이미지를 마음속에 그리면서 열심히 일하라. 그것이 곧 내일을 위한 준비이다.

"꿈을 이루기 위한 훈련"

하루는 아침에 일어나서 생각한 만큼 이루어진다.
— 칼 힐티

꿈을 이루기 위해 자신의 삶을 어떻게 훈련하고 있는지 다음의 질문을 <u>스스로</u> 해보라.

- 나는 어느 곳에 에너지를 사용하고 있는가?

당신이 진심을 다해 쏟아 붓는 일은 무엇인가?

- 나는 어느 곳에 돈을 투자하고 있는가?

비전은 당신이 어디에 자원을 투자해야 하는 지를 가르쳐 준다.

- 나는 어떤 종류의 영화와 TV프로그램을 시청하고 있는가?

비전이 있다면 앞날을 위해서 시간을 낭비하지 않을 것이다.

- 나는 어떤 종류의 책을 읽고 있는가?

가급적 비전을 이루는 데에 필요한 지식이나 기술을 익혀야 한다.

- 신체 관리는 어떻게 하고 있는가?

비전의 종착역에 도착하려면 반드시 건강 관리를 해야 한다.

"당신의 미래는 당신 손에 있다"

나의 관심은 미래에 있다. 그것은 내 삶의 나머지 부분을 미래에서 보내야
하기 때문이다. ― 찰스 F. 케더링

50세의 할머니가 된 마리안은 최근 그 동안 계속해 오던 일을 그만두
었다. 심리학을 배우기 위해서였다.

"아이들이 다 성장했으니 저의 영역을 넓혀야 되겠어요."

그녀가 직장을 그만두면서 한 말이었다.

35세의 주부인 마우린 프로미츠 여사는 낮에는 의료 기관에서 일하고
밤에는 야간 대학에 다니고 있었다.

"저는 항상 발전하기 위해 힘들지만 공부를 계속하고 있어요."

면학의 꿈을 키우는 학생들이 야간 대학마다 가득 차 있다. 우리가 일
생 동안 꾸준히 성장을 위해 노력한다면 계속해서 수많은 기회들이 주어
질 것이다.

우리의 생에서 반드시 좋은 기회는 온다. 그러므로 지금이 전성기라 생
각되어도 앞날을 위해 계속 공부하고 노력한다면 더 큰 기회가 오기 마
련이다.

당신의 미래는 스스로 그 미래를 어떻게 다루느냐에 따라 달라지게
된다.

바로 그 점을 잊지 말아야 한다.

"과연 나는 10년 후에 어떻게 될 것이며, 현재 10년 이상을 앞질러 살
수 있는가?"

한 번쯤은 스스로에게 자문해 보라.

"자세를 재점검하라."

일은 인간의 가장 큰 기능이다. 일을 하지 않은 사람은 아무것도 할 수
없고 취할 수도 없다. ― J. M. 코란

우리가 주로 식당에서 볼 수 있는 일이다. 식당 종업원들의 무관심한
태도와 불친절한 행동으로 불쾌감을 느끼게 된다.

그런데 그런 종업원들은 얼마 가지 않아서 그 식당에서 볼 수 없게 된
다. 그렇게 불친절한 행동은 얼마 가지 않아 주인의 귀에 들어가게 되고
마침내 직장을 잃게 된다.

그런 종업원이 그렇게 불친절하게 된 이유와 동기는 있다. 그러나 어떤
이유에서나 그런 태도는 인정을 받을 수 없게 된다.

태도와 자세는 무슨 일을 하든 매우 중요하다. 올바른 자세를 가져
야 한다.

지금까지의 자신의 행동과 자세에 대해서 재점검해 보라. 공부할 때나
일을 할 때 올바른 태도를 가지고 있었는가?

이제부터 새로운 마음으로 새출발을 할 때가 되었다.

긍정적인 자세가 성공을 부른다

"어떤 일이든지 긍정적으로 접근하라"

인생의 기간은 짧다. 그 짧은 인생도 천하게 보내기에는 너무 길다.
— 셰익스피어

어느 조직에서나 최고의 자리에 오른 사람은 기꺼이 즐거운 마음으로 일한 사람들이다. 따라서 당신은 어떤 일이든지 긍정적인 생각으로 접근하고, 한 번 맡은 일은 반드시 완수하겠다는 결심을 하는 순간, 자신의 미래를 결정하는 중요한 첫걸음을 떼어 놓게 된다.

물론 처음에는 이런 자세가 힘들 수도 있지만 결국 몸에 배일 것이다. 그리고 항상 조금 더 일하는 사람으로 인식되어 그에 따르는 혜택을 보게 될 것이다.

신기하게도 우리가 생각하는 일들은 현실로 이루어지게 된다. 우리가 실패할 것이라고 생각하면 실패를 하고, 성공을 생각하면 그대로 된다. 기회가 되더라도 부정적으로 생각하면 긍정적인 결과가 오지 않는다.

"남의 인생과 비교하지 말라"

사람은 자기를 판단할 때는 이상理想으로 하지만, 다른 사람들을 판단할 때에는 행동을 본다. — 헤밀턴 메이비

우리는 누구나 살면서 자기 자신을 불신하거나 실제보다 과소평가하는 경우가 많다.

"세상 사람들 중에 적어도 90%는 열등감을 느끼고 있다. 이렇게 많은 사람들이 열등감을 느끼고 있는 이유는 무엇일까? 그 이유는 여러 가지가 있겠으나 자기 자신을 성공한 사람들이나 잘 사는 이웃과 비교하기 때문이다."

두뇌공학의 세계적인 권위자인 미국의 맥스웰 박사의 말이다.

우리는 다른 사람들과 자기 자신을 비교하는 좋지 못한 습성이 있다. 그래서 잘 사는 이웃이나 동창들과 자기 자신을 비교하여 불필요한 열등감을 느낀다.

자신의 인생이 다른 사람들의 인생과는 전혀 다르다는 것을 전혀 의식하지 못한다. 당신은 어디까지나 당신 자신일 뿐이다. 다른 사람을 평가하는 그 어떤 척도로도 '당신 자신일 뿐인 당신'을 평가할 필요는 없다.

당신은 그 어떤 사람들보다 열등하거나 우월한 존재가 아니다. 창조주는 우리를 유일무이한 존재로 창조했다. 따라서 스스로를 다른 사람과 비교함으로써 성공 여부를 판단하려고 애쓸 필요는 없다. 오히려 자신이 가지고 있는 능력과 그 성취도를 비교함으로써 성공 여부를 판단해야 한다.

"긍정적인 삶을 살자"

자신의 환경을 재창조하는 사람은 결국 상황을 재역전시키고 자기 자신을 재창조해 간다. — 윌 듀런트

잘 돌아가고 있는 기업이나 조직을 보면 긍정적인 생각을 가지고 격려할 일이나 칭찬할 일이 생기면 아끼지 않고 실천하는 사람들이 많다.

또한 정상에 있는 사람들은 거의가 열정적이며, 긍정적으로 생활한다. 그리고 그들은 부하직원이나 주위 사람들에게 그렇게 생활하도록 권한다.

그러나 불만을 하고 남의 잘못을 끄집어내어 험담을 하여 다른 사람을 깎아내려야 정상에 오를 수 있다고 생각하는 사람들도 어느 조직에서나 있기 마련이다.

그러나 이런 부정적인 사람들은 조직이나 사회생활에 결코 도움이 되지 않는다.

따라서 정상에 오르기를 원하면 긍정적인 삶을 살아야 한다. 그러면 모든 면에서 발전하고 성장하여 마침내 정상에 오르게 될 것이다.

"목표가 이루어질 것이라는 확신을 가져라"

사람은 자신의 신념에 따라 산다.
— 로버트 슐러

세상에 존재하는 가장 큰 힘 가운데 하나는, 목표에 대한 강력한 신념이다.

잔다르크는 양을 치던 12살 소녀 시절에 이미 '영국과 맞붙어 싸우는 조국 프랑스군을 지휘하겠다.'는 신념을 갖기 시작했다. 그녀의 그 신념은 강렬했다.

그녀는 17세 때에 샤를 황태자 앞에 나아가 자신의 신념을 피력하였다.

이에 깊은 감명을 받은 샤를 황태자는 갑옷과 군대의 지휘권을 그녀에게 내주었으며, 마침내 잔다르크는 난공불락이던 오를레앙 요새를 공격하여 함락시켰다.

목표에 대한 강한 신념이야말로 세상에 존재하는 힘 가운데 가장 강력한 것이다. 어떤 핸디캡이 존재하더라도, 아무리 감당하기 어려운 장애가 나타나더라도 뜻이 있으면 반드시 길이 있다.

당신의 신념과 목표를 이루기 위한 갑옷은 '공부'가 될 수 있고, 칼은 인내나 불굴의 자세가 될 수 있다.

성공이란 평범한 보통 사람이 내린 비상한 결단에 의해 이루어지는 결과이다.

그러나 성공이 쉽게 이룰 수 있는 것은 아니다. 가치 있고 훌륭한 성취는 누구나 쉽게 얻을 수 있는 것이 아니다. 목표에 대한 확고한 신념을 가진 자만이 그런 성취를 이룰 수 있는 것이다.

"걱정하는 말을 하지 말라"

말이란 안경알 같아서 깨끗이 닦지 않으면 모든 것을 흐리게 만든다.
— 조셉 조버트

걱정과 두려움은 아무 쓸데없는 감정이다. 더욱이 그것은 자신의 행동에 영향을 미친다. 그런데 사람들은 걱정하는 말을 많이 한다.

걱정하는 말은 씨가 되어 걱정하고 있는 것들이 현실로 나타난다.

걱정과 두려움은 저지하지 않고 자꾸 말로 나타내면 자신의 마음을 지배하게 되어, 자신의 능력을 의심하게 만들고 역효과만 내는 감정들로 자신을 가득 차게 한다.

감정은 논리나 이성에 의해서는 바로잡히지 않으며 행동에 반드시 영향을 미친다.

따라서 긍정적인 마음을 가지고 움직여라. 자신의 행동이 그 상황에 맞지 않을지라도 건설적인 일을 한다는 자체가 자신의 마음과 자세에 영향을 미친다.

"정신자세가 모든 것을 결정한다"

불가능이란 말은 바보들의 사전에서나 찾아볼 수 있다.

— 나폴레옹 보나파르트

당신은 인생의 등에 올라타고 싶은가? 아니면 그 반대의 처지가 되고 싶은가? 정신자세가 당신의 인생의 주인이 누가 되는가를 결정한다.

누가 당신의 인생의 주인이 되느냐를 결정할 때 타협이나 협상은 불가능하다. 주도권을 잡고 창조적인 삶을 사느냐 아니면 상황에 끌려 다니며 사느냐 둘 중의 하나를 선택해야 한다.

그러나 어쩔 수 없는 좌절은 있게 마련이다. 그때 당신의 정신 자세에 따라 불가능하다고 하는 것도 가능하게 된다. 한계란 자신이 정하는 것이지 다른 사람이 정하는 것은 아니다.

불가능하다고 생각한 한계를 극복한 사람들이 바로 개척자들이다.

어떤 한 사람이 한계를 극복하면 곧 이어 다른 사람들이 뒤따라 정상에 오르는 것이다. 종종 우리가 갖고 있는 유일한 한계란 우리가 스스로에게 부여한 정신적 한계이다. 장애물은 신체적 불가능이 아니고 정신적 제한이라는 사실을 잊지 말아야 할 것이다. 장애물이 정신적 제한임을 깨달을 때, 자신의 행동을 개선하고 기록을 깨뜨릴 기회들이 극적으로 늘어날 것이다.

"정신적인 한계는 스스로 만든 것이다"

인생에 있어서 일어난 일들을 어떻게 받아들이느냐 하는 것은 그 일어난
일 못지않게 우리들의 행복과 관계가 있다. — 빌헬름 폰 훔볼트

여러 해 동안 육상선수들은 1마일을 4분 내에 뛰려는 시도를 해왔다.
그것은 아무도 넘을 수 없는 장벽처럼 보였다. 그러나 1954년 5월 6일 로
버트 길버트 베니스라는 영국선수가 1마일을 3분59초로 뛰면서 그 기록
을 깼다. 그리고 다른 선수들이 베니스의 기록을 깼다. 우리는 사회통념
을 기정사실로 받아들이고 있다. 그러므로 목표를 높이 세워라. 스스로
의 한계를 두면서 낮은 곳에 안주하지 말라.

대부분의 사람들은 감히 도전할 엄두를 내지 못한다.

대학의 운동 코치들이 고등학교 선수들 중에서 어떤 선수들을 찾고 있
을까? 물론 재량이 뛰어난 선수들을 찾고 있다고 생각할 것이다. 그러나
대학교 운동경기에서 매년 정상을 달리고 있는 한 대학교 코치는 이렇게
말했다.

"우리는 우리의 지도를 기꺼이 받아들일 수 있는 선수들을 찾습니다."

훌륭한 코치들은 단지 선수들의 뛰어난 재능이나 기술만으로 우승할
수 없다는 것을 안다. 그들은 팀 내 모든 선수들이 코치의 지시나 비판을
잘 받아들이고 다른 선수들과 융화를 하여야 좋은 팀을 만들 수 있다는
것을 잘 알고 있다.

성공적인 인생을 원한다면 건설적인 비판이나 충고를 잘 받아들여야
한다. 전문가의 충고를 듣는 법도 배워야 한다. 또한 지도자나 상사, 선
배들의 가르침에 대해서도 존중하고 그것을 자신의 양식으로 삼을 수 있
어야 한다.

"보수보다 더 많은 일을 하는 사람이 되라"

인생을 위대한 것을 위해 희생하는 사람은 영웅이고, 그것을 시시한 일에
낭비하는 사람은 바보이다. — 그릴 파르처

만일 다른 사람들이 당신은 언제나 중요한 기여를 하는 사람이라고
인정한다면 당신은 귀한 몸이 될 것이다. 어느 조직에서나 그런 사람들
은 많지 않다.

따라서 동료들은 당신을 높이 평가하고, 상사도 그에 상응하는 보상
을 해줄 것이다. 또 지금은 성공하지 못할지라도 언젠가는 정상에 오를
것이다.

그러므로 긍정적인 자세를 지니고 보수보다 더 많은 일을 하라.

오늘날 많은 젊은이들은 보수도 많고 장래성도 보장되는 직장을 바란
다. 그러나 그 직장이 자신이 희망하던 직장이 아니더라도 최선을 다하여
일하고 있다면 당신이 꿈꾸던 직장을 구할 수도 있을 것이다.

처음에 얻게 된 직장이 도덕적으로 위배되지 않고 정직하며 당신의 양
심을 속일 것을 권하지 않는다면 그것을 기꺼이 받아들여야 한다. 그러면
그 직장이 뜻밖에도 자신이 갖고자 하는 모든 것의 발판이 될 수도 있을
것이다. 바로 그 곳으로부터 당신은 장래성이 보장되는, 이상적인 직업으
로 옮겨 가게 될 것이다.

이제 전진하라! 출발해야 한다. 그리고 인내하며 열심히 일을 하라!

"실패를 귀중한 교훈으로 삼아라"

패배의 순간을 어떻게 생각하느냐에 따라서 승리하기까지의 시간이 결정된다. ― 데이빗 슈왈츠

세상에는 뜻대로 할 수 없는 것들이 많지만, 그것들을 향한 정신 자세만큼은 당신이 지배할 수 있다.

다시 말해서 당신이 긍정적인 정신 자세를 취하고 있다면 실패나 실망을 주는 일을 다음에 성공할 수 있도록 도와주는 귀중한 교훈으로 활용할 수 있다. 실패를 했을 때 스스로 이렇게 자문하라.

"내가 어떻게 했더라면 이런 결과가 나오지 않았을까? 앞으로 이런 실수를 다시 하지 않기 위해서는 어떻게 해야 할까?"

이렇게 자문하면서 긍정적인 자세로 장애물과 실망스러운 일에 접근한다면 당신도 감짝 놀랄 정도로 전화위복이 될 것이다.

이 글을 읽는 젊은이들 중에는 큰일이나 작은 일에서 실망을 느껴 좌절하고 방황하는 독자도 있을 것이다. 그렇다면 이 자리에서 당신에게 준 그 실망의 의미를 생각하라. 분명히 전화위복의 계기가 될 것이다.

"차근차근 한 계단씩 올라가야 한다"

일은 사려함으로써 생기고, 노력함으로써 이루어지며,
교만함으로써 실패한다. — 동양 금언

미국의 동부 지방을 여행했을 때의 일이다. 자연히 워싱턴을 방문, 워싱턴 기념관을 관람했다. 일행이 그곳에 도착하자마자 안내원은 큰 소리로 말했다.

"여러분, 기념관 꼭대기로 올라가는 엘리베이터를 타려면 두 시간 정도는 기다려야 합니다."

그리고 나서 그는 씩 웃더니 다시 계속했다.

"계단을 이용하신다면 정상에 올라가기 위하여 두 시간씩이나 지루하게 기다리실 필요가 없습니다."

그렇다. 이것은 워싱턴 기념관의 정상에 오르는 일에만 해당되는 진리가 아니다! 삶이라는 중요한 경기에서의, 정상에 오르는 과정에서도 이 말은 중요한 의미를 지닌다.

아니 성공으로 이르는 엘리베이터는 영원히 고장이 나 버렸다고 생각하라. 무료 승차는 없다. 위로 올라가기 위해서는 계단으로 가야만 한다. 만약 당신이 기꺼이 한 번에 한 계단씩 꾸준히 올라가기만 한다면 분명히 정상에 오를 수 있을 것이다.

이 세상에서 노력 없이 이루어지는 일은 없다. 설령 있다고 할지라도 그것은 쉽게 당신 손에서 빠져나갈 것이다. 일확천금의 꿈이나 단번에 쉽게 정상에 오르겠다는 생각을 버리고, 차근차근 한 계단 한 계단 올라가도록 노력하라.

"할 수 있다고 생각하라"

정복당할까를 두려워하는 사람은 분명 패한 사람이다.
— 나폴레옹 보나파르트

미국의 유명한 저술가이며 연사인 데니스 웨이틀리(Denis Waitly) 박사
가 이런 말을 한 적이 있다.

"승리 팀의 필드골 킥커는 필드골을 차기 위해 킥 선상에 서면서 스스
로에게 내가 이 필드골을 차면 우리는 슈퍼볼에 진출하게 될 것이고, 또한
모든 선수들이 3만 달러의 상금을 타게 될 것이라고 생각할 것이다. 반면
패배 팀의 킥커는 킥선상에 서서 내가 만일 이 필드골에 실패하면 우리 팀
동료에게 3만 달러씩의 손해를 입히게 될 것이라고 생각한다."

차이는 그뿐이다. 웨이틀리 박사에 의하면 승리자들은 자신의 목표에
만 관심을 집중시키는 반면에 패배자는 패배 같은 원하지 않는 것에만 관
심을 집중시켜 각각 그것을 얻어낸다고 한다.

우리 생활에서 가장 파괴적인 힘은 우리들의 상상력을 부정적으로 사
용하는 것이다.

대부분의 사람들은 자신들이 바라지 않는 것들을 상상한다. 그래서
시험장에 앉으면 시험을 잘못 쳤을 때의 일부터 생각한다. 패배자들은 실
패, 패배의 말만 생각하고, 승리자들은 성공과 승리의 말만 생각한다. 옛
속담에 이런 말이 있다.

"할 수 있는 것만을 생각하건, 할 수 없는 것만을 생각하건 그 선택권
은 자신에게 있다."

"자신의 약점을 다른 사람과 비교하지 말라"

자신을 알고 싶거든 타인과 타인이 하는 일에 주의하라. 남을 알고 싶거든
자기의 마음속을 들여다보라. — 시루렐

우리에게는 크든 작든 자신의 능력이나 재능을 남의 재능이나 능력과 비교하는 경향이 있다. 그렇게 우열을 가려서 남보다 조금 낫다고 생각하면 우월감을 가지고 교만하기 쉽고, 그와 반대로 조금 못하다고 느끼면 열등감을 느껴서 자기 비하에까지 이른다.

이러한 경향은 우리 부모들에게 책임이 있다. 우리 부모들은 어려서 부터 우리를 꾸짖을 때면 이웃의 아이나 다른 아이들에게 비교하여 꾸짖었다.

"이웃의 OO는 공부도 잘 한다고 하는데 너는 커서 뭐가 되려고 그 모양이냐!"

많은 부모들이 또 자녀의 성장에 관한 것조차 예외없이 다른 아이들과 비교하여 말한다.

"대부분의 사람들이 신체적 외모와 지능이라는 두 가지 영역에서 자녀들을 남과 비교하게 된다."

미국의 저명한 교육 심리학자 돕슨 박사의 말이다.

이런 부모 밑에서 성장했기 때문에 우리들도 점차 자기 자신과 남을 비교하게 된다. 그러나 우리는 중요한 존재이다. 당신은 유일무이한 특별한 존재이다! 그 어떤 사람도 당신이 인류에게 끼치는 것과 똑같은 영향을 끼칠 수는 없다.

당신이 그 유일한 자질을 일구고 가꾸어야 한다.

"불행 속에 행운이 있고, 행운에는 불행이 따른다"

나쁜 짓, 어리석은 짓을 해서는 안 된다는 것을 잘 알면서도 그래도 또 저지르는 것이 인간이다. —애드거 앨런 포우

불행한 일 안에 행운이 숨어 있고, 행운 속에 불행의 씨앗이 커지는 것처럼 앞날이 어떻게 될지는 아무도 알 수 없다.

그렇다면 다음과 같은 삶의 자세를 생각해 볼 수 있다.

인생을 살다 보면 좋은 시절만 있는 것이 아니다. 평생 좋은 시절만 보내는 사람은 거의 없고 대부분의 사람들은 앞날이 꽉 막히거나 바닥으로 떨어지는 때가 한 번씩은 찾아온다. 하지만 불행 속에 행운이 있다는 말처럼 좋지 않은 상황에 빠졌다고 해서 모든 것을 포기하고 낙담하거나 자포자기에 빠질 필요는 없다.

불행이라고 생각했던 일이 좋은 일이 될 수도 있기 때문에 지나치게 걱정하거나 당황하지 말고 침착하게 국면 전환을 모색하면 된다. 반대로 어떨 때는 흐름을 타고 하는 일마다 잘 되는 경우가 있다. 그러나 이런 행운 뒤에는 불행이 숨어 있기 때문에 언제 어디서 생각지도 못한 함정에 빠질 수 있다. 따라서 상황이 좋은 때일수록 긴장하는 자세로 무슨 일이든 신중하게 대처해야 한다.

어찌 보면 당연하고, 평범하다면 평범한 말일 수도 있다. 그런데 우리들은 이런 평범한 사실을 의외로 잘 잊는 경향이 있고 계속 똑같은 실수를 반복해서 저지르고 있다.

역경에 처하게 되면 어두운 표정을 한 채 어깨를 축 늘어뜨리게 되기 마련이다. 하지만 이런 태도로는 아무리 시간이 지나도 상황이 좋아지지 않는다. 오히려 상황이 점점 더 나빠질 수 있다. 당연한 얘기라고 우습게만 생각하기보다는 곰곰이 의미를 되새겨보는 자세가 필요할 것이다.

"'그것은 가능하다'고 확신하라"

희망은 만사가 용이하다고 가르치고, 실망은 만사가 곤란하다고
가르친다. — J. 워트

신념은 확신 위에 선 행동의 과정이다.

쉽게 닿을 수 있는 목적을 달성하고자 한다면 신념 따위는 필요가
없다.

또 당신의 계획이 인간으로서 아예 불가능한 것이라면 역시 신념은 필
요한 것이다.

성공 여부가 불명확할 때, 바로 그런 때 우리를 앞으로 나아가게 하는
것이 바로 신념이다.

확고한 자신이 서지 않을 때면, 누구라도 한 걸음 앞으로 나가기가 쉽
지 않다.

그러나 문에 다가섰으면 그것이 활짝 열릴 것이라는 확신을 가지고 꾸
준히 앞으로 나가 밀칠 때만 문은 열린다는 사실도 있지 말자.

"사소한 일이 큰 일로 변한다"

작은 일에 충성하라. 그러면 면류관이 너의 것이 될 것이다.
— 성서

인생이라는 경기에서 성공과 실패, 행복과 불행은 모두 작은 일에서부터 시작된다.

4시간씩이나 틀리는 시계는 문제가 되지 않는다. 왜냐하면 즉시 고장이 났다는 사실을 알아 시계를 고치기 때문이다. 그러나 4분 정도 틀리는 시계일 경우는 문제가 달라진다.

비행기를 자주 이용하는 사람이 있다고 하자. 그런데 만약 그의 시계가 4분 정도 늦다면, 2시 30분에 떠나는 비행기를 타려고 정각에 도착해 봐야 비행기는 이미 떠나버린 뒤일 것이다. 불과 4분 정도라도 이렇게 큰 문제를 일으킬 수 있다.

사소한 일이 의외의 결과를 가져온다. 한 소녀에게 "귀여운 새끼고양이 같다."라고 말해 보라. 그 소녀는 좋아할 것이다. 그러나 "고양이 같은 여자."라고 말해 보라. 소녀의 태도는 완전히 달라질 것이다.

또 소녀에게 "창창한 미래가 환히 보인다."고 말해 보라. 당신은 점수를 딸 것이다. 그러나 "좋지 않은 미래가 환히 보인다."고 말해 보라. 당신은 아마도 곤경에 빠지게 될 것이다.

결국 사소한 것이 커다란 차이를 만들어 낸다. 당신은 정녕 성공하기를 원하는가? 그렇다면 작은 일에 최선을 다하라. 작은 문제가 해결되면 큰 문제는 자동으로 해결될 것이다.

"자신에 대한 올바른 자세"

헤매는 하루가 인생이다. 시간이 언제나 당신을 기다리고 있다고 생각하지
말라. 하루에 전력을 다하지 못하면 그날이 보람이 없을 것이며 최후의
목표에도 도달하지 못할 것이다. — 괴테

"너 자신을 알라."는 소크라테스의 말은 자기 개발에 크게 도움이 된
다. 자기 개발은 정확한 자기 이해에서부터 출발되어야 하기 때문이다.

당신이 향상할 수 있느냐 없느냐 하는 것은 오로지 당신 자신에게 달
려 있다. 따라서 인생을 설계할 때 먼저 자신의 모습을 정확히 알고 이를
기초로 개선하지 않으면 안 된다.

그러기 위해서는 먼저 스스로에게 다음 몇 가지의 질문을 해볼 필요
가 있다.

첫째, 나의 사명은 무엇인가?

둘째, 내가 하고 있는 일에는 어떤 의미가 있는가?

셋째, 나는 어떤 재능을 가지고 있는가?

넷째, 나에게 보다 적당한 일은 무엇인가?

다섯째, 어떤 가치가 있는 일을 하고 싶은가?

위의 질문을 토대로 가능한 한 객관적으로 냉정하게 자신을 분석해 보
아야 한다. 단 자기의 어떤 결점을 막연히 아는 것에 그쳐서는 안 된다.
보다 철저한 자기 반성과 성찰을 통해서만 자신을 좀더 유능한 인간으로
끌어올릴 수 있다. 또한 철저한 자기 분석을 통해 진보와 후퇴, 또는 정체
하는 원인도 알 수 있게 된다.

"근심 걱정을 하지 말라"

걱정은 사악한 신체에 대한 경배일 뿐이다.

— 잭 액섬

우리들 중에는 걱정을 잊어버리려고 마약을 복용하는 어리석은 이들이 있다.

술의 힘을 빌어 잠시나마 걱정을 잊어버리려는 사람은 그보다 훨씬 더 많다.

걱정을 하지 말라! 걱정은 당신의 적이며 당신을 파괴시킬 뿐이다.

"걱정은 혈액 순환과 신경 계통에 나쁜 영향을 준다. 과로로 쓰러지는 사람은 별로 많지 않다. 그러나 불안이나 걱정을 하다가 죽는 사람은 그보다 훨씬 많다."

미국의 유명한 심리학자 찰스 마요 박사의 말이다.

심리학자들에 의하면 걱정거리 중 40%는 일어날 수 없는 일에 관한 것이며, 30%는 이미 발생해 버린 일들에 관한 것이며, 12%는 근거없는 건강 문제이며, 그리고 10%는 걱정하지 않아도 될, 아무 의미도 없고 중요하지도 않은 신념에 대한 일이라고 한다.

이 통계에 의하면 오직 8%만이 걱정하며 보낼 시간이다. 결론적으로 사람들은 아무런 이유도 없이 92%의 시간을 공연히 걱정으로 보내고 있는 것이다.

걱정하는 데 허비되는 에너지를 적극적이고 생산적인 일에 사용해 보라! 걱정하기보다는 거기서 벗어나기 위한 조치를 취하는 데 전력을 다하라!

"삶의 리듬에 변화를 주라"

성공하기를 원하는가? 그렇다면 이미 개척해 놓은 성공의 길이 아니라
그 누구도 가지 않은 새로운 길을 개척해야만 한다. ― 로드 파머스톤

이미 입증된 성공의 길이 가장 안전하다고 당신은 생각할지도 모른다.
모든 사람들이 그렇게 생각하고 그 길을 택한다. 그러나 사람들이 생각
하지 못한 기발한 방법으로 성공하는 경우가 그보다 많다.

댈러스 카우보이즈 팀의 코치 톰 랜드리는 특히 중대한 게임에서 기습
공격을 잘 하기로 유명하다. 그는 상대 팀이 정상적인 전법에 대해서는 대
처를 잘 해낼 것이라는 사실을 알고 있는 것이다. 그래서 기발한 전술로
상대팀의 수비진을 흔들어 놓곤 한다.

포테이토 칩은 전통적으로 미국인들이 즐겨 먹는 애호 식품이다. 그런
데 수년 전 브록터 앤드 갬블사가 오랜 전통을 깨고 포테이토 칩 대신에
'프링글스'라는 이름으로 새로운 시장을 개척했다.

성공하려면 기상천외한 아이디어가 필요하다.

당신은 현재 '성공'이라는 목표를 향해 나아가고 있는가? 당신의 현재
위치와 방법에 대해서 깊이 생각해 보라.

그 방법으로 성공이 가능하다고 생각되면 그 길로 계속 밀고 나가라.

그러나 그 방법으로는 무리라고 판단된다면 방법을 바꾸어야 할 것이
다.

삶에 변화를 주자!

"확신을 가지고 계속 전진을"

반대자를 두려워하지 말라. 연은 바람을 거슬러서 솟아오른다.

— 헤밀턴 메이비

"자신이 옳다고 확신하라. 그리고 계속 전진하라!"

데비 크로켓의 좌우명이다.

우리는 어떤 일을 하는 부모나 이웃으로부터 반대, 혹은 비난을 받게 되기도 한다. 그리하여 중도에 포기하거나 방향을 바꾸는 일이 수없이 많다.

그러나 성공한 사람들의 대부분은 이런 반대를 뚫고 자신의 뜻을 관철시킨다.

부모나 이웃이 자신의 뜻을 이해하고 격려해 주어서 그것이 밑거름이 되어 성공한 사람들도 많다. 그러나 부모의 몰이해나 심한 반발에 부딪혀 몇 번씩이나 포기하다가도 계속 밀고 나가서 마침내 대성하여 인류에 공헌한 사람들이 훨씬 더 많다는 사실에 유의할 필요가 있다.

무슨 일을 하든지, 그 일이 아무리 옳은 것일지라도 반드시 반대자가 있다는 사실을 명심할 필요가 있다.

당신의 배 안에 물을 넣지 않은 한 이 세상에 있는 모든 물로도 결코 당신의 배를 침몰시킬 수 없다는 사실을 기억하라!

바다 위에 배를 띄우라.

당신이 옳다는 것을 확신하라! 그리고 그 확신을 가지고 계속 전진하라.

그러면 당신은 정상에 올라설 수 있다.

"자신의 위치에서 최선을..."

인생에 있어서 우리가 해야 할 일은 다른 사람들을 앞지르는 것이 아니라
자기 자신을 앞지르는 것이다. — 스튜어트 B. 존슨

불우한 환경에서 태어나 자랐으면서도 불평불만을 하지 않고 최선을 다한 한 여성을 소개하고자 한다. 그녀는 어린 시절 8년 동안이나 한 학급밖에 없는 학교에 다녔고, 졸업 후에도 진학할 고등학교가 없어서 8학년을 두 번이나 다녀야만 했었다.

그녀는 결혼 후 자녀가 세 명이나 있었고 요리사라는 직업을 가진 직장 여성이었지만 고등학교에 등록하여 5년 만에 졸업했다. 그 후 다시 대학에 진학하여 초등 교육학 학사 학위를 획득했다.

그녀는 자신의 고향, 그 산악 지대에 사는 어린이들이 자신이 겪었던 불행을 겪지 않기를 바라는 마음에서 그들을 돕기로 결심하고 귀향하였다.

먼저 공터에 야외 학습소를 개설하였다. 그리고 어린이 개발센터를 위한 기금을 모았다. 그 기금으로 배출시킨 학생이 무려 6백 명이나 되었다. 그녀는 봉사자에게 수여하는 '제퍼슨상'을 최근 워싱턴 시로부터 수여받았다. 그녀의 이름은 틸다 켐플렌이다.

"사람들은 누구나 어떤 재능이든 가지고 있습니다. 그것을 개발하고 안 하는 것은 자신에게 달려 있습니다."

그녀는 최악의 상황에서도 최선을 다한 사람이다. 당신이 놓여 있는 상황이 어떠하든 거기에서 최선을 다하라!

"지도자를 본받고 존중하라"

섬겨보지 않은 자는 결코 올바른 명령도 할 수가 없다.
— 존 프로미오

모든 권위가 무너지고 있다. 참으로 존경받는 지도자가 없다. 이제 젊은이들은 어떤 지도자라도 존경하지 않는다. 자신이 지도자가 되려고 할 뿐이다.

인간은 누구나 남을 지배하기를 좋아한다. 인간의 속성이다. 그러나 지도자가 되려면 먼저 훌륭한 지도자를 섬길 줄 알아야 하고, 좋은 추종자가 되어야 한다.

대학 입학 원서에 "당신은 지도자인가?"라는 항목이 있는 한 대학이 있다. 한 여학생이 그 항목에 "아니다"라고 썼다. 그 후 놀랍게도 지원한 대학으로부터 다음과 같은 편지를 받았다.

"지원서를 심사한 결과 우리 대학은 금년에 1452명의 새로운 지도자를 맞이하게 되었습니다. 우리는 이들 1452명의 지도자들에게 최소한 1명의 추종자는 있어야 한다고 생각하고 당신의 입학을 허락하기로 결정하였습니다."

이 글은 문명 비평가인 맥밀런 박사의 명저 〈질병은 없다〉에 나오는 글이다.

우리들은 마치 자동차 경주에 참석한 사람들처럼 거칠게 질주를 한다. 어떻게 해서든지 1등을 하려고 한다.

우리는 많은 사람들에게 내 자신을 나타내야 한다는 강박 관념에 사로잡혀 있다. 그러나 이런 강박 관념에서 벗어나 본받을 만한 단 몇 명의 친구라도 갖는 것이 훨씬 지혜로운 일이다.

"발전을 위해서는 과감히 진로를 바꿔라"

인간은 반드시 자신과 함께 살아가야만 한다. 그리고 인간은 자기라는 훌륭한 동반자를 가지고 있다는 사실을 깨달아야 한다. — 찰스 E. 휴즈

초지일관이란 그 처음의 뜻이 성공할 가능성이 있으며 그 일이 옳은 일이라고 확신하고 있을 때 주위의 반대나 비난을 뚫고 끝까지 밀고 나가는 것을 말한다. 그러나 당신의 뜻이 성공할 가능성이 없을 때는 발전을 위해서 진로를 바꾸어야 한다.

고등학교 시절에는 44kg의 약골이었으며, 도수가 높은 안경을 걸치고 어깨가 활모양으로 굽은 학생이 있었다. 그런 육체로 인해서 정신적으로도 열등감을 느끼고 있었음은 두 말할 나위도 없다.

누가 보아도 그의 미래는 암담했다. 그는 대학 입학이라는 처음의 목표를 바꾸기로 했다. 그는 건강 회복이 최우선임을 깨닫고 〈건강 강좌〉에 참석했다. 그리고 하루에 2시간씩 운동을 하면서 건강 회복에 주력했다. 당분간은 책을 멀리 하기로 했다.

그것이 계기가 되어 미국 최초의 〈건강 훈련소〉를 개설했다. 그는 자신의 새로운 건강 훈련 방법을 사람들에게 보급하기 위해 87세가 된 지금도 건강한 몸으로 미국 전역을 돌아다니고 있다. 그의 이름은 잭 라인이다.

방향을 바꾸는 일은 그렇게 쉬운 일이 아니다. 그러나 발전을 위해서, 미래를 위해서라면 과감히 바꿀 줄도 알아야 한다.

"희망과 신념을 버리지 말라"

어떤 일이 있더라도 삶에 있어서 절대적인 두 가지 요소 즉, 희망과 신념을 놓치지 말라. — 사무엘 존슨

"당신은 지금 백혈병에 걸렸습니다. 미안한 말씀이지만 당신의 삶은 이제 얼마 남지 않은 것 같습니다. 정리할 때가 된 것 같습니다."

그 말을 듣는 순간 하늘이 노래졌다. 해리는 모든 것을 포기하고 이제 죽음을 맞이할 준비를 했다. 결혼도 포기했고, 직장을 구하겠다는 생각도 접었다. 저녁마다 폭음을 했으며, 주위의 사람들을 물리치고 혼자서 외롭게 죽기만 기다리고 있었다. 이미 그의 의식은 죽은 것과 다름 없었다.

그렇게 생활한 지도 어느 덧 5년이 지났다. 이제 주머니에 돈 한 푼도 남지 않았고, 폐인이 되다시피 5년을 보냈다.

그러던 어느 날 이상하게 곧 죽을 것이라는 의사의 진단과 달리 5년을 살아온 것이 이상하여 병원을 찾았다. 다시 진찰을 한 결과 지난 번 의사의 진단은 오진이었다. 그러나 그 때는 이미 정신적으로나 경제적으로 회복이 불가능한 상태였다. 그럼에도 불구하고 지난 번 진단이 오진이었다는 소식에 그는 희망을 갖게 되었다. 그리하여 피눈물 나는 노력으로 다시 시작하여 마침내 재기에 성공하여 결혼도 하고 직장도 얻게 되었다.

해리는 백혈병이라는 소리에 자신은 이미 죽었다고 생각하고 스스로 파멸의 길로 들어선 것이다. 그러나 자신이 백혈병에 걸리지 않았다는 사실을 알게 되는 순간 새로운 희망을 갖게 되었고, 생명력이 넘치는 새로운 삶을 다시 시작하게 된 것이다.

변한 것이라곤 해리의 마음뿐이었다. 생명이 끝나는 순간까지 희망의 끈을 놓아서는 안 된다.

"삶 속에서 자그마한 승리라도 누리자"

초지일관初志一貫으로 최선을 다한다면 최악의 상황은 면할 수 있다.

— B. C. 포비즈

풀리처 상이나 노벨상은 인류의 극소수만 받을 것이며, 대부분의 사람들은 그런 상을 받지 못할 것이다. 20세 이상 모든 국민은 대통령이 될 기회를 균등하게 가지고 있으나 막상 대통령 자리에 올라앉는 사람은 그 시대에 한두 명에 지나지 않고 대부분의 국민들은 그런 명예스러운 자리에 앉지 못한다.

그러나 우리는 삶의 작은 기쁨은 누릴 자격을 가지고 있다. 그 누구나 애정이 담긴 말 한마디에 가슴 설렐 수 있고, 등을 두들겨 주며 위로해줄 때의 기쁨이나 사랑하는 사람과 손을 잡고 하얀 눈길을 걸으며 삶의 기쁨을 만끽할 수 있는 자유를 가지고 있다.

자유로운 여행, 자신이 좋아하는 종교를 선택해서 종교를 통해서 얻는 기쁨 등 이 모든 것들은 누구나 누릴 수 있는 작은 기쁨들이다. 물론 이밖에 우리들이 누릴 수 있는 작은 기쁨과 즐거움이 수없이 많다. 이런 것들은 우리에게 삶의 희열을 느끼게 한다.

만약 훌륭한 업적을 남겨서 위대한 상을 탄다면 감사하고 기뻐하자. 그러나 그런 것들을 타지 못한다고 슬퍼하거나 괴로워하지 말자. 오히려 우리의 삶 속에서 찾을 수 있는 기쁨이나 손쉽게 얻을 수 있는 작은 승리들을 마음껏 누리도록 하자. 비록 커다란 기쁨이 없을지라도 작은 기쁨과 즐거움이 채워지거든 감사하자.

"독특한 재능을 개발하자"

우리에게는 이전에는 결코 존재하지 않았던 것을 꿈꾸는 사람들이
필요하다. — 보덴슈테르

사람들은 성공을 말할 때마다 헨리 포드나 빌게이츠, 또는 월마트를
생각한다. 물론 이들이 성공한 사람들이며, 꿈을 실현한 사람들임에는
분명하다.

그러나 이들과는 다른 방식으로 꿈을 실현하며 살아가는 사람들이
있다.

허리를 굽혀 손으로 뚜껑을 들어올리는 수고 없이 발로 페달을 밟기만
하면 뚜껑이 열리도록 만든 쓰레기통, 이 단순한 아이디어가 수많은 가정
주부를 요통에서 구해주었다. 인간공학의 개척자이자, 열두 아이의 엄마
였던 릴리언 몰러 길브레스가 이 발명품을 생각해 낸 이유이다.

놀라운 에너지와 지성, 열정을 지닌 여성이었던 릴리언 길브레스는 이
밖에도 사람들의 수고를 덜어주는 다양한 발명품을 만들어냈다. 냉장고
의 계란 넣는 칸, 세탁기의 배수 호스 등도 모두 릴리언의 아이디어에서 나
온 작품이었다.

릴리언은 1965년 여자로서 최초로 미국 공학 아카데미의 회원이 되었
으며, 1966년에는 탁월한 사회적 공헌을 인정받아 역시 여성으로서 최초
로 후버 메달을 수여받았다. 이 모두가 자신의 독특한 재능을 개발하고
다른 사람들이 생각지 못한 꿈을 실현한 덕분이다.

이것이 바로 독창성이다.

당신에게도 남다른 재능이 있다. 문제는 그 재능을 개발하느냐 못하
느냐이다. 그것은 오로지 당신 자신에게 달려 있다.

"당신에게도 위대한 능력이 있다"

생각을 조심하라. 생각은 어느 순간에 말로써 표현될지도 모른다.

— 라 브뤼에르

인간은 누구나 성공할 수 있는 자질과 위대한 일을 할 수 있는 능력을 가지고 있는 가치 있는 존재이며 위대한 능력의 소유자다. 그럼에도 불구하고 이류 인생이라는 소리를 듣게 되면 자신도 모르게 그것을 수긍하고 그렇게 살아가게 된다.

이와 반대로 '일류급 인간'이라는 소리를 계속 듣게 된다면 그런 인간이 될 것이다.

죄를 저질러서 현재 교도소에 수감되어 있는 재소자들을 상대로 조사한 바에 의하면 재소자들 중 90%가 어려서 부모로부터 "너 같은 놈은 싹수가 노랗다."라는 부정적인 말을 듣고 자랐던 것으로 나타났다.

오늘날 10대의 자살자 수는 점차 늘어나고 있는 추세이며, 10년 전보다 약 3배나 늘었다는 것이 통계적으로 나타나고 있다. 그들은 거의가 부정적인 말의 홍수 속에서 살면서 자기 비하에 빠져 결국 자살이라는 막다른 골목에까지 이른 것이다.

중요한 것은 당신이 하는 말이나 평소에 생각하고 있던 것이 아니라 바로 '자신'이라는 것이다. 당신에게도 위대한 능력이 있다. 그 능력을 사용하라.

"기회를 찾는 습관을 길러라"

대부분의 사람들은 기회를 마치 어린아이들이 해변가에서 하는 놀이처럼
다룬다. 어린이들은 작은 손에 모래를 가득 담았다가 다시 조금씩
쏟아버린다. 한 알의 모래도 남지 않을 때까지. — 에라스무스

기회는 우연히 다가온다. 최초의 연기 경보기를 발명한 듀안 피어살의
이야기를 들어보자.

그는 정전기를 조절하는 전기 장치를 실험하던 중에 한 연구원의 담배
연기가 실험장치의 계량기를 약화시킨다는 것을 알았다.

처음에는 실험을 중단하고 계량기를 새로 설치해야 하므로 짜증이 났
다. 그러나 얼마 후에 연기에 대한 계량기 반응이 매우 유익한 정보가 된
다는 사실을 알았다.

이 좋지 않은 사건이 피어살로 하여금 최초의 연기 탐지 장치를 만들
어 내는 계기가 되었다. 그 경보기는 많은 사람들을 화재로부터 보호하
는 유익한 기계가 되었다.

성공은 여러 가지 방법으로 달성될 수 있다. 그리고 성공은 때로는 아
주 사소한 결과로 얻어지기도 한다.

당신은 분명 성공을 원할 것이다. 그렇다면 기회를 찾는 습관을 길러
야 한다. 가능성을 찾아보라. 기회는 곳곳에 존재한다. 그것은 우리 코앞
에 있을 수도 있다. 기회를 찾는 습관을 기르도록 하자.

"당신이 하고자 하는 일을 사랑하라"

잘 해 낸 일에 대한 보상은 그 일 자체를 완성시키는 것이다.
— 랄프 월드 에머슨

10년 동안 말 한마디도 하지 않은 사람이 있다면 사람들은 믿지 않을 것이다. 게다가 그런 사람이 지금은 사람을 웃기는 코미디언이 되어 유머로 관중들 앞에서 많은 사람들을 웃기고 있다.

그 사람이 바로 로저이다. 그는 관중들 앞에서 밧줄로 사람들이 도저히 믿을 수 없는 묘기를 보여 주어 많은 사람들을 웃기고 있다. 그는 10년 동안 무대에서 말 한마디를 하지 않고 오로지 묘기와 행동으로 사람을 웃겼다.

그런 그가 10년이 지난 어느 날 관중들 앞에서 "여러분에게 오늘은 특별히 할 말 있습니다." 하고 입을 열자 청중들은 놀라서 그의 입을 주시했다. 10년 동안 무대에서 한 마디도 하지 않았던 그가 말을 할 때에는 무슨 대단한 이야기라도 할 줄 알고 사람들은 조용히 그의 말을 기다렸다.

"만일 여러분이 진정으로 성공하기를 원한다면 자신이 하고 있는 일이 무엇인지 알아야 합니다. 그리고 그 일을 믿고 사랑해야 합니다."

무슨 대단한 진리나 오묘한 세상의 일을 말할 줄 알았던 청중들은 처음에는 실망했으나 점차 그의 말을 이해하기 시작했다. 그리고 그것이 어떤 말보다 가장 보편적인 진리이며 철칙이라는 것을 사람들은 알게 되었다.

당신은 지금 자신이 하고 있는 일이 어떤 일인지 잘 알고 있는가? 하고 있는 일을 신뢰하고 있는가? 또 그 일을 사랑하고 있는가? 만일 그렇다면 분명히 그 분야에서 정상에 오르게 될 것이다.

"다른 사람들이 모두 좋다고 해도 직접 살펴본다"

확신하는 자는 안전하지 않다.
— B. 프랭클린

다수의 사람들이 옳다고 말하는 것이 꼭 옳은 것은 아닐 수 있고, 다수의 사람들이 나쁘다고 말하는 것이 꼭 나쁜 것이 아닐 수 있다. 다른 사람들의 말을 듣고 그대로 믿으면 선입견이 생겨 실제로는 좋은 것인데도 나쁜 것이라고 섣부르게 판단하게 되는 일들이 자주 일어난다.

그래서 사람들은 '아니면 말고' 라는 무책임한 '카더라 소문'에 쉽게 감염되기도 한다. 말은 말을 낳아 빠르고 강력하게 퍼지지만 아무도 그 말이 진실인지에 대한 책임을 지지는 않는다. 불투명한 사회일수록 이런 소문이 쉽게 만들어지고 어처구니없는 소문도 순식간에 진실처럼 바뀐다.

소문이 한번 휩쓸고 지나가면, 한순간에 스타가 탄생하기도 하고 한순간에 마녀사냥이 이뤄지기도 한다. 평범한 사람이 위대한 영웅으로 둔갑하기도 하고, 아무런 잘못도 없는 사람이 커다란 상처를 받기도 한다. 자신이 직접 보거나 듣지 않고 남들이 이러쿵저러쿵하는 말에 생각 없이 휘둘리다 보면 전혀 엉뚱한 피해자를 낳거나 자신이 피해를 입기도 한다.

진실의 적은 섣부른 확신이라는 말이 있다. 자신이 직접 확인하지 않고 들리는 소문만 믿고 확신하는 순간 자신의 눈에서 진실은 사라지고 잘못된 편견과 선입견만 남는다. 다른 사람들의 말만 듣고 판단하지 말고 자신이 직접 보고 들어야 한다.

후회 없는, 현명한 선택을 하자

"올바른 선택의 기준"

가장 훌륭한 사람은 모든 것을 버리고, 그 중에서 단 하나를 선택한다.
— 헤라클레이토스

우리는 인생이라는 망망대해에서 항해를 할 때 역경이라는 험한 파도를 만나게 되고, 이를 이겨가며 목표를 향해 전진해 나가야 한다. 그리고 다시 우리의 선택을 기다리는 여러 가지 목적지와 목표 중에서 한 가지를 선택해야 한다. 이때 당신은 무엇을 기준으로 삼아 선택을 할 것인가?

이 질문에 대한 답은 비전이어야 한다. 당신만의 블루오션을 찾기 위한 토대가 되기 때문이다.

비전은 미래를 향한 도전이다. 이 때 걸림돌이 되는 것이 하나 있다. 과거에 얽매어 있는 당신 자신이다. 일이 잘 풀리지 않거나 난관을 만나게 되면 우리는 조상 탓이나 환경 탓으로 돌린다. 바로 이런 것이 과거와 운명에 얽매어 있는 당신의 모습이다.

거친 파도를 만났을 때 거친 파도를 탓할 수는 없다. 그럴 시간조차 없다. 파도를 뚫고 나아갈 길을 모색하기에 바쁘다. 그렇지 않고 파도만 탓하고 우물쭈물하다가는 배는 난파당하고 말 것이다.

인생의 바다를 여행하고 있는 당신도 마찬가지다. 운명과 환경에 대한 불만불평은 하루 빨리 버리고 나침반이 지시하는 대로 나아가야 한다. 그리고 산적한 문제 앞에서 비전에 따라 선택해야 한다.

"낙관주의를 선택하라"

세상의 어떤 선언문이나 헌장에서도 행복을 추구할 권리가 있음을
주장하고 있다. 당신은 그 행복을 붙잡아라. — 볼테르

영국의 수상 윈스턴 처칠이 즐겨하는 말이 있다.

"나는 낙관주의자입니다. 낙관주의보다 더 큰 유익을 주는 것은 없습니다."

낙관주의 철학과 미래지향적인 사고방식은 비관주의와 부정적인 사고방식보다 훨씬 유익한 것임은 분명하다. 이것은 지나온 역사가 증명하고 있다. 그런데 이 낙관적인 전망이 어떤 선택의 결과라는 것을 많은 사람들은 깨닫지 못한다.

우리는 인생에서 어떤 태도를 취한다. 처칠은 낙관주의를 선택했다. 비관주의를 선택한 사람도 있다. 물론 그런 사람들에게는 그럴 만한 이유가 분명히 있다.

낙관주의를 선택한 많은 사람들에게는 분명한 이유가 있다. 세상은 긍정적이고 소망이 넘치는 곳이라는 확신이 바로 그 이유이다.

선택은 결코 맹목적인 것은 아니다. 나름대로 이유와 목적이 있다. 인생의 많은 승리자들처럼 당신 역시 인생에서 성공을 기대할 만한 충분한 이유가 있을 것이다.

성공하기를 원한다면 낙관주의를 선택해야 한다. 비관주의는 인생을 절망과 나태와 자포자기로 인도한다. 낙관주의자만이 성공할 수 있다.

"운명을 정복하라"

성공은 어느 순간에 한꺼번에 얻어지는 것이 아니다. 계획에 의해 조금씩
완성되는 것이다. ― 프레터널 모니터

엔지 픽스는 운명이 그를 불공평하게 대하고 있다고 믿을 수밖에 없는
처지에 놓여 있었다.

그녀의 어머니는 그녀가 갓난아기였을 때 세상을 떠났고, 아버지가 누
구인 줄도 모르고 태어나서 가정의 따스한 정이라고는 한 번도 느껴보지
못한 채 이곳저곳 유아원, 고아원으로 전전하면서 살았다.

엔지뿐만 아니라 운명이 자신에게 불리하게 작용하고 있다고 믿는 사
람들이 이 세상에 수없이 많다.

그러나 엔지는 자신의 불운에 굴하지 않고 무엇인가 해보기로 결심했
다. 그런데 이상하게도 자라면서 몸이 불어나고 몸무게가 늘어났다. 그
래서 우선 다이어트부터 하지 않으면 안 되었다.

다이어트 하는 방법은 달리기밖에 없었다. 그리하여 매일 달리기를
시작했다. 그러던 중에 그녀는 마침내 달리기 선수가 되었다. 그리하여
마라톤 선수가 되어 각종 육상 선수권 대회에 출전하여 각종 상을 휩쓸
었다.

그녀는 알칸사스 주립대학 재학 중 3개의 마라톤 대회에 출전하여 우
승을 했다. 엔지는 운명을 한탄할 수 있는 충분한 이유가 있었다. 그러
나 그녀는 결코 굴복하지 않았다. 그녀는 장애물을 뛰어넘어 인생의 승
리자가 되었다.

당신도 운명에 굴복하지 말고 승리하는 사람이 되어라.

"자신의 기분을 스스로 조절하라"

행복이란 한두 방울 자기 자신에게 뿌리지 않고서는 남에게 줄 수 없는
향수와 같은 것이다. ― 랄프 W. 에머슨

'의기소침'이란 말이 있다. 자신의 인생에서 희망도 없고, 의미 있는 것
이라고는 하나도 없다는 생각에 스스로 나약해지는 감정을 말한다. 이런
감정은 일시적으로 오는 경우가 많지만, 주로 미래를 긍정적으로 보지 못
하는 사람들이 흔히 느끼는 감정이다. 앞길을 예측할 수 없으면 누구나
의기소침하기 마련이다. 그러나 자신의 기분은 스스로 조절할 수 있다.

의기소침의 원인은 거의가 분노이며, 모든 분노는 대개 어떤 개인을 향
하고 있음을 기억할 필요가 있다. 당신이 어떤 사람에게 분노를 느끼거나
나쁜 감정을 가지고 있다면 즉시 찾아가서 용서한다고 말해 보아라. 그러
면 분노의 감정이 사라질 것이다.

생활에 질서와 리듬이 있으면 의기소침의 감정이 일어나지 않는다. 의
기소침은 이완된 생활에서 일어난다. 따라서 해야 할 일들의 목록을 작성
하고 그 일정표에 따라 실천하고, 실천했으면 그 다음에는 누구를 도우
려고 노력해 보라. 그러면 의기소침의 감정 따위는 생기지 않을 것이다.

"만약 신경쇠약 증세가 있으면 문제가 있는 사람들을 찾아가서 그들의
문제를 해결하는 일을 해 보라. 그러면 신경쇠약 증세가 없어질 것이다."
칼 메닝거 박사의 말이다.

다른 사람들이 원하는 것을 얻도록 도와주면 당신 역시 원하는 것을
얻게 될 것이다.

"할 일을 스스로 조절하라"

자신의 능력에 한계를 부여하거나 그 능력을 뛰어넘을 수 있는 사람은
자신밖에 없다. — 로베스 피에르

수년 전 캘리포니아 주지사는 두 번째 임기를 맞아 열심히 일을 하였
다. 그는 아침 식사는 물론 점심 식사도 잊은 채 돌아다니다가 오후 늦게
주 청사 식당으로 식사를 하러 갔다. 마침 그날은 치킨이 주요 메뉴였다.

그는 치킨을 배분하는 여자에게 말했다.

"치킨 하나만 더 주시오."

그러자 치킨을 배분하는 여자가 말했다.

"한 사람당 한 조각씩 배당되어 있으므로 더 이상 줄 수가 없습니다."

당시는 경제가 상당히 어려운 때라 식사의 여분이 없었다.

그래서 주지사는 다시 말했다.

"나는 이 주의 주지사인 크리스찬 힌터인데 하나 더 주시오."

그녀는 물끄러미 주지사를 바라보더니 이렇게 대꾸하면서 주지사를
옆으로 밀었다.

"이 치킨을 배당하는 담당자는 바로 나요. 저리 비키세요."

당신은 오늘 무슨 일을 담당했는가? 오늘 해야 할 일은 무엇인가?

그 일이 무엇이든지 철저히 하도록 하자. 가능한 훌륭하게, 그리고 정
확하게 하자.

자신이 맡은 일에 최선을 다해야 하고, 자신의 미래를 스스로 만들어야
한다는 사실을 명심하자.

"폭발 직전에 일단 멈추어라"

도로상에서나 토론석상에서 빨간 신호등을 보면 일단 멈추어라.

— 지그 지글러

한 인간의 감정이 폭발되는 지점과 그 인간의 가치가 결정되는 지점과는 밀접한 관계가 있다

레스토랑에서 식사를 마친 한 부부가 한순간의 폭발로 그들은 물론 주위 사람들의 기분까지 망쳐놓은 일이 있었다.

그들 부부는 종업원에게 커피를 시켰다. 그 때 마침 다른 손님이 비행기 시간이 촉박하다고 하면서 계산을 요구하였다. 계산을 하는 동안에 커피를 시킨 일을 깜박 잊은 종업원은 다른 일을 했다. 3, 4분이 지나도 커피가 나오지 않자, 커피를 주문한 부부는 화가 머리끝까지 올라 결국 폭발하고 말았다.

이처럼 한순간의 폭발로 인해서 자신은 물론 주위 사람들의 기분까지 망치는 일이 우리 주위에 수없이 많다. 문제는 이와 비슷한 상황으로 인해서 인간관계는 물론 그 사람의 미래까지도 바뀌게 된다는 사실이다.

우리의 도량이나 인격은 우리를 자극하는 어떤 일에 어떻게 반응하느냐에 따라 나타난다.

자신의 폭발 지점은 어디인지 감정을 스스로 통제하여 자신의 가치를 올리도록 노력해야 한다. 오늘 어떤 상황에서도 그 상황에 대한 반응을 나타내기 전에 잠시 생각하는 여유를 갖자.

"신념에 따라 행동하자"

성격이란 단지 오래된 습관에 지나지 않는다.
— 포앙가레

크리스 쉰켈은 지금 10여 년째 스포츠 중계를 해오고 있다. 이제 그는 노련한 중계인이 되었다. 그런데 그는 원래 스포츠맨이 아니었다. 따라서 처음에는 실수도 많았고, 청취자로부터 비판도 많이 받았다.

그럴 때마다 그는 이렇게 말한다.

"내가 하는 일이 곧 나 자신입니다. 나는 나의 신념대로 행동하고, 그리고 중계합니다. 나는 내 자신에게 비판적이 되어 고치려고 해보았지만 변할 수 없었습니다."

그는 젊었을 때부터 방송인이 되려는 꿈을 갖고 있었다. 그래서 라디오 야구 중계방송을 들으면서 그 꿈을 키워나갔다.

그는 퍼튜 대학에 입학하자마자 여름 방학 동안 아르바이트로 인디애나 주의 문슈에 있는 WLBC방송국에서 주당 18달러라는 저렴한 급여를 받고 일을 했다.

그렇게 방송 일을 시작한 그가 이제는 유명한 스포츠 해설가의 자리에 이르게 된 것이다. 그는 이제 비판이 아닌 칭찬을 받으면서 해설하는 중계인이 된 것이다. 이렇게 된 것은 그가 무슨 일을 하든 원칙을 가지고 일을 했기 때문이다. 당신이 하는 일은 곧 당신 자신이다. 오늘부터 자신의 신념에 따라 행동하는 사람이 되라.

"선택도 능력이다"

지나치게 소심한 사람은 성공할 확률이 적다.
― 프리드리히 폰 실러

우리는 자신만의 고유한 나침반의 지시에 따라 방향을 결정한 다음 정신적으로 둥지를 떠난다.

둥지를 떠나 인생의 긴 항해를 할 때 우리는 많은 변화를 만난다. 어떤 때는 잔잔한 바람이 불다가 또 어떤 때는 광풍이 몰아치기도 한다. 항해를 할 때는 반드시 크고 작은 변화를 만나게 된다. 따라서 우리는 변화를 택할 것인가, 아니면 안주를 택할 것인가 결정해야 한다.

성공을 향해 항해를 떠나는 당신은 변화를 거스를 수 없다. 정상에 오르기 위해서는 반드시 변화의 방향으로 나아가야 한다. 변화의 길로 나아가기 위해서는 에너지가 많을수록 좋다. 그리고 에너지를 높이기 위해서는 목표와 자신감을 의식해야 하고, 매순간 긍정적인 것을, 희망이 넘치는 것을 선택해야 한다.

선택하는 것은 능력이고 훈련이다. 선택을 하지 않으면 원하는 것이 무엇인지조차 잊게 된다. 또한 선택을 남에게 맡기다 보면 나중에는 정말 혼자서는 어떤 선택도 못하게 된다.

선택은 권리이자 의무이다.

"행복은 당신 옆에 있다"

어리석은 자는 멀리서 행복을 찾지만, 현명한 자는 자신의 옆에서
행복을 찾는다. — 제임스 오펜하임

인간은 행복과 불행 중 어느 한쪽을 선택한다. 아침에 일어나는 순간
이와 같은 사실을 깨닫지 못할지라도 분명히 행복과 불행 중 어느 한쪽
을 선택하게 된다.

사회학자 윌 듀란트는 지식에서 행복을 찾으려고 했으나 그것이 환상
임을 깨달았다고 말하였다. 그래서 그는 여행에서 행복을 찾으려고 했으
나 피로만 얻었다.

그러던 어느 날 열차 플랫폼에서 잠자는 아기를 안고 누군가를 기다
리는 한 부인을 보았다. 잠시 후 한 신사가 차에서 내려 그 부인에게 달
려가 아기에게 부드럽게 입을 맞추고는 부인과 함께 가는 것을 목격했다.

듀란트는 그 광경을 목도하고서 모든 상황에는 기쁨이란 것이 존재한
다는 것을 깨달았다고 말하였다.

행복과 성공을 찾을 때 당신의 손이 미칠 수 있는 범위를 생각해야 한다.

행복을 얻기 위해서는 누군가에게 행복을 주어야 한다.

흔히 행복을 멀리서 찾으려고 한다. 멀리 있는 그럴싸한 무엇을 가질
때 행복하다고 생각한다. 그러나 행복은 우리 주위의 일상행활 속에 있음
을 잊어서는 안 된다.

오늘 남에게 행복을 주고 그에 따르는 보상을 즐겨 보자.

"TV시청과 컴퓨터 앞에 앉아 있는 시간을 엄격하게 조정하라"

TV시청과 컴퓨터 앞에 앉아 있는 시간은 영상의 최면 효과가 크다. 그것은 심각한 정신적 노예화, 황폐화를 야기시킨다. — 시드니 J. 레이스

오늘날 전파 매체의 영향은 매우 크다. 특히 안방을 점령하고 있는 TV의 힘은 무서울 정도이다.

TV의 유익성은 이미 잘 알려진 바와 같다.

세계의 움직임이나 지식, 상식, 교양을 넓게 해주고 많은 오락 프로로 또한 우리의 정서를 풍요롭게 한다. 그러나 이런 유익성은 우리가 TV 시청을 조정할 수 있느냐에 달려 있다.

오늘날 컴퓨터의 발달로 전세계의 소식이 순간순간 전해 온다. TV나 일반 매스컴이 전하지 못하는 각종 소식을 구석구석까지 전하고 있다. 그러나 이런 컴퓨터의 발달로 인해서 그 피해도 만만치 않다. 가장 좋은 예가 터무니 없는 악플로 인한 피해이다. 이로 인해서 많은 사람들이 죽음이라는 막다른 골목으로 내몰리고 있다.

TV 시청이나 컴퓨터를 통한 여러 가지 정보를 입수하거나 오락 게임을 하는 일은 이제 너무나 보편화되어서 어느 누가 조정할 수 없도록 발달되었다.

이런 것들이 주는 피해를 막고 우리의 삶에 유익한 것만 얻기 위해서는 무엇보다도 엄격한 조절과 관리가 필요하다.

"항상 기회를 맞이할 준비를 하라"

기회란 포착하면 많은 열매를 맺고, 소홀히 여기면 사라져 버리는 것이다.
— 지그 지글러

나 지그 지글러는 미국의 대 공황기에 남부의 한 작은 마을에서 태어나서 그곳에서 자랐다. 모든 사람들이 어려움을 겪고 있던 시절 나는 식료품 가게에서 당밀을 갤런으로 달아서 판매하는 일을 했다.

그런데 당밀을 몹시 좋아하는 한 소년이 자주 그 가게로 왔다. 그 소년은 항상 커다란 당밀 통으로 달려가서 통 두껑을 열고 손가락을 당 밀 통에 쑥 넣었다가 빼낸 후 손가락을 빨아 먹었다. 주인은 그 소년에게 여러 번 주의를 주었다.

그러던 어느 날 그 소년이 또 당밀 통에 손가락을 넣자, 화가 난 주인은 그 꼬마를 당밀 통 속으로 집어 던져 버렸다. 그 꼬마 녀석은 천천히 당밀 속으로 가라앉으며 통 속의 당밀을 전부 맛보았다. 나는 그 광경을 보면서 기도했다.

"저에게도 저런 기회를 주십시오."

이 이야기는 가난했던 나의 어린 시절에 겪은 에피소드에 불과하지만, 기회는 항상 준비하고 있는 자에게 온다는 교훈을 주었다.

항상 기회를 맞이할 준비를 하고 있자.

"말하기 전에 생각하는 습관을 갖자"

말할 때에는 이미 자신이 알고 있는 것만 말하고, 들을 때에는 다른 사람이 알고 있는 것을 들으면서 배우도록 하라. — 루이스맨스

세상에는 이야기할 수 있는 수단만을 가진 사람과 말해야 할 이야기 거리만 가지고 있는 사람이 있다. 당신은 이 둘 중에 어느 쪽의 사람인가?

사상가인 헨리 O. 도로우가 웰덴 연못가에서 지낼 때의 일이다. 어느 날 여러 명의 노동자들이 일을 하고 있는 모습을 보자 도로우가 그들에게 무슨 일을 하고 있느냐고 물었다.

"마이네 사람들과 텍사스 사람들이 서로 연락할 수 있도록 하기 위해서 전선을 가설중입니다."

그 당시에는 전보가 가장 빠른 통신 수단이었다. 그럼에도 불구하고 전선을 가설중이라는 소리를 듣고서도 도로우는 별다른 감동이 없었다.

"만약에 말입니다. 마이네 사람들이 텍사스 사람들에게 전할 특별한 말이 없으면 어쩌지요?"

그가 오늘날 살아 있었다면 전보보다 몇십 배 빠른 커뮤니케이션의 수단을 보았을 텐데, 그래도 감동을 받지 못했을지도 모른다. 그에게는 메시지를 전달하는 수단보다도 그 내용이 더 중요했을지도 모른다.

커뮤니케이션이란 내용과 표현이 일치되어야 한다. 따라서 어떤 말을 하기 전에 항상 내용을 준비해야 한다.

"할 수 있는 것에 집중한다"

성공은 능력보다 열정에 의해서 좌우된다. 승리자는 자신의 일에 몸과 영혼을 다 바친 사람들이다. ― 찰스 북스톤

사람들은 자신의 처지와 상황을 생각하고 불가능한 것을 떠올리며 실망한다. 특히 자신의 나이를 이유로 삼는 사람들이 많다. 그러나 꿈을 갖고 배우고 인생의 변화를 꾀하는 일에는 너무 늦은 때란 없다.

칼 카슨씨는 64세 나이에 직업을 바꾸기로 결심했다. 트럭 임대 사업을 하던 그는 갑자기 자동차 판매 영업소를 차리기로 한 것이다. 그의 목표는 하루 고객 10 명에게 자동차를 판매하는 것이었다. 만 1년 만에 목표를 달성하자 그는 다시 직업을 바꾸어 이번에는 기부금을 받아 월간 신문을 발행하였다. 그리고 각종 모임에 초청을 받아 미국 전역을 누비면서 강연을 하고 다닌다.

칼 카슨 씨는 현재 나이 75세다. 꿈을 갖고 배우며 변화를 도모하기에 너무 늦은 때란 존재하지 않는다.

사람들은 늘 핑계를 댄다. "너무 늙었어." "너무 어려서." "나는 여자이니까." 등.

인생을 얼마든지 보람 있는 삶으로 바꿀 수 있다.

우리는 달력이 넘어가는 것을 정지할 수는 없다. 그러나 부정적인 사고 방식을 정지시키고 자신만의 독특한 능력을 개발할 수 있다.

"전화위복의 기회로 만들어라"

대포도 계속 발사하고 있는 사람에게는 소총에 불과하다.

— 크리스토퍼 모레이

한 젊은 아나운서는 진급의 문턱에서 뜻밖에 해고를 당하였다. 노조에 가입하여 활동한 것이 이유였다. 그러나 그는 집에 돌아가서 자기 아내에게 이렇게 말했다.

"여보, 나 이제 자유로운 몸이 되었으니 더 큰 일을 할 수 있을 거요."

이런 일은 우리 주위에서 종종 일어나는 일로, 보통 좌절하거나 실의로 나날을 보내게 된다.

그러나 그 젊은 아나운서는 적극적인 자세로 자신의 환경에서 과감히 탈출하였다. 그는 후일 '다 함께 웃읍시다'라는 프로를 만들어냈다. 그리하여 그는 방송인으로서 당시 최고의 영광을 누리게 되었다.

그는 뜻하지 않은 실직이라는 불행을 비관하거나 자포자기하는 이유로 삼지 않았다. 오히려 그것을 발판의 도구로 삼았던 것이다.

이 아나운서의 원리는 우리의 삶에도 적용할 수 있다.

실패와 좌절은 우리를 재건할 수도 있고, 파괴할 수도 있다. 낙관적인 자세를 가진 사람에게는 실패란 정상으로 향하는 데 필요한 발판과 계기에 지나지 않는다.

"실패를 두려워하는가?"

많은 사람들은 실패의 경험을 하지 못한다. 그들은 아무것도 시도해 보지 않기 때문이다. ― 노먼 메커번

성공으로 가는 길에는 실패자들로 가득 차 있다. 성공에 이르는 길에는 패자들로 발 디딜 틈도 없이 꽉 차 있다.

성공한 사람들은 무슨 일이든지 시도해 보는 것을 두려워하지 않는다. 성공한 사람들은 어떤 일에나 항상 실패의 가능성이 있다는 사실을 알고 있다. 그들은 실패를 싫어하지만 실패를 두려워하지는 않는다.

야구 역사상 가장 위대한 홈런 타자도 한 때는 몇 년 동안 삼진 아웃을 가장 많이 당했다는 사실을 독자는 이해하지 못할 것이다. 베이브 루스는 믹키 멘틀 선수가 그의 삼진 아웃 기록을 빼앗아갈 때까지 삼진아웃 최고기록 보유자였다. 그러나 베이브 루스는 삼진이 두려워서 배트를 휘두르는 것을 결단코 두려워하지 않았다.

성공으로 가는 길을 가득 메운 실패자들은 일시적인 실패자일 뿐 영원한 패자는 결코 아니다.

그들은 분명 혁신가요, 도전자요, 실험가이다. 그들은 반드시 일어난다. 그들은 쓰러질 때마다 다시 일어선다. 그들은 멀지 않아 다시 일어설 것이며, 끝내는 성공한다는 것을 분명히 알고 있다. 그래서 기회가 있으면 배트를 내민다. 당신도 배트를 힘차게 휘둘러라. 실패를 두려워하지 말고.

"덕德을 키워라"

덕이 있는 사람은 현명하다. 현명한 사람은 선하다. 선한 사람은 행복하다.

— 지그 지글러

연예계의 슈퍼스타로 알려졌던 프레디 프린스가 자살을 하여 그의 팬은 물론 많은 사람들에게 많은 충격을 주었다. 그 당시 헐리우드 연예계에 정통한 로나 바레트는 신문기자들로부터 다음과 같은 질문을 받았다.

"연예계 대스타 중에서 자살할 가능성이 있는 사람이 있는지, 있다면 누구라고 생각하나요?"

그는 한참 생각하다가 이렇게 말했다.

"자살할 위험성이 없다고 생각하는 스타는 아무도 없다고 생각합니다. 왜냐하면 대스타 중에서 진정으로 행복한 사람은 한 사람도 없으니까요."

이 같은 사실은 우리를 슬프게 하며 인생을 다시 한 번 생각하게 한다.

그들은 돈, 명성, 인기, 열광하는 팬, 그리고 그들의 신변을 보호하는 보디가드를 거느리고 있다. 그럼에도 그들은 자살이라는 극단적인 선택을 한다. 비참하게 인생의 종말을 맞이한다. 그 이유는 무엇일까?

그 이유는 간단하다. 소유물이 결코 사람을 행복하게 하지 않기 때문이다.

우리는 무엇보다도 인격의 중요한 부분을 차지하고 있는 덕을 키우는데에 소홀히 해서는 안 된다. 그렇지 않으면 모든 재산이나 명예는 사상누각이 되고 만다.

"후퇴하는 것도 때로는 필요하다"

우리가 보는 것은 주로 우리가 쫓고 있는 것에 달려 있다.
— 존 루복

세계 헤비급 챔피언인 알리는 잭 뎀프시와의 대전을 대비해서 잽을 날린 다음 백 스텝을 하는 연습을 많이 했다. 알리는 뎀프시가 두려워서가 아니라 그의 강펀치를 효과적으로 피하기 위해서였다. 알리는 뎀프시와의 대전을 앞두고 그의 강펀치를 효과적으로 피하고 승리할 수 있을까 고민하던 중에 생각해 낸 것이 백 스텝이었다.

알리는 뎀프시에게 맞으면 치명적일 수도 있으며, 그 주먹을 맞고 계속 공격하다가는 KO당할 수도 있다는 것을 알고 있었다. 그래서 그는 경기를 앞두고 수 마일씩 뒤로 달리는 운동을 했다.

마침내 시합의 날이 왔다. 알리는 예측한 대로 뎀프시의 강한 펀치를 백 스텝을 밟으며 교묘히 피해 다니며, 기회가 있을 때마다 잽으로 안면 공격을 했다. 초반에는 강한 펀치를 맞고 한 때 휘청거렸으나 지연작전으로 마지막 라운드까지 끌고 가서 마침내 공격하다가 지친 뎀프시를 다운시켜 승리하였다.

우리는 인생에서 때로는 난관에 봉착했을 때가 있다. 그 때 좌절하지 말고 일단 후퇴했다가 다시 공격하는 것이다. 무리하게 돌진하는 것이 능사가 아니다. 일보 후퇴하여 기회를 보아 이보 전진할 때 승리하게 되는 것이다.

"환경을 스스로 창조하는 사람이 되라"

자기 자신을 성찰하라. 그 때 그대의 하는 일이 전혀 소용없는 일이 되지
않을 것이다. — 스위프트

오늘날 많은 젊은이들은 공부를 하거나 일할 의욕이 생길 수 있는 환경
을 조성해 달라고 한다. 사실 그런 환경에서 자란 젊은이들은 참으로 행
복하다. 그런데 성공한 사람들은 스스로 그런 환경을 만들었다.

환경은 물론 중요하다. 그러나 무엇보다도 그 환경 속에 있는 사람
들의 마음가짐이 더 중요하다. 다른 사람들이 볼 때는 형편 없는 환경에
살고 있을지라도 그 환경을 탓하지 않고 자신의 일에 흥미를 갖고 심혈
을 기울여 노력하면 능력은 커지고, 그 환경 역시 좋은 환경이라고 생각
하게 된다.

그러나 그 반대로 의욕이 생기는 좋은 환경에 살고 있을지라도 자신
이 하는 일에 흥미를 가질 수 없다면 그 환경은 의욕에 아무런 도움이 되
지 않는다.

따라서 무엇인가를 하고 싶은 의욕을 불러일으키는 환경은 가만히 앉
아서 기다리고 있어서는 만들어지지 않는다. 적극적으로 자신의 운명을
개척한다는 자세로 그 환경을 만들어 가지 않으면 안 된다.

만약 지금 자유롭게 환경을 선택할 권리가 주어진다면 당신은 다음의
조건을 고려해야 한다.

즉 아무리 좋은 환경이라고 하더라도 당신의 재능을 살릴 수 있는 환
경이 아니면 소용이 없으며 유익하지 않다는 것을.

"가능한 긍정적인 기사를 많이 읽어라"

조국애를 키우고자 원한다면 가끔은 외국에 나가서 살 필요가 있다.
— 지그 지글러

5년 동안 무려 25켤레의 구두를 닳아 없애가면서 미국 전역을 도보로 여행한 사람이 있다. 그의 이름은 피터 잰킨스.

그는 여행을 통해 많은 사람들을 만나면서 미국 사람들을 이해하게 되었고, 미국에 대한 조국애를 느끼게 되었다고 한다.

그런데 그런 여행은 누구나 할 수 있는 여행이 아니다. 보통 사람들에게는 그런 여행이 불가능하다. 그러나 신문이나 잡지를 통해서 조국에 대한 많은 기사를 읽고, 특히 긍정적인 기사를 많이 읽고 조국에 대해서 낙관적인 생각을 하게 된다면 그런 여행을 하지 않아도 뜨거운 조국애를 갖게 될 것이다.

당신은 당신의 조국에 대해서 많이 알게 될수록, 조국이 당신에게 제공하는 많은 기회와 조국에 대한 감사함을 느끼게 될 것이다. 그리고 조국의 아름다움을 깨달을수록 조국에 대한 열정과 애정을 느끼게 될 것이다.

우리는 매스컴을 통해서 조국에 대한 소식을 많이 접하게 된다. 그 중에는 부정적인 소식도 많이 있다. 그러나 우리에게 꿈과 희망을 줄 기사가 더 많다.

부정적인 기사를 읽을 때는 부정적인 생각과 절망을 느끼게 되지만 긍정적인 기사를 읽을 때에는 낙관적인 희망을 갖게 된다.

되도록 많은 기사를 접하되, 낙관적인 생각을 가지고 조국에 대해서 희망과 꿈을 기대하도록 하자.

"여분의 시간에 미래가 달려 있다"

어떤 일이든지 견딜 수 있는 사람은 무슨 일이든지 단행할 수 있다.

— 보브나르크

　성공한 사람들에 대해서 그 특징을 통계로 나타내어 유명해진 파브손에게 어느 날 한 젊은이가 찾아와서 물었다.

　"성공과 실패에 대해서 그 특징을 나타낸 통계가 있습니까?"

　그러자 파브손이 말했다.

　"있구말구요."

　"그럼 말씀 좀 해주십시오."

　파브손은 그 젊은이에게 다음과 같이 상세하게 말했다.

　"사람들은 회사에 근무할 때에는 일하는 시간이 중요하고, 학교 다닐 때는 공부하는 시간이 중요하다고 합니다. 물론 회사원은 근무시간이 중요하고 학생에게는 공부시간이 중요합니다. 이 시간을 중요시 여기고 열심히 하는 것에는 성공자와 실패자의 차이가 없습니다. 그러나 회사원이나 학생들이 집에 돌아가서 어떻게 시간을 보내느냐가 중요합니다. 즉 집에 돌아가서 응접실에서 TV를 보거나 하면서 한가하게 시간을 보내는 사람과 자기개발에 힘쓰거나 공부하는 사람과는 커다란 차이가 생깁니다. 성공자들은 오후 6시부터 10시까지의 4시간을 중요시 여깁니다. 그리하여 적어도 그 4시간 중 2시간만이라도 회사원들은 자기개발이나 전문적인 어떤 일을 연구하거나 학생들은 복습을 하거나 예습을 합니다. 하루에 2시간만이라도 어떤 분야에 쏟는다면 1년에 무려 730시간을 그 분야에 투자하게 되므로 그 방면에 전문가가 될 것입니다."

"여분의 시간을 활용할 계획을 세워라"

과거는 미래 속에 들어 있는 현재이다.
— 루이스 L. 만

기회가 개인에게 오는 것인지 아니면 직업을 통해서 오는 것인지는 매우 흥미를 끄는 문제이다. 아마도 그 대답은 양쪽 모두를 통해서 오는 것이다.

택시 기사는 손님을 기다리는 동안 그 시간이 짧게는 몇 분, 길게는 몇 시간이 되어도 고작 담배를 피우거나 옆에서 함께 기다리는 다른 택시 기사와 함께 잡담을 하는 등으로 시간을 보내기 마련이다.

필자가 아는 한 택시기사는 자신에게 주어진 일을 열심히 하고 있었다.

호텔 앞에서 손님을 기다리는 시간에도 그는 손에서 책을 놓지 않았다. 그는 손님을 기다리는 시간을 자기개발의 시간으로 활용하고 있었던 것이다. 다시 말해서 현재의 직업보다도 더 나은 직업을 구하기 위해서 공부를 하고 있었던 것이다. 그는 그런 노력의 결과 공무원 임용시험에 합격이라는 영광을 얻게 되었다. 그것도 고급 공무원 임용시험에 합격한 것이다.

이것은 자신에게 주어진 시간 단 5분이라도 아끼며 자기개발에 쏟은 결과이다.

당신에게 주어진 여분의 시간을 당신의 미래인생을 위해 사용하자. 또한 그럼으로써 당신에게 주어진 모든 시간을 보다 효율적으로 활용할 수 있게 된다.

"고정관념을 버려라"

성공의 영광을 동경하는 것을 나무라지 말고, 다만 영광만을 도모하는
것을 나무라야 한다 — 뽀땡까래

여러 해 전에 야외에서 한 낚시꾼을 만났다. 그는 특이하게도 큰 고기
는 놓아주고 작은 고기만 잡아 올리는 것이었다. 기이하게 생각하여 필자
가 그에게 물었다. 그러자 그는 이렇게 말했다.

"아깝지만 내가 가지고 온 그릇이 워낙 작아서 큰 고기를 담을 수가
없어서요."

이 이야기를 읽은 독자는 모두가 실소를 금치 못할 것이다. 그러나 이
야기에는 웃어넘길 수 없는 교훈이 들어 있다.

우리는 종종 큰 꿈이 있어도 자신의 능력을 과소평가하여 생각조차 하
지 않는 경우가 많다. 또 좋은 아이디어가 떠올라도 다른 사람이 이미 시
험해 보았을 것이라는 생각에 포기하고 만다.

이제라도 큰 꿈이나 훌륭한 아이디어가 떠오르면 지금까지의 고정 관
념을 버리고 과감하게 주저하지 말고 즉시 실천해 보아야 한다. 당신에게
커다란 아이디어를 준 신께서는 당신이 커다란 꿈을 실현할 수 있는 큰 능
력도 주신다는 것을 잊지 말아야 한다.

"말보다 실천을"

만일 실행할 만한 가치가 있는 일이 있다면 말만 하지 말고 직접 행하라.
그것을 성취한 후에 남들이 그것에 대해서 이야기할 것이다.
— 조지 W. 볼런트

세상을 살다 보면 궁지에 몰릴 경우가 있다. 그런 때는 대개 남을 비난
하거나 핑계를 대기 쉽다.

계속 그런 비판의 소리를 듣게 된다면 가슴이 터질 것 같은 것이다.

비판은 당신은 그 어떤 곳으로도 데려다 주지 못 한다. 다만 행동만이
그 일을 할 수 있다.

옥수수밭에 있는 소를 온종일 나무랄 수 있지만, 그렇게 함으로써 소
를 밖으로 끌어내지 못한다.

그러나 소를 밖으로 몰아내어 말뚝에 묶어 두거나 옥수수밭 주변에
담장을 칠 수는 있다. 그런 행동만이 당신이 바라는 목적을 이룰 수가 있
을 것이다.

성공과 실패는 문제를 놓고 그것에 대해서 이야기만 하느냐, 아니면 무
엇인가를 하느냐에 따라서 결정된다.

오늘, 길게 토론에 참가할 것이 아니라 그 기운으로 말 대신 실천을 해
보라.

"자신이 맡은 일에 최선을 다하라"

자신이 맡은 일에 최선을 다하라. 그렇게 할 때 최선의 이익이
돌아올 것이다. ― 지그 지글러

지그 지글러가 식료품 가게에서 일할 때의 일이다.

그 날 따라 손님이 없고 무척 한가하였다. 그리하여 지그 지글러는 무료하게 밖을 내다보고 있었다. 그러자 주인이 그를 불러 진열대 한 곳을 가리키며 깨끗이 청소하라고 하였다.

"그 곳에는 고작 토마토 주스 두 통밖에 없는데요."

그가 볼멘소리를 하자 주인은 정색을 하고 말하였다.

"토마토 주스 두 통밖에 없다니? 한 박스를 팔아도 그것은 원가에 지나지 않고 저것 두 통을 마저 팔아야 네 월급이 나온다. 그런데 고작 두 통이라고 말하다니!"

지그 지글러는 아무 말도 못하고 주인을 바라보았다.

"알았으면 가서 청소나 하도록 해라."

지그 지글러는 그 때 비로소 무엇을 하던지 최선을 다해야 한다는 사실을 깨달았다.

주인을 위해서, 사장을 위해서 최선을 다할 때 우리에게도 이익이 돌아온다.

"요행을 바라지 말라"

내 힘으로 하지 않는다면 누가 그것을 해줄 것인가? 반대로 오직 나 혼자
만의 힘으로 해결하려고 한다면 나는 도대체 어떤 존재인가? — 힐렐

우리 주변에는 요행을 바라는 사람이 많다. 노력을 하지 않고서도 복
이 하늘에서 떨어지기를 바라는 사람들이다. 이들은 '요행의 포로'들로 불
행한 사람들이다.

부자 친척이 죽어서 자신에게 막대한 재산을 물려주기를 바라는 사람
들, 복권이 당첨되어서 수천 달러가 하루 밤에 은행 통장에 들어오기를 바
라는 사람들, 그리고 길을 가다가 돈다발이 들어 있는 상자를 줍는 행운
을 기다리는 사람들이 모두 이런 부류에 속한다.

배가 고기 잡으러 출항도 하지 않았음에도 만선이 되어서 돌아오기를
기다리고 부둣가로 나가는 사람들이다.

이런 사람들은 다른 사람의 도움을 받으려면 먼저 자신이 노력해야 된
다는 사실을 모르고 있다.

옷소매에 가려 있는 당신의 손과 팔을 사용해 보라. 당신의 생애에서
이제까지 발견해 내지 못했던 여러 가지 문제들에 대한 해답들을 발견하
게 될 것이다.

오늘 당신의 행동에 대해 책임감을 갖고 최선을 다한 후에 도움의 손
길을 찾아야 한다.

"행동하는 사람이 되라"

부지런한 사람은 한 명의 악마에 의해서 유혹되고, 게으른 사람은
천 명의 악마들에 의해서 유혹된다. — 토마스 풀리

일을 만들어서 하는 사람인가, 아니면 누가 시킬 때까지 일을 지켜보고 있는 사람인가?

행동하는 사람은 항상 새로운 것을 시도해 보고, 새로운 결과를 위해 시험을 주저하지 않는, 정력이 넘치는 사람들이다.

행동하는 사람들은 새로운 아이디어를 행동으로 옮긴다.

반면에 방관자들은 새로운 아이디어에 관심을 가지고 있지만, 누군가가 그 아이디어를 테스트하기 위해 힘든 작업을 하는 동안 지켜보고만 있는다. 이들은 모든 위험 요소가 제거된 뒤에, 즉 아무런 위험과 부담이 없어서 해볼만하다고 생각될 때 움직이기 시작한다.

이것도 저것도 아닌 사람들은 무관심자들이다.

이런 사람들은 새로운 아이디어를 테스트해 보는 일에도, 그것을 보고 있는 것에도 관심이 없다. 오직 바람이 부는 대로 움직일 뿐이다.

성공하려면 분명 행동하는 사람이 되어야 한다. 그러기 위해서는 행동과 모험을 두려워해서는 안 된다. 선택은 오로지 당신에게 달려 있다.

"좋은 습관을 길러라"

좋은 습관이 나쁜 습관보다 훨씬 쉽게 파괴될 수 있다.

— 지그 지글러

'인생'이라는 긴 경기를 하고 있는 많은 사람들은 대부분 자신이 먼저 경기에 이겨서 정상에 오르려고 노력한다.

인생을 성공적으로 살려고 하는 희망은 누구에게나 있다. 그러나 그것이 그렇게 마음대로 되지 않는 데에 문제가 있다.

인생을 성공적으로 보내기 위해서는 좋은 습관을 기르도록 노력해야 한다. 그런 노력을 부단히 하지 않으면 자신도 모르는 사이에 좋지 못한 습관이 우리 정신과 육체를 좀먹는다.

성공한 사람들은 하기 싫은 일이나 잘 못하는 일도 기어코 해내는 습관을 길렀다.

생각해 보라. 우리들의 좋지 못한 특징들은 거의가 나쁜 습관에서 비롯된 결과이다. 두려움도 일종의 습관이다. 번민, 패배감, 근심, 절망 등도 역시 습관이다. 부정적인 생각을 하는 것도 나쁜 습관의 하나이다. 이런 나쁜 습관을 하루 빨리 제거해 버려야 한다.

제거하는 방법은 간단하다. 먼저 생각부터 바꾸는 것이다. "나는 할 수 있고, 반드시 해낼 것이다."라는 마음가짐을 갖는 것이다.

그 말을 항상 마음속에 두고 나쁜 습관을 없애버려라. 그러면 당신은 분명 성공적인 인생을 살 것이다.

"도전하는 사람은 결코 포기하지 않는다"

절망하지 말라. 종종 열쇠꾸러미에 마지막 달려 있는 열쇠가
자물쇠를 열게 한다. — 체스터필드

도전하는 사람은 많다. 그런데 도전하는 사람마다 다 성공하는 것은 아니고, 어떤 사람은 성공하고 어떤 사람은 실패한다. 그 이유는 무엇일까?

영국의 수상 윈스턴 처칠은 두 번째 임기를 마치고 옥스퍼드 대학에 강사로 초청을 받았다.

윈스턴 처칠은 그날도 여전히 중절모에 지팡이를 들고는 파이프 담뱃대에 담배를 피워 물고 귀빈석에 앉아 있었다. 사회자의 소개가 끝나자 윈스턴 처칠은 강단에 올라 양손으로 강연대를 붙잡고 아무 말 없이 청중을 응시하였다. 강연장을 가득 메운 청중들은 숨을 죽이고 그가 명연설을 하기를 기대하고 있었다.

약 30초 동안 조용히 청중들을 응시하던 그는 마침내 입을 열었다.

"결단코, 결단코 포기해서는 안 됩니다."

다시 침묵이 흘렀다. 이번에는 모든 청중들의 가슴에 길이 남을 명연설을 할 것을 기대하며 청중들은 윈스턴 처칠을 바라보았다. 그런데 입을 연 처칠은 이렇게 외쳤다.

"결단코, 결단코 포기해서는 안 됩니다."

그리고 나서 청중들을 바라보던 처칠은 자기 자리로 돌아가서 앉았다.

이 연설은 세계 역사상 가장 짧은 연설로 기억되지만, 가장 힘 있고 훌륭한 연설로도 기억되고 있다.

도전에 성공하는 비결은 단 한 가지다. 결단코 포기하지 않는 것이다.

"능동적으로 선택하라"

우리 앞에는 불행과 행복의 두 갈림길이 언제나 놓여 있다. 우리 자신이
이 둘 중 어느 하나를 선택하도록 되어 있다. — 에이브러햄 링컨

올바른 선택을 하기 위해서는 심사숙고할 시간이 필요하다. 선택할 사
안이 중요하면 중요할수록 더 많은 시간이 필요하다. 그러나 문제는 선
택의 시간이 우리를 기다려 주지 않는다는 점이다. 선택을 차일피일 미루
다가 자칫 선택을 자의로 하지 못하고 타의에 의해서 선택을 강요당할 수
도 있다.

그리고 더 큰 문제는 미루다가 마지막 순간에 '에라 모르겠다!' 하는
심정으로 선택을 하게 된다는 점이다. 그런데 이런 경우 운 좋게도 결과
가 좋다면 상관없지만, 세상사가 그렇지 않다는 것을 우리는 깨달아야
한다.

"에라 모르겠다. 이것으로 하지 뭐!" 하고 선택한 결과가 의외의 결과
를 가져와 여러분 인생의 남은 항해에 엄청난 결과를 가져올 수 있다. 따
라서 선택이 어려우면서도 매우 중요한 것이다.

인생의 긴 항해를 할 때 우리는 많은 변화를 만난다. 어떤 때는 잔잔한
바람이 불다가 또 어떤 때는 광풍이 몰아치기도 한다. 항해를 할 때는 반
드시 크고 작은 변화를 만나게 된다. 따라서 변화를 택할 것인가, 아니면
안주를 택할 것인가 결정해야 한다.

우리는 변화를 거스를 수 없다. 변화의 방향으로 나아가야 한다. 변화
의 길로 나아가기 위해서는 에너지가 많을수록 좋다.

에너지를 높이기 위해서 당신은 자신을 의식해야 하고, 매순간을 선택
하며 살아야 한다.

선택하는 것은 능력이고, 훈련이다. 선택을 하지 않으면 원하는 것이
무엇인지조차 잊게 된다.

"슬럼프를 극복하라"

내일을 위한 최선의 준비는 오늘의 일을 가장 훌륭하게 하는 것이다.

— 윌리암 오슬러

열정적으로 활발하게 움직이던 사람이 5,6일 지나서 갑자기 의기소침하고 활기가 없어 보인다. 또 3할대의 야구선수가 갑자기 삼진만 당한다. 그런 현상이 얼마간 계속된다. 이것이 바로 슬럼프 현상이다.

이것은 비단 프로야구선수에게만 해당되는 것이 아니다. 샐러리맨들에게도 있다. 그래서 슬럼프는 주기적으로 다가오는 홍역과 같은 것이다.

슬럼프에 빠졌다고 두려워하지 말고 극복하도록 노력해야 한다.

슬럼프에서 벗어나려면 그 원인을 파악해야 한다. 그 원인을 찾는 방법으로 다음과 같은 것이 효과적이다.

첫째, 매너리즘에 빠지지 않았는가?

둘째, 무슨 일에 정면으로 맞서지 않고 피하는 습관이 생기지 않았는가?

셋째, 대인관계에 신경 쓰느라 일에 몰두하지를 못한 것은 아닌가?

위의 세 가지를 중심으로 자기 자신에게 자문해 보고 그 해답을 찾아보라. 그러면 슬럼프의 원인을 알 수 있을 것이다.

무엇보다도 자신이 하는 일에 자신감과 긍지, 그리고 용기를 갖는 것이다.

"인생은 선택의 연속이다"

하나의 일에 관해 모든 것을 알기보다는 모든 일에 관해 조금씩 아는 편
이 훨씬 낫다. 그것이 세상을 사는 데 유익하기 때문이다.
— B. 파스칼

인생은 선택의 순간순간들로 이루어져 있다. 우리는 하루에도 크고
작은 많은 것들을 선택하게 된다. 때로는 그 선택의 하나가 당신의 운명
을 바꿀 수 있다. 가끔은 당신이 알고 있는 지식과 지금까지의 경험으로
는 도저히 무엇을 선택해야 할지 모를 때가 있을 것이다. 왜냐하면 인간
의 경험이란 한정되어 있기 때문이다. 이럴 때 빠지기 쉬운 오류가 선택권
을 남에게 넘기는 것이다. 부모나 친지, 교수 등에게 상담한 뒤에 선택하
는 것은 괜찮다. 그러나 결국 선택은 당신이 해야 하며 그 결과 또한 당
신이 책임져야 한다.

4 April 〈용기〉

참된 용기를 갖자

"패배를 극복하는 용기를 갖자"

패배란 무엇인가? 단지 교훈일 뿐이다. 좀더 좋은 곳으로 향하는
발걸음이다. — 윈델 필립스

미국 역사상 가장 위대한 대통령으로 칭송받는 에이브러햄 링컨 대통령의 생애는 패배의 연속이었다. 그러나 그는 패배를 극복하고 위대한 승리를 기록하였다.

그의 학력은 초등학교 중퇴이다. 그는 시골에서 조그마한 상점을 운영하다가 파산하여 그 빚을 15년에 걸쳐서 갚았다.

그는 하원의원에 출마하였다가 두 번이나 낙선의 고배를 마셨다. 상원의원에 출마 또 두 번이나 낙선했다.

그는 매일 신문으로부터 공격을 받았으며, 국민들의 절반이 그를 무시하였다.

또한 그는 여러 가지 질병에 시달렸고, 추남으로 묘사되어 여성들로부터 멸시를 당하기도 했다. 그가 대통령으로 재직시 나라가 남북으로 분열되어 역사상 가장 치욕으로 기록되는 최악의 유혈사태를 겪기도 했다.

그는 말도 잘못하였으며, 연설도 너무 짧게 한다고 혹평을 받기도 했다. 그러나 그는 이런 계속된 패배에도 불구하고 그 모든 것을 극복하여 마지막에는 미국 역사상 가장 위대한 승리를 거두었다.

에이브러햄 링컨, 그는 패배를 당할 때마다 다시 일어서는 용기를 잃지 않았다.

포기하지 말라! 포기는 금물이다.

어떤 구름도 그 윗면은 항상 은빛으로 빛나고 있다.

"조소를 견디어 내는 용기를"

하나님께서는 날마다 씨눈으로 실크 지갑을 만드신다.

— 지그 지글러

클라렌스 가스는 호흡기장애로 간신히 숨을 쉬며 간신히 목숨을 유지하고 있었다. 그녀는 하루에 담배를 세 갑 이상 피웠고, 맥주를 자그만치 24병이나 마셔댔다. 그런 덕분에 그녀의 허리는 43인치나 되었고, 몸무게는 265파운드나 나갔다. 그녀는 호흡곤란으로 도저히 견딜 수 없게 되자 무릎을 꿇고 기도를 했다.

"어떻게 하든지 이 고통에서 벗어나게 해주십시오."

그리고 그 때부터 그녀는 금연과 금주를 시작했다. 그리고 뚱뚱한 몸을 줄이기 위해서 매일 저녁 산책과 조깅을 했다.

그런데 그녀가 산책하러 공원에 갈 때마다 사람들은 그녀를 바라보고 조소를 보냈다. 거리를 달릴 때면 사람들이 손가락질을 하며 그녀의 지나치게 뚱뚱한 몸을 비웃었다. 사람이 달리는 것이 아니라 마치 휘발유통이 굴러가는 것 같기 때문이었다.

그러나 그녀는 그런 조소와 비웃음을 감내하지 않으면 안 되었다. 산책과 조깅으로 몸무게를 줄여야만 했기 때문이다. 사람들의 이상한 눈초리로 인해서 때로는 포기할까 하는 생각을 하기도 했으나 그녀는 자신의 건강을 위해서 모든 조소와 비웃음을 감당해야만 했다. 그러기 위해서는 무엇보다도 용기가 필요했다. 주위 사람들의 조소를 견디어낼 수 있는 용기가 필요했다. 그녀는 용기로 조소를 이겨내고 마침내 건강하고 밝은 모습을 찾았다. 이제 뚱뚱한 모습은 어디로 사라지고 어엿한 중년의 모습을 되찾았다. 이것은 오로지 조소를 이겨낸 그녀의 용기 덕분이었다.

"자신이 가진 재능과 능력에 감사하라"

최상의 것을 기대하라. 최악의 경우를 대비하라. 오늘 주어진 것을
받아들여라. ─ 지그 지글러

고등학교 졸업을 불과 10일 앞두고 자동차사고로 사지가 완전히 움직일 수 없게 된 학생이 있었다. 장시간에 걸쳐 몇 번의 수술 끝에 팔은 움직일 수 있게 되었지만 결국 휠체어에 의지하는 신세가 되었다.

그의 꿈은 의사였다. 의사가 되어 질병으로 고통받는 많은 사람들을 치료해 주겠다던 그의 꿈은 자동차 사고로 물거품이 되고 말았다.

그러나 그는 꿈을 접지 않았다. 1년 동안의 재활기간을 거쳐 그는 남부 일리노이스 대학에 입학하여 생리학을 전공하였다. 졸업을 하여 석사 학위를 받은 그는 원래 희망대로 의과대학에 들어가려고 했으나 주위의 많은 대학에서 그를 받아들이지 않았다. 그러나 그는 포기하지 않고 미국 전역에 걸쳐서 대학의 문을 두드렸다. 마침내 조지아 의과 대학에 입학하였다. 그는 휠체어에 의지하여 학교에 다니면서도 하루도 빠짐없이 학교에 나가 열심히 공부하고 연구하여 '임상신경과학상'을 수상하였다. 그는 미국 역사상 휠체어를 타고 대학을 졸업한 최초의 졸업자가 되었다. 그의 이름은 세인 버뮤트로, 졸업식날 그는 이렇게 말했다.

"사람들은 자신이 가지고 있지 않은 것을 자꾸 생각하고 바라는 경향이 있다. 만일 사람들이 거울에 비추인 자신의 모습을 보고 좋은 점에 초점을 맞춘다면 그들은 이전보다 훨씬 나은 삶을 살게 될 것이다."

세인은 우리에게 좋은 교훈을 가르쳐 주었다. 절망 속에서 우리가 가지고 있지 않은 것을 바라지 말고, 희망 속에서 우리가 가지고 있는 것을 바라도록 해야 한다는 것을.

"할 수 있다는 신념과 해내려는 용기"

삶을 두려워하지 말라. 삶은 살만한 가치가 있는 것이라고 믿어라. 그
믿음이 가치 있는 삶을 만들 것이다. ― 로버트 슐러

글랜 커닝햄 자신과 그의 어머니를 제외하고는 세상의 어느 누구도 그
가 도보 경주에서 우승하리라고는 상상도 못했으며, 정상인처럼 걷지도
못할 것이라고 생각했다.

그의 두 다리는 심한 화상을 입어 더 이상 걷지 못할 정도로 망가졌었
다. 그러나 그는 세상을 비웃기라도 하듯이 달리기를 시작했으며, 놀랍
게도 세계에서 가장 빠른 도보 경주 선수가 되었다. 많은 사람들이 불가
능하다고 생각했지만, 그 자신은 해낼 수 있다고 굳게 믿었기 때문이다.

해낼 수 있다는 신념으로 놀라운 업적을 남긴 또 한 사람을 소개하면,
수년 전 미국은 물론 전세계 수천만 영화 관람자들을 감동케 한 영화 〈록
키〉의 시나리오를 쓴 실베스터 스탤론을 들 수 있다. 그는 처음에는 50
명 이상의 영화제작자들로부터 시나리오 작가로서 능력이 부족하다는 평
을 받았다. 헐리우드 영화제작자나 감독으로부터 시나리오 작가로 성공
할 수 없다는 극단적인 혹평을 받았음에도 불구하고 그의 마음속에는 시
나리오 작가로서 자신의 능력에 대한 신념이 확고하게 자리잡고 있었다.
그는 마침내 그의 신념대로 〈록키〉라는 거작의 영화 시나리오를 썼다.

많은 사람들이 당신에게 불가능하다는 제동을 걸지라도 '할 수 있다'
는 확고한 신념과 '해내고 말겠다'는 용기만 있으면 그런 제동쯤은 얼마
든지 극복할 수 있다.

가장 커다란 장애물은 당신의 신념과 용기의 부족이다.

"어떤 일에나 위험은 따른다"

우리가 감당할 수 없을 만큼 확실한 불행은 거의 발생하지 않는다.
— 제임스 R. 로렐

무슨 일을 하든지 위험은 따르기 마련이다. 자동차 운전을 할 때에도 사고와 위험은 따라온다.

직장을 구하려고 면접을 볼 때에도 탈락될 위험이 도사리고 있다.

그뿐만 아니라 대학 입학시험을 칠 때에도 떨어질 위험이 있으며, 사랑을 할 때에도 이별의 위험은 존재한다.

산에 오르기 위해서는 추락의 위험을 감수해야 하며, 소망을 갖는 경우에도 그 소망한 것을 이루지 못한 실망의 위험이 존재한다.

성공한 사람들이 가지고 있는 공통적인 요소는 실패를 두려워하지 않는 용기이다.

노력한다는 것은 곧 시험의 위험을 감수한다는 것을 의미한다. 아무것도 하지 않으면 실패는 피할 수 있다. 모든 삶에는 위험이 항상 내포되어 있다.

시험해 보지 않는 한 아무것도 할 수 없다.

꿈에 도전하려고 할 때 실패를 두려워하지 말라.

"때때로 위험을 당해 보아야 한다. 그래야 열매가 맺히기 때문이다."

윌 로이스의 말이다. 도전하는 사람이라면 음미해 볼 만한 말이다.

"안전지대를 벗어나라"

군자는 항상 덕을 생각하지만 소인은 평안을 생각한다.

— 동양 격언

살다가 보면 안전지대와 모험 중 어느 한쪽을 택해야 할 경우가 있다. 안전을 택해야 할 때도 있지만 모험에 도전해야만 성공하게 된다.

어느 바닷가에 돛단배 한 척이 있다. 그런데 돛은 반쯤 올려져 있었고, 움직이지 않아서인지 활기가 없어 보인다.

그 배는 움직임도 없으므로 흔들리는 일도 없었으며, 고요히 바람 한 점 없는 평온한 바닷가에 정박해 있다. 배는 안전하다.

어느 곳에도 가지 않고 있으므로 폭풍우를 만날 위험도, 파산할 위험도 전혀 없다. 우리는 이처럼 모험에 대한 위험이나 부담 없이 살아갈 수 있다. 반대로 안전을 완전히 포기하고 돛을 올려서 바람을 등에 업고 거친 바다에 도전할 수도 있다.

안전을 포기하고 무엇인가에 도전하는 사람은 그 자리에 고정되어 있지 않고 다른 장소로 계속 움직여 나간다.

근대 이론과학의 선구자인 영국의 물리학자 아이작 뉴턴은 사과나무 밑에 가만히 앉았다가 사과가 떨어지는 것을 보고 만유인력의 법칙을 발견하지 않았다. 수많은 밤을 지새우며 고민하고 물체의 인력에 대해서 연구하다가 사과가 떨어지는 순간을 포착한 것이다.

"어떻게 이 법칙을 발견하였습니까?" 하고 묻자 그는 이렇게 대답했다.

"이 원리를 발견할 때까지 오로지 이것만 생각하였습니다."

그는 새로운 법칙을 발견하기 위하여 도전정신을 갖고 남보다 더 많은 노력을 하였던 것이다.

"'그럼에도 불구하고'라는 말의 매력"

인격이 드러날 때는 중요한 순간이지만, 그 인격이 만들어지는 때는 보잘 것 없는 작은 순간이었다. ― 필립스 브룩스

멕시코 한 거리에는 아름다운 석상(石像)이 있는데, 그 석상 중앙 부분에 '불구하고'라는 비문이 새겨져 있다. 그 비문은 그 석상을 제조한 조각가를 기념하기 위해서 새겨졌다고 한다.

그 조각가는 그 석상을 만드는 도중에 불의의 사고를 당해 오른쪽 팔을 잃고 말았다. 그러나 그 조각가는 석상을 완성하기 위해서 왼손으로 끌질하는 법을 배웠다. 그리하여 마침내 왼손으로 석상 조각을 완성시켰다.

밀턴은 눈이 멀었음에도 '불구하고' 〈실락원〉을 썼으며, 베토벤은 귀가 멀었음에도 '불구하고' 작곡을 했다. 르느와르는 양손에 류머티즘이 걸렸음에도 '불구하고' 명화를 그렸다.

눈이 멀었음에도 불구하고, 귀가 멀었음에도 불구하고, 늙었음에도 불구하고, 가난함에도 불구하고, 배우지 못했음에도 불구하고 많은 사람들은 그 어려움을 극복하여 오히려 남보다 뛰어난 업적을 남긴 일이 역사적으로 수없이 많다.

당신도 그렇게 할 수 있다. 당신도 당신의 핸디캡과 문제에도 '불구하고' 목표를 달성하여 훌륭한 업적을 남길 수 있다.

"서로 도우며 살자"

살아라. 그리고 사는 것만으로 충분치 못하게 하라. 살아라. 그리고 삶이
너무 많지 않도록 하라. — 오린 E. 에딘슨

다음의 이야기는 〈가이드 포스트〉지에 소개된 글로, 인간은 서로 도우
며 살 때 서로 잘 살 수 있다는 교훈을 주는 이야기다.

한 등산객이 산에서 눈보라를 만나 길을 잃어버렸다. 대피소를 찾아
헤매다가 손과 발이 얼고, 드디어 몸이 꽁꽁 얼어 동사凍死 직전에 이르
렀다.

그는 그렇게 헤매다가 자신보다 더 비참한 지경에 놓여 있는 등산객을
발견하였다. 그는 이미 쓰러져 죽기 일보 직전이었다.

눈에 쓰러져 있는 그 등산객을 도와야겠다는 생각에 쓰러져 있는 등산
객 앞에 무릎을 꿇고 앉아 팔다리를 주무르기 시작했다. 얼마의 시간이
지나자 쓰러져 있던 등산객이 반응을 보이기 시작했다. 쓰러져 있는 등
산객의 팔다리를 주무르며, 얼어붙어 있던 자신의 팔다리가 온기를 찾았
고, 마비되었던 신경이 살아났다. 그리하여 두 사람 모두 살게 되었다.

훗날 그는 쓰러져 있는 사람을 도와 준 것이 자기 자신을 살리는 결과
가 된 것을 깨달았다.

삶의 여정에서 때로는 남을 돕는 것이 곧 자기 자신의 삶을 윤택하게
하는 것임을 잊지 말아야 한다.

"문이 잠겨 있으면 창문이라도 두드려라"

감히 도전해 보지 않은 사람들은 아무것도 하지 못한다.
— 지그 지글러

오늘날 많은 젊은이들이 자기 사업의 꿈을 꾼다. 이것은 물론 취직하기가 힘든 탓도 있지만, 다른 사람 밑에서 일하는 것보다 자기사업을 해 보겠다는 생각에서이다.

엘든 켐프는 미시시피 강을 오르내리는 선박의 선장이었다. 안개가 짙어 앞이 잘 보이지 않는 어느 날 불행하게도 다른 선박과 충돌하여 그만 부상을 입고 말았다.

병상에 누워서 자신의 앞날을 다시금 생각하게 되었다. 이제 더 이상 부상당한 몸으로 선박을 운행할 수 없기 때문이다.

처음에는 자신의 인생이 여기서 끝나는 것이 아닌가 하는 생각에 좌절감을 느끼기도 했다. 그러나 여기서 끝나기는 자신의 인생이 너무 불쌍하다는 생각에 그 동안 취미삼아 하던 목공예 일을 다시 시작했다. 그리하여 그는 캐비닛 제작에 들어가는 목공예를 하기 시작했다. 그러다가 새 집을 구입한 친구의 부탁으로 장식 조각을 하게 되었고, 이것이 계기가 되어 계속 주문이 들어와 마침내 허름한 창고를 얻어 본격적으로 목공을 시작했다.

이제 그는 기술자 6명을 거느리는 어엿한 목공소 사장이 되었고, 그 지역의 건물 건축시 건물 관리서비스를 제공하는 새로운 사업을 계획하고 있다. 그는 절망에서 좌절하지 않고 새로운 희망을 발견했으며 사고를 계기로 다른 분야에서 더 큰 성공을 이루었다.

대문이 닫혀 있을지라도 창문은 열려 있다. 우리는 그 창문을 찾아야 한다. 오늘 그 창문을 찾아보자.

"당신의 인생은 당신만의 것이다"

성공은 결코 결정적인 것이 아니다. 실패 또한 숙명적인 것이 아니다.
중요한 것은 용기다. ― 모로아

인생은 만들어 내는 것이다. 당신에게 배분된 그 인생이란 카드를 다른 사람의 의지대로 바꿀 수는 없다. 그리고 그 카드를 가지고 노는 방법은 당신이 결정할 수 있다.

달리기 선수 오스카 피스트리오스는 양다리가 없음에도 불구하고 의족다리로 2012년 영국 런던 올림픽 400미터 달리기 종목에 출전하여 기라성과 같은 선수들과 대등하게 경기를 하여, 장애 극복의 상징으로 런던 올림픽의 최대영웅이 되었다. 어려서 두 다리를 절단한 칼날같이 생긴 탄소 섬유 재질의 의족을 달고 경기에 나서 '블레이드 러너'라는 별명을 얻기도 했다.

양팔이 없음에도 불구하고 멋진 인생을 창조한 웬디 스토카는 대학 신입생이었을 때 이미 각종 수영대회에서 3위 안에 들었으며, 그것도 1등과의 차이는 얼마 되지 않는 성적으로 항상 2~3위권에 들었다.

위의 두 사람은 모두 자신이 원하는 인생을 사는 창조적인 사람이다. 태어날 때 가장 불행한 사람 중의 한 사람으로 태어났으나 그 불행을 원망하지 않고 스스로 자신의 인생을 멋진 인생으로 만들어 갔다.

당신 앞에는 지금 어떤 장애물이 있는가? 그 장애물을 생각하지 말고, 당신의 인생에서 이루고자 하는 바를 적극적으로 생각하라. 당신의 인생은 당신이 만드는 것이다.

"부족한 점이 있으면 스스로를 고쳐 나가라"

자기 스스로를 고칠 수 있는 사람은 자기 이웃의 잘못된 점을 고치는 데에도 자기 몫을 다하는 사람이다. ― 노먼 더글러스

미스 아메리카가 되기 위해서는 외모가 매우 중요하다. 그러나 외모 못지않게 내적 아름다움이 더 중요하다고 생각하는 미스 아메리카가 있었다.

도나스 맥슨 양은 알칸사스 주의 한 작은 도시에서 태어났다. 그녀는 사춘기의 다른 보통 소녀들과 마찬가지로 수줍음을 매우 많이 탔다. 자기 또래의 친구들은 성장하면서 외모에 관심을 많이 기울였다. 그러나 그녀는 외모보다 내적 아름다움이 더 중요하다고 생각하였다.

그런데 그런 그녀에게 미스 알칸사스 주에 출전해보라고 주위에서 권하여 출전하였고 당당히 당선되었다. 그녀는 자신의 내적 아름다움을 보여 주기 위해서 미스아메리카에 출전하였으나 1차에 떨어졌다. 미스 아메리카가 되기 위해서는 내적 아름다움 못지않게 외모 역시 중요하다고 느끼고 자신에게 부족하다고 생각되는 외적 아름다움을 가꾸기로 하였다. 1년 동안 많은 노력 끝에 부족한 부분이 고쳐졌다고 판단되어 다시 미스 아메리카에 도전하여 마침내 미스 아메리카가 되었다. 그 후 그녀는 내적 아름다움을 더욱 살려서 훌륭한 연설가로, 또한 TV MC가 될 수 있었다.

우리도 내적 아름다움이 있으면, 그것을 살리면서 자신에게 부족한 점이 있다면 그것이 무엇인지 알아서 스스로 고쳐 나가면 자신이 원하는 바를 이룰 수 있다.

"부당한 평판 따위는 무시하라"

우리는 미래를 꿰뚫어 보는 레이더가 없다. 그러나 우리는 우리가 바라는
미래를 만들 수 있다. — 버나트 M. 버루크

오늘날 매스컴의 발달과 인터넷으로 인하여 부당한 비판이나 평판을 많이 접하게 된다. 특히 운동선수나 연예계에 진출할 때 칭찬보다는 부당한 비판을 많이 받게 된다. 이런 부당한 비판이나 평판으로 인해서 극단적인 선택을 하게 되는 경우를 우리 주위에서 종종 접하게 된다.

그런데 이런 혹평을 끈질긴 노력으로 이겨낸 사람들도 많다. 그 중에 한 사람을 소개한다.

미식 축구계에 스카웃된 한 젊은이가 첫발을 내딛는 순간 많은 매스컴으로부터 비판과 혹평이 이어졌다. 이것은 미식 축구선수로서는 부족한, 작은 체구 때문이었다.

"쿼터백으로서는 너무 체구가 왜소하고 말이 느리고, 체력이 약하여 경기를 감당할 수 없는 선수를 스카웃했다. 이것은 분명히 스카웃의 실패이다."

이런 악평을 들으면 누구나 포기하기 쉽다. 그러나 그 기사 주인공인 조지아주 출신의 이 선수는 의지가 굳고 결단력이 있었다.

그는 그런 비판에 아랑곳하지 않고 더욱 열심히 연습하였다. 그리하여 그 해에 자신이 속한 팀이 결승전에 진출하는 데에 일등 공신이 되었다. 쿼터백으로서 자기 역할을 다한 것은 물론이다.

당신에 대한 비판이 아무리 거셀지라도 결코 포기해서는 안 된다. 자신의 능력을 가지고 무엇을 할 것인가를 판단할 사람은 바로 당신뿐이다.

자신의 능력에 대해서 확신을 가지고 오늘 맡은 일에 최선을 다할 때 비난이나 비판 따위는 문제가 되지 않을 것이다.

"열망 플러스 끈기는 곧 용기다"

용기는 두려움에 저항하는 것, 즉 두려움을 이겨내는 것이지 두려움을
전혀 느끼지 못하는 것은 아니다. — 로버트 슐러

브라이언 테일러는 한쪽 발이 없는 불구의 소년이다. 그러나 그는 아홉 살 때 백 마일 이상의 자전거 주행 거리를 가지고 있으며, 미국 암협회를 위해 1백만 달러를 기증하기도 한 착한 소년이다.

한쪽 다리가 없는 소년이 자전거를 타기가 그렇게 쉬운 일이 아니다. 그는 자전거를 배우기 위해 끈기 있게 어머니를 설득해야 했고, 허락을 받은 다음에 자전거를 배우는 몇 달 동안에 두 대씩이나 자전거를 망가뜨려야만 했다.

그러면서도 포기하지 않고 피눈물 나는 노력과 끈기로 제대로 탈 수 있게 되었다.

그는 자전거를 배우면서 한쪽 성한 다리를 자전거 페달에 묶었다. 페달을 더 빨리 밟기 위해서였다. 그토록 피눈물 나는 노력 끝에 마침내 정상인보다 더 빨리 달릴 수 있는 프로선수가 되었다.

어떠한 악조건에서도 원하는 것을 이루려는 열망과 끈기가 있으면 원하는 것을 얻을 수 있다.

인생은 고통의 연속이다. 그러나 어떤 악조건에서도 노력을 하면 그만한 보상과 대가는 따르는 법이다.

성공하기 위해서는 오늘보다 더 강해야만 한다. 쉬지 말고 꾸준히 노력하라.

"자신의 재능을 발휘하는 것이 성공의 길이다"

어떤 것은 이루어질 수 없다는 말을 하지 말라. 신은 그 일이 불가능하다는
것을 무시해 버릴 수 있는 사람을 기다린다. — 제이 A. 홈즈

20세기에 가장 뛰어난 물리학자의 한 사람인 스티브 호킹 박사는 루
케릭 병으로 전신마비의 처지에 놓여 있는 1급 장애인이다. 젊은 시절 그
는 한 때 절망하고 좌절했지만, 그 후 몸이 전부가 아님을 깨닫자 오로
지 자신의 재능을 발휘하는 데에만 혼신의 힘을 기울여서 세계 최고의 천
문학자가 되었다.

맹인에다가, 귀머거리라는 3중고를 극복하고 하버드 대학에 입학한
사회사업가 헬렌 켈러는 최고의 장애물을 극복하고 최고의 행복과 영광
을 누렸다.

그녀는 장애를 극복한 인간의 능력과 인내가 얼마나 강한지를 보여준
훌륭한 본보기로 세상을 떠난 지 수십 년이 흘러도 전 세계인으로부터 인
정을 받고 있다.

이들은 모두 자신의 장애물을 극복하여 자신의 재능을 발휘하였기 때
문에 그런 영예를 받게 된 것이다.

"의연한 자세로 삶을 받아들여라"

얼굴을 들어 태양을 바라보라. 그러면 그림자는 뒤로 물러갈 것이다.
— 지그 지글러

나폴레옹이 세계사에서 가장 많이 읽히고 가장 자주 언급되는 인물이 된 것은 무엇 때문일까? 그가 그토록 명성을 얻은 첫번째 이유는 보통 사람들의 꿈을 이루어주었기 때문이다. 아무 배경도 없는 평범한 가정에서 태어난 사람이 무제한의 권력과 부를 누리고 세계 최고 권력자로 우뚝 섰다.

두 번째는 나폴레옹의 매력적인 성격과 특성이 그의 명성에 기여했다. 그는 못생기고 자제력이 없었으며, 폭발적이고, 가늠할 수 없는 잔인한 인간이었다.

마지막으로 세인트헬레나 섬에 유배되어 굴욕적이고 고통스러운 삶을 산 것이 그의 명성을 더욱 빛나게 한 것이다.

다시 말하면 그는 자신의 삶이 어떤 삶이든지 그대로 받아들였기 때문이다.

"당신이 받은 축복을 헤아려보라"

수많은 재능이 단지 용기 부족으로 인해 이 세상에서 사라져 간다.
시도해보지도 못한 겁많은 인간들이 매일 무덤 속으로 들어가고 있다.
— 시드니 스미스

피터 스트럭틱은 태어날 때부터 발목이 없는 불구의 몸으로 태어났다. 왼손의 손가락도 두 개밖에 없었으며, 게다가 오른쪽 손목 아래 즉 손가락이 하나도 없이 태어났다. 한 마디로 말해서 기형아로 태어난 것이다.

그러나 20살이 되던 해부터 조깅을 시작했으며, 마라톤 훈련도 하여 거의 2만 마일까지 뛰었으며, 세 번이나 높은 산의 정상을 달리는 경기에 참석하기도 하였다.

그는 지금도 아프리카의 킬리만자로를 오르내리는 마라톤 훈련에 매일같이 땀을 흘리고 있다. 말로 다할 수 없는 악조건과 장애에도 불구하고 삶을 포기하지 않고 놀라운 업적을 남기고 있다.

그뿐만 아니라 〈나와 함께 달리자〉는 책도 발간하여 자신처럼 불구로 태어났거나 악조건에서 사는 사람들에게 희망을 전해 주고 있다.

본서를 읽는 독자들 중에 피터 스트럭틱보다 못한 몸으로 태어났다고 생각하는 사람은 아마도 없을 것이다.

그렇다면 우리가 가지고 있는 신체와 조건에 감사하고 그보다 몇 배 훌륭한 업적을 남겨야 하지 않을까?

"하찮은 일이라도 행하는 사람이 되라"

어떤 일도 하지 않으면서 그 일이 잘못되었다고 그것을 한 사람을 비웃는
사람보다 하찮은 일이라도 하는 사람이 더 훌륭한 인격자다. — 괴테

일개 고등학교 학생이 그 학교에 커다란 영향을 줄 만한 큰일을 할 수
있을까? 아리조나 주 스콧트데일에 있는 코로나도 고등학교에 다니는 트
리 콕스는 학생들에게 애국심을 고취시킬 필요를 느꼈다. 그녀는 학생들
이 국가에 대하여 존경심을 느낄 때 자연적으로 애국심이 발생한다는 것
을 알았다. 국가에 대한 존경심의 방법으로 국기에 대한 경례를 하는 것
을 선택했다.

그녀는 학교교장을 위시해서 선생님을 찾아가 그런 제안을 했다. 모두
들 거절했다. 그녀는 남자친구에게 그런 제안을 했다. 쓸데 없는 짓으로
시간만 낭비한다고 남자친구는 핀잔을 주었다. 그러나 그녀는 포기하지
않았다. 그 학교 학생 3천 명으로부터 탄원서 서명을 받기로 했다. 서명
을 받는 과정에 많은 어려움이 따랐다. 그러나 결코 포기하지 않았다. 끈
질긴 노력 끝에 모든 학생이 서명을 하였다. 그리하여 그때부터 코로나도
고등학교 학생들은 매일 아침 수업을 시작하기 전에 국기에 대한 경례를
하였다. 이것이 시발점이 되어 오늘 미국의 많은 고등학교에서 수업을 시
작하기 전 국기에 대한 경례를 하는 것이 관례화되었다.

어떤 일을 하는 데에는 어려움이 따르기 마련이다. 그 어려움을 극복하
지 못하면 아무일도 하지 못한다.

"역경에 굴복하지 말라"

위대한 것을 꿈꾸는 자는 단순한 역경만이 모든 것을 삼켜버린다고는
절대로 생각하지 않는다. — 벤

다렌록스는 양다리를 절단하고 의족을 달았다. 그녀는 8자매를 거느
린 가정주부로서 식당에서 일을 하다가 사고를 당하여 수술을 받고 다리
를 절단하지 않으면 안 되게 되었다.

그녀의 인생은 그것으로 끝났다고 주위에서 생각했다. 그러나 주위의
생각과는 달리 그녀 자신은 결단코 그런 생각을 하지 않았다.

그녀는 병원에 누워서 자신과 앞날을 곰곰이 생각했다. 그 결과 자신
에게 기술이 있으며, 그 기술을 살리면 희망이 있다고 생각했다. 그녀의 기
술은 재봉 기술이었다. 그녀는 자신의 생각을 현실로 옮기기로 했다. 낡
고 오래된 재봉틀을 끄집어내어 깨끗이 닦고 기름칠을 하였다.

그녀는 의복제조공장을 찾아가서 자기가 가게에 진열해 놓을 수 있는
아름다운 옷을 만들고 싶다고 하였다. 그러면서 먼저 샘플을 만들어 볼
테니 샘플을 본 다음 마음에 들면 계속 만들게 해달라고 말하였다. 그녀
의 제안을 받아들였다. 그녀는 돌아와서 열심히 예쁜 옷을 만들어 진열장
에 진열시켰다. 그 옷을 본 다른 업체들로부터 진열하기 위한 예쁜 옷을
만들어 달라는 주문이 쇄도하였다.

그리하여 그녀는 피복업체에 첫발을 내디디게 되었다. 현재는 직원을
27명이나 거느리는 공장을 만들어 피복제조업을 하고 있다. 그녀의 사업
은 날로 번창하고 있다.

사고로 두 다리를 절단하는 역경을 맞이하였지만 굴하지 않고 다시 일
어서서 성공적인 인생을 살고 있다.

April

19 Day

"고난을 냉정하게 대처할 수 있는 능력을 길러라"

인격이란 순간적인 감정이 지나간 오랜 후에도 훌륭한 해결책을 실천할 수 있는 능력을 말한다. — 카벨 로버트

카벨 로버트에 의하면 인격이란 순간적인 감정에 의한 것이 아니라 그 감정이 지나간 오랜 후에도 해결책을 실천하는 능력을 말한다. 따라서 인격이란 이 세상을 살아가는 참으로 소중한 요소라고 할 수 있다.

성공이 쉽게 얻어지는 것이라고 말하는 사람은 아마도 한 사람도 없을 것이다. 인생을 통해서 얻을 수 있는 모든 보상을 자기 것으로 하기 위해서는 일을 열심히 하고 고난과 고통을 극복해야 한다.

윈스턴 처칠은 전쟁에서 이기기 위해서 국민들에게 피와 땀과 눈물을 요구했다. 그의 탁월한 연설은 국민들에게 큰 감명을 주었고, 승리라는 위대한 결과를 가져다 주었다.

윈스턴 처칠은 전쟁을 쉽게 이길 것이라고 말하지 않았고, 승리를 하기 위해서는 '피와 땀과 눈물'을 요구했던 것이다.

만약 당신이 고난을 당했을 때 그것을 냉정하게 판단하여 대처할 수 있는 인격을 갖추었다면 당신도 인생이라는 게임에서 승리할 것이다.

"핸디캡을 극복해야 승자가 된다"

만일 당신이 고난이라는 알을 품는다면 당신은 완전한 병아리를
얻을 것이다. — 지그 지글러

리처드 사베츠는 36세의 교사로, 미국 전체 지체부자유아들의 대부이기도 하다. 그는 멕시코 계 미국인으로, 5살 때 소아마비에다가 폐렴까지 걸려 많은 고통을 겪었다. 극도로 병이 악화되어 한 때는 인공호흡기에 의존하여 12시간을 버티기도 했다.

그런 핸디캡 뿐만 아니라 경제적인 어려움과 언어장애, 그리고 10년 동안 취업을 못하는 수모를 겪기도 하였다. 그러나 이런 최악의 조건을 이기고 신체장애아동들과 소외된 아이들을 위한 가장 좋은 학교를 설립하였다.

그는 자신이 당한 어려움과 수모를 생각하며 특수학교를 설립하여 사회적으로 소외당하는 사람들, 지체부자유아동들, 정신장애자, 알코올 중독자 등 6천 명이 넘는 학생들을 재활하는 데에 힘을 쏟았다. 이 학교를 졸업한 학생들의 80%가 재생의 길을 걷고 있으며, 사회적으로 떳떳한 인간이 되어 자기 능력으로 삶을 이어 가고 있다.

사베츠는 참으로 존경받아서 마땅한 인물이다. 그가 존경받아야 할 이유로는 무엇보다도 소아마비에 폐렴까지 앓는 극단적인 상황을 이겨내고 자신과 같은 불행한 사람을 위해 일했다는 점이다.

우리도 우리 앞길을 막는 장애를 극복할 수 있어야 한다. 그리고 그것은 충분히 가능한 일이다.

"확고한 신념을 가져라"

두려움은 혼자 간직하고 용기는 주위 사람들과 나누어라.
— 로버트 L. 스티븐슨

"축구는 물론이고 어떤 운동도 할 수 없습니다."

엔디 노스가 의사로부터 들은 말이었다. 그러나 의사의 말에 개의치 않고 매일 골프 코스를 돌았다. 자신이 원하는 축구는 못할지라도 골프 정도는 할 수 있다고 생각했기 때문이다.

그러나 의사는 반대했다.

"목발을 짚고 어떻게 골프를 친다는 것인가요?"

그래도 그는 골프장에 매일같이 나갔다. 그는 공을 치고 휠체어를 타고 공이 날아간 골프코스를 돌다가 공이 떨어진 지점에 휠체어에서 내려 다시 공을 쳤다.

하루도 거르지 않고 몇 달 계속 하는 동안 그는 자신의 다리가 점차 튼튼해지는 것을 느꼈다.

그리하여 마침내 휠체어도 타지 않고 목발도 짚지 않고 골프를 칠 수 있게 되었다. 몇 년 동안에 걸친 꾸준한 노력과 인내의 결과였다. 그는 마침내 전국골프대회에 참석하여 우승이라는 영광을 차지하게 되었다.

어떤 운동도 할 수 없다고 진단을 받았지만 골프를 치고 더 나아가서 전국 골프대회에서 우승까지 하게 된 것이다. 이것은 모두가 포기하지 않은 인내와 꾸준한 노력, 그리고 두려워하지 않는 용기의 결과였던 것이다.

만일 그와 같은 용기와 인내로 꾸준히 노력한다면 당신도 분명히 성공할 것이다.

"가장 값진 무기는 용기다"

올바른 자세를 취하면, 팔 하나를 가지고도, 그릇된 자세를 취한 두 팔을
가진 사람을 이길 것이다. — 데이빗 슈바르츠

스티브 리틀은 한 때 미식축구 경기장에 이름을 날리던 선수였다. 용기
있게 적진을 돌파하는 그의 모습은 많은 팬들을 열광시켰다.

그는 이미 알칸사스 대학에 다닐 시절 필드골 최고 기록을 세웠고, 그
다음해에 세인트 루이스 팀의 제1번으로 지명되기도 했다.

그토록 화려했던 그는 지금 미식축구보다도 더 치열한 싸움을 하고 있
다. 교통사고로 온 몸이 마비되어 병상에 누워서 사투를 벌이고 있다. 그
에게 이 시련은 너무나 혹독하여 도저히 감당할 수 없을 정도였다.

그러나 스티브 리틀은 가혹한 시련에 맞서 의연한 자세로 자신이 시련
을 이긴 승리자임을 입증하려고 피나는 노력을 하고 있다. 그는 자신이
처한 최악의 상황을 최선의 결과로 만들 수 있다고 굳게 믿고 있다. 그렇
게 시련에 도전함으로써 많은 사람들에게 미식 축구선수로서의 감동보다
더 진한 감동을 주려고 노력하고 있다. 많은 사람들이 겪는 비극을 감당
할 수 있도록 용기를 불어넣어주고 있다.

우리는 일생을 사는 동안 어처구니없는 시련을 많이 당한다. 그러나 그
런 시련에 모두 좌절해서는 안 되며, 극복하겠다는 의지와 용기를 가질 때
극복할 수 있는 지혜를 갖게 된다.

"천 리 길도 한 걸음부터 시작된다"

역경에 처해 있다고 하여 상심하지 말고, 성공했다고 하여 지나친 기쁨에
휩쓸리지 말라. 이 두 가지를 항상 마음에 새겨 두라. ― 호라티우스

'천리 길도 한 걸음부터 '라는 속담이 있다.

우리는 목표를 전체로 보기 때문에 그 양과 거리에 압도당하는 경우
가 많다.

그러나 그것을 작은 단위로 세분화시키면 그 방대함을 잊어버릴 수
있다.

초등학교에 갓 입학한 어린이가 앞으로 배워야 할 많은 과목과 앞으로
의 문제들을 생각하면 그만 압도되어 버리고 말 것이다. 그러나 처음에는
기초부터 차근차근 읽기와 쓰기를 배운다.

또 그 다음에는 다른 과목으로 들어간다.

하루는 시간으로 나누어지고, 시간은 분과 초로 나누어진다. 이것이
삶의 리듬인 것이다.

인간에게 승리를 가져다주는 것은 목표 전체를 한꺼번에 해낼 수 있
는 힘이 아니다. 단지 작은 단위부터 시작할 수 있는 힘과 용기만 있으
면 된다. 한 걸음에 정상에 다다를 수 없으며, 단번에 위대한 인간이 되
지 못한다.

한 번에 한 걸음씩 끊임없이 나아감으로써 정상에 도달할 수 있는 것
이다.

"나이와 마음 자세와의 함수 관계"

사람의 나이를 알 수 있는 방법은 머리카락이 아니다. 그 사람의 마음이다.

— 에드워드 B. 리튼

미국인은 물론 야구를 좋아하는 사람들은 1930년대 미국 야구계를 풍미하던 투수 커브 허틀을 기억하고 있을 것이다. 그는 1980년대에도 60이 넘은 나이에 흰머리를 쓰다듬으며 전력을 다해 투구를 하여 많은 야구팬들을 감동시켰다.

허틀의 선수생활은 1936년 시카고 컵스 팀에서부터 시작하였다. 그는 30대와 40대에는 마이너리그에서 활동하였고, 50대에는 은퇴를 하였다. 그러나 그는 야구에 대한 열정을 버릴 수 없어서 코치 겸 선수로 활동하였다.

1969년에는 조지아 시마나 팀의 코치로 있으면서 투수가 부족하자 다시 투수로 경기에 참여하였고, 1973년 휴스턴 애스트로즈 팀에 있을 때는 매니저인 레오 듀루처의 요청으로 디트로이트 타이거즈팀과의 시범경기에 투수로 출전하였다.

1980년에 그는 다시 투수로 마운드에 섰다. 소프링펠드 레드버드의 투수 코치로 있던 때로 한 회 던지고 마운드에서 내려갔다. 그 때 그의 나이 63세로 미국 야구 역사상 최고령으로 마운드에 섰던 것이다.

그는 '사람의 나이는 생각하기 나름이라'는 옛 격언을 분명하게 입증해주었다.

당신의 나이는 지금 몇 살이라고 생각하는가?

"긍정적인 말만 사용하라"

그 여자는 예쁘지 않지만, 누군가가 계속하여 예쁘다고 말해주었다면 예뻐졌을지도 모른다. ― J.B. 프시스틀리

11살 때 그녀는 다시는 걷지 못할 것이라는 진단을 받았다. 그러나 1980년에 그녀는 미스 아메리카로 선발되었다. 그 때 나이 22세였다. 그녀가 다리를 다친 지 만 11년 만이었다.

1980년도 미스 아메리카인 세릴은 11살 때 자동차 사고를 당해서 왼쪽 다리를 100바늘 이상을 꿰매는 대수술을 받았다. 의사는 그녀가 걷기 힘들 것이라고 말했다. 세릴은 자포자기할 수 있었다. 그러나 그녀는 5살 때, 우유 배달부가 그녀에게 미스 아메리카가 될 것이라고 한 말을 잊지 않았다.

세릴은 비록 걸을 수 없는 상황에까지 이르렀지만, 그 우유배달부 아저씨의 말을 믿고 적극적인 사고와 태도를 개발하였다. 결국 불굴의 의지와 용기로 꿈에도 그리던 미스 아메리카로 선발되었다.

말은 이 세상에서 가장 강력한 힘을 가지고 있다. 사랑, 희망, 용기 등과 같은 적극적인 단어들은 한 인간을 정상으로 끌어올린다.

그러나 좌절, 절망 등과 같은 부정적인 말들은 인간을 파괴하거나 몰락시킨다.

평소 당신이 사용하는 말과 주위 사람들이 사용하는 말을 조심하기로 하자.

"역경에 처했을 때의 용기"

사람들은 누구나 항상 더 나은 내일을 위하여 노력한다. 더 나은 내일은
오늘 시작하면 이루어질 수 있다. ― 지그 지글러

역경에 처했을 때에야 비로소 참다운 용기가 나타나며, 이때의 행동은
곧 '성실'이다.

리벤 에징거는 1972년에 미시간 주 그랜드 래피드에 있는 자신의 목
공소를 폐쇄했다. 그러나 그 후에도 지하의 목공 작업실에서 바이올린을
만들었다.

76세의 고령으로 목공소의 문을 닫은 다음 조그마한 작업장에서 바이
올린을 만드는 것이 뭐 그리 신기한 일인가 하고 독자들은 반문할 것이
다. 그러나 그는 2년 전 시력을 잃었다. 장님이 되었음에도 불구하고 끌
과 대패를 놓지 않고 계속 일을 했던 것이다. 그는 테이블 톱을 비롯하여
각종 도구를 만지며 일을 했으며, 가재 도구의 설계는 물론 조립과 마무
리 작업까지 빈틈없이 해내었다.

그뿐만 아니라 최근에는 브라질에서 측정 기구 세트를 발명하기도 했
다. 그 발명품들은 많은 사람들에게 도움을 줄 것이다. 어려운 상황에서
도 용기를 잃지 않고 하루하루를 성실하게 살아온 노력의 결실이었다.

역경에 직면해서도 좌절하지 않고 창조력과 용기를 가지고 대처했던
것이다.

"매일 새로운 삶을 살자"

왜 지나간 과거의 특권을 다시 누리려 하는가? 당신은 매일 아침 새로운 삶을 시작해야 한다. — 로버트 렌

케롤린은 길지 않은 그녀의 생애에서 두 번이나 절망에 빠졌다. 한 번은 그녀가 26세의 젊은 나이로 남편을 잃고 과부가 된 것이고, 또 한 번은 32세 때에 개인 사업을 시작하다가 실패한 일이다.

그녀는 인생에서 두 번이나 큰 좌절을 맛보았지만 오히려 더욱 열심히 일을 했다. 그리하여 마침내 건설 회사를 설립하였다.

올해 5만 달러의 수익을 예상하고 있다.

그녀는 딸과 함께 외국 여행도 하고 스쿠버 다이빙, 스카이 다이빙, 캠핑 등을 하기도 했다. 그러면서도 그녀는 여전히 하루 12시간씩 일을 한다.

그녀는 아무리 좋은 아이디어와 철학이 있다고 할지라도 그것을 실천에 옮기지 않으면 소용이 없다는 것을 알고 있다.

또한 아무리 위대한 사상이라도 일하지 않는다면 소용이 없다는 것을 알고 있다.

당신의 인생에서 몇 번이나 쓰라린 실패를 경험했는가? 한 번, 아니면 두세 번, 아마도 10번 이상 경험하게 될 것이다. 그러나 그 때마다 오뚜기처럼 일어나 새 날, 새로운 용기로 다시 시작하라. 그러면 정상에 오르게 된다.

"열정으로 하루를 맞이하자"

타다가 만 장작불이 불길을 낼 수 없듯이, 맥 빠진 사람 역시 열정을
낼 수 없다. 열정은 최대의 노력을 다하도록 북돋아주고 고된
노동조차 즐거운 일로 바꿔 준다. — 제임스 M. 볼드윈

우리가 피로를 느낄 때 그것은 단순한 신체적 피로만은 아니다. 우리는 정신적 피곤으로 인해서 더 많은 고통을 당한다.

하루 종일 예감이 좋지 않았는데 결국 일이 틀어져 버리거나 어떤 일이 잘못되었는데 설상가상으로 또 다른 곤란한 일이 겹친다. 그런 날 당신의 귀가길은 한 걸음도 제대로 옮길 수 없을 정도로 피곤한 것이다.

부모나 가족 중의 누군가가 당신을 반갑게 맞이해도 기분은 풀어지지 않는다. 그리고 그 피로는 쉽게 사라지지 않는다.

그런데 저녁에 야구 중계를 보다가 자신이 좋아하는 팀이 역전승을 했거나 애인이 다음 주말의 멋진 스케줄을 준비하여 전화를 해 왔다. 아마도 당신의 피로는 사라질 것이다.

이와 비슷한 예가 우리 주위에서 무수히 일어난다. 스스로 피로하다는 것을 인정해 버림으로써 피로감은 더욱 강화되고 남은 에너지는 더욱 감소되고 만다.

일을 즐기는 당신의 모습을 상상해 보라. 당신이 가지고 있는 에너지에 새삼 놀랄 것이다.

"고소득자가 되고 싶은가?"

인생에 있어서 최고의 상은 가치 있는 일에 열심히 일할 수 있는 기회가
주어지는 것이다. — 데오도르 루즈벨트

제너럴 모터스 사의 최고 연봉자 60여 명의 수입은 그 회사가 생산하
는 한 대의 차량에서 약 2.5달러를 떼어내는 셈이다. 그러나 이들 고위임
원들의 전문지식, 판단력, 경영 능력, 그리고 그들이 회사에 공헌하는 내
용에 비해서 적은 액수라고 할 수 있다.

보통 사람들은 이러한 얘기를 들으면 자동차 값이 비싼 이유가 바로
여기에 있다고 말할 것이다. 그러나 그들의 기술과 능력에 대한 대가로
사실 그들이 자동차 한 대당 떼어내는 돈은 작은 돈이라고 할 수 있다.

고소득자 가운데 능력이나 기술에 비해서 과다하게 받는 사람도 있
을 것이다.

고소득자가 그 많은 임금을 받기 위해서는 반드시 먼저 많은 사람들에
게 이익을 줄 수 있어야 한다.

만약 당신도 고소득자가 되고 싶으면 기술로나 능력으로 다른 사람들
에게 이익을 줄 수 있어야 한다.

만약 당신이 다른 사람들이 원하는 것을 얻을 수 있도록 도와준다면,
당신이 원하는 것을 무엇이든지 얻을 수 있을 것이다.

"자신에게 긍정적으로 말하라"

낙관론은 항상 무엇이든지 현재 상황 그 이상으로 보려고 하는 결심이다.

— 지그 지글러

　　당신은 실제로 원하지 않는 것을 말하는 경우가 있을 것이다. 예를 들어서 당신이 감기가 걸렸다. 친구를 만나서 "감기가 걸린 지가 3일째인데, 며칠만 더 앓으면 죽을 것 같아."라고 말했다고 하자. 이 때 당신은 진정으로 원하지 않는 것을 말한 것이다.

　　또 장사하는 사람들은 거의가 실제 원치 않는 말을 많이 한다. 그들은 장사가 안 되어서 며칠 못 가서 문을 닫아야 할 것처럼 말한다. 실제는 장사가 잘 되기를 바라면서도 말이다.

　　하루 종일 직장에서 일하다가 집에 돌아온 직장인들은 이구동성으로 이런 말을 자주 한다.

　　"오늘 너무 힘들었다. 내일은 녹초가 되겠지."

　　이 직장인 역시 마음에 없는 말을 한 것이다. 그의 진심은 오늘은 비록 일은 많았지만 내일은 일이 적어서 편안한 하루가 되기를 원한다.

　　이제부터 긍정적으로 말해 보자. 그러면 당신이 원하는 바를 말하는 것이 훨씬 편하다는 것을 깨닫게 된다.

5 May ⟨목표⟩

확고한 목표를 세우자

"정확한 목표 없이는 아무것도 성취할 수 없다"

삶의 목적을 가진 사람들은 언제나 그 목적을 실현할 방법을
찾을 것이다. — 빅터 프랭클

당신이 무엇을 하는 사람이든, 직업이 무엇이든 목표를 가져야 한다.

만일 당신에게 산을 옮길 만한 힘이 있는데 목표가 없다면 그 힘을 나쁜 데에 사용하여 당신을 죄인으로 만들 것이다. 그러나 확고한 목표가 있다면 그 힘을 목표를 이루는 데에 사용하여 인류역사에 남을 위대한 업적을 남길 것이다.

세계 최고봉인 에베레스트 산맥을 인류 역사상 최초로 정복한 영국의 에드먼드 힐러리 경은 자신은 반드시 에베레스트 산 정상에 오르겠다는 확고한 목표를 가지고 매일 등산을 시작했는데, 어느 날 자기가 그토록 원했던 에베레스트 산 정상에 올라와 있는 자신을 발견했다고 말했다. 정확한 목표 없이는 당신은 아무것도 성취할 수 없다.

"목표는 높게 설정하라"

대단한 것과 보통의 것의 차이는 대단히 작은 여분의 노력이다.
— 클라렌스 B. 먼

미국의 유명한 미식축구 선수인 오브레이 슐츠는 메일러 대학교 팀의 수석 코치인 그란테프의 사무실을 찾았다. 그리고 다음과 같은 세 가지 목표를 제안했다.

첫째, 남서부의 대표 센터가 되는 것.

둘째, 전 미국의 올스타 선수가 되는 것.

셋째, 메일러 대학 팀을 남서부의 우승팀으로 만드는 것.

그러나 이 세 가지 목표에는 다음과 같은 장애가 있었다.

첫째, 그의 포지션은 센터가 아니라 가드이다.

둘째, 2진 선수로서 올스타가 된다는 것은 거의 불가능하다.

셋째, 메일러 대학 팀은 50년 동안 한 번도 우승해 본 적이 없는 팀이다.

그러나 그는 열심히 운동을 했다. 훈련 중에 가드에서 센터로 포지션을 바꾸었다. 시즌이 처음 시작되었을 때, 그는 목표를 향한 출발점에 서 있었을 뿐이었다. 그러나 시즌이 끝났을 때는 남서부뿐만 아니라 전 미국의 올스타로 이름을 날리게 되었다. 그리고 반세기 만에 메일러 대학 팀을 남서부 리그 우승팀으로 만들었다.

오브레이는 다른 이들이 불가능하다고 믿었던 것을 가능하다고 생각하고 높은 이상을 설정하기를 두려워하지 않았다. 당신도 높은 목표를 설정하라.

"보다 구체적인 계획을 세워라"

세상에서 가장 불쌍한 사람은 꿈이 없는 사람이다.

― 노먼 V. 필

사람은 누구나 성공하기를 원하지만 대부분의 사람들은 무엇을 어디에서부터 시작해야 하는지를 모르고 있다.

성공의 선행 조건 중 하나는 목표를 수립하는 것이다. 그 다음은 목표 달성을 위한 계획을 수립하는 것이다. 이것은 당신의 관심과 목표가 교육이든, 의학이든, 다른 무엇이든 간에 관계없이 적용되는 것이다.

한 유명한 배우가 중년에 직업을 바꾸기로 결심했다. 그의 목표는 정계에 입문하는 것이었다. 그는 지방 정계에서부터 진출하기로 계획을 세웠다. 최종 계획은 물론 대통령이 되는 것이었다. 그가 바로 로널드 레이건이었다.

안경을 낀 한 작은 소년이 위대한 프로 골퍼가 되고 싶었다. 그는 그 계획대로 고등학교와 대학에서 선수 생활을 하였으며, 지금은 프로 골프 협회 순회 경기에서 매번 상금을 획득하는 선수가 되었다. 그가 톰 가이트이다.

목표는 생각만 하고 있다고 해서 달성되는 것은 아니다. 실천에 옮길 수 있는 명확한 계획이 있어야 한다. 당신의 목표를 성공적으로 달성할 수 있는 방법은 열심히 일하는 것과 목표를 향해 정확히 나가는 것이다. 성공에 이르길 원한다면 계획을 신중하게 수립한 다음 그 계획대로 실천해야 할 것이다.

"목표 성취에는 장애가 따른다"

인격은 위기 중에 만들어지는 것이 아니라, 단지 노출될 뿐이다.
— 로버트 프리먼

데이빗 웰쉬는 변호사가 되고 싶었고 또 되기로 결심했다. 그러나 그 꿈을 이루는 데 한 가지 문제가 있었다. 그것은 그의 난독증(亂讀症)이었다.

초등학교 시절, 그런 증세를 안 부모와 교사들은 그 꿈에 고개를 흔들었다. 그러나 그는 뜻을 굽히지 않았다.

그는 웨스트민스터 대학에 입학하였다. 강의는 노트 필기 대신에 녹음기로 하였고 시험 답안은 타이프를 사용하였다. 그는 모든 난관을 물리치고 마침내 대학을 졸업하였다. 그러나 그가 법과 대학에 입학한다고 하자 많은 사람들이 고개를 흔들었다.

그러나 데이빗은 적극적인 사고방식과 용기를 잃지 않았다. 마침내 툴사 법과 대학에 입학했으며, 모든 강의 내용을 녹음하여 반복해서 들었으며 도서관에서 과제물을 받아서 읽고 또 읽으며 노력하였다. 혹은 대필자를 구해서 학기 과제물을 받아쓰기도 했다. 마침내 그는 꿈에 그리던 변호사가 되었다. 많은 사람들이 그의 장애를 보고 변호사가 될 수 없다고 하였다.

그러나 그는 해내고 말았다.

당신이 목표를 성취하는 데는 물론 장애물이 있을 것이다. 그것이 무엇이든 장애를 극복할 때 당신은 성공한 사람이 될 수 있을 것이다.

"두려움을 극복하고 온 힘을 집중시켜라"

당신이 하고 있는 일에 온 정신을 집중하라! 햇빛은 한 초점에 모아질 때만 불꽃을 내는 법이다. — 알렉산더 G. 벨

"두려움이란 반드시 있기 마련이다. 지혜로운 사람은 그 두려움을 제거하려는 사람이 아니라 극복하는 사람이다."

피터 비스마르의 말이다. 그는 운동을 좋아하면서도 작은 체구로 인해 항상 좌절감을 느꼈던 사람이다. 그는 11살 때 체조선수가 되기로 결심했다. 소련의 올가 코르부트, 루마니아의 나디아 코마네치 선수로부터 깊은 감명을 받은 그는 고등학교 시절에도 체조를 하였고, 캘리포니아 주립대학에 입학하여 장학금까지 받았다. 그는 지금 세계 상위 선수 중 한 사람이다. 최근에는 아메리칸컵 대회에 출전하여 경이적인 점수를 따기도 했다. 그는 이제 21세이지만 162cm밖에 안 되는 키를 가지고 있다.

"그는 천부적인 체질을 타고난 사람이 아니다. 그보다도 신체적 조건이 좋은 사람은 많다. 그러나 그는 굳센 의지로 그들을 능가할 수 있었다."

피터의 코치가 한 말이다.

피터는 신체적인 핸디캡에도 불구하고 완벽한 연기를 해내기까지 4년간 피눈물 나는 강훈련을 견디어 오늘의 영광을 차지했다.

당신도 목표를 세워라. 그리고 굳센 의지를 가지고 노력하라. 그러면 정상에 오를 수 있다.

"장애를 발전의 기회로 삼아라"

마음이 약한 사람에게는 무엇보다도 성공하는 것이 필요하다. 칭찬이
교훈이 되며, 찬탄讚嘆이 강장제가 된다. — 아미엔

장애는 발전의 기회가 될 수 있다. 캐롤 파머는 단지 두 학기 동안 교
사로서 강단에 선 후, 가르치는 직업이 자기에게 적당치 않다는 것을 알
았다.

그녀는 디자이너가 되기를 원했다. 교사라는 직업보다 더 많은 돈을
벌수 있고, 또 시간적으로도 자유로운 디자이너가 되고 싶었다. 그녀는
교사로서 1년에 5천 달러를 벌었으나 디자이너로서는 첫해에 5천 12달러
의 소득을 올렸다.

그러나 그것으로 만족하지 않고 디자이너에서 광고대행으로 나갔고,
그녀는 곧 3만5천 달러의 수입을 얻었으며, 그 수입을 모두 자신의 회사
설립에 투자하였다. 그리하여 그 첫해에 교사 수입의 20배에 가까운 10
만 달러의 소득을 얻었다. 너무나 많은 사람들이 장애에 부딪힐 때, 그것
을 오히려 기회로 보지 않고 쉽게 절망해 버린다.

캐롤 파머는 한 직업에서의 실패와 절망을 다른 직업으로 옮겨, 행복과
창조로 바꾸어 놓았다. 장애를 창조적으로 극복해 냈던 것이다.

당신도 파머처럼 장애물을 창조적으로 극복하는 삶의 방식을 찾아라.
그러면 정상에 오를 수 있을 것이다.

"능력 벗어난 목적은 피하라"

목표는 꼭 달성하기 위해서 세우는 것이 아니라 조준점의 역할을 하기
위해서이다. — 알렉산더 G. 벨

누구나 자신이 원하는 것이 무엇인지 확실하게 알 때에만 계획을 분명
하게 세울 수 있다. 따라서 자신의 목표도 잘 생각해서 설정해야 한다. 목
표는 달성 가능하도록 설정해야 하며, 소망하는 사람의 재능과 기호에 일
치되어야 한다. 즉 목표는 비용과 이득의 관계를 고려해야 한다.

당신의 능력을 벗어난 목표는 피하라.

등산 훈련을 받은 적이 없는 사람이 알프스의 3대 절벽중의 하나인 아
이거 북벽을 보고 싶다면 차라리 헬리콥터를 빌리는 편이 좋을 것이다.

"미래를 설계하라"

떨어지지 않기 위해 날아오르기보다 오히려 일어나기 위해 몸을 구부려라.
— 토머스 풀러

온갖 좋은 것들이 자신에게 비처럼 쏟아질 날만 기다리고 있어서는 안 된다. 무엇보다도 먼저 신중하게 미래를 설계해야 한다. 당신이 미래에 대한 계획을 세움으로써 예측 가능한 어려움을 예방하고, 현재의 삶에 대한 대안을 적시에 마련하며, 미래의 삶과 일에 대한 비전을 만들 수가 있다.

모든 일들이 의도한 대로 언제나 착착 맞아 떨어지지 않는다는 것을 누구나 알고 있다. 하지만 많은 사람들이 그것을 알면서도 일상에서는 고려하지 않는 것과는 반대로 성공한 사람들은 이러한 가능성을 항상 의식하고 있다.

그들은 지나치게 포부가 큰 계획을 세우지 않으며, 구상하고 실행하고 있는 과정에서 발생할 수 있는 어려움을 진지하게 타진한다. 그리고 해결 가능성이 있는가 알아본다.

"장애는 목표를 막지 못한다"

사업은 처음 시작할 무렵과 목적이 거의 달성되어 갈 때가 실패의 위험이
가장 크다. 배는 해변가에서 곧잘 난파한다. — 베르네

당신의 인생은 자신이 창조하는 것이다. 1983년 6월 4일, UPI통신과
AP통신은 각각 특이한 졸업식 장면을 보도했다. 두 통신사의 보도 내용
은 사람들의 마음을 감동시켰다.

AP통신 보도의 주인공은 덩 나구엔이라는 여성이었다. 그녀는 베트남
출신으로 1975년 미국에 처음 도착했을 때는 단 한 단어의 영어밖에 사
용할 줄 몰랐다.

그러나 12년 후 그녀가 플로리다 주의 펜사콜라 고등학교를 졸업할
때는 전 졸업생을 대표해서 답사를 읽었고, 레이건 대통령으로부터 축하
의 전화를 받기도 했다.

UPI통신은 제럴딘 로호든에 대해서 보도했다. 1983년 일리노이 대학
졸업생들 중에 나이가 많은 사람 중의 하나였다. 그녀는 또한 시각, 청각
장애를 가진 사람으로서 여섯 번째 대학 졸업자로 놀라운 성적으로 대학
을 졸업하였다.

"학생은 누구나 똑같은 목표를 갖고 있습니다. 그러나 그 목표에 도달
하는 길은 여러 가지가 있습니다."

그녀가 한 말이다. 그녀는 많은 장애가 있음에도 불구하고 자포자기
하지 않았다. 많은 사람들이 여러 가지 장애가 있음에도 불구하고 남보
다 뛰어날 수 있었다.

당신도 역시 장애가 있을 것이다. 그것을 극복할 때 당신의 목표에 도
달할 수 있다.

"부정적인 것에 대해 '아니오.'라고 대답하라"

시간을 최악으로 사용하는 사람들은 시간이 부족하다고 늘 불평하는 데 일인자들이다. — 진드라 브루에르

'아니오.'라는 말이 실제로는 성공을 위한 '예.'를 의미하는 경우가 있다.

연주회장을 꽉 메운 청중들은 숨소리도 내지 않고 조용히 음악을 감상하고 있었다. 샌드라의 연주가 끝나자 관중들은 우레와 같은 박수를 보냈다. 샌드라는 삶의 보람을 느꼈다. 연주를 훌륭히 해냄으로써 청중들로부터 박수갈채를 받은 것이 무한히 기뻤다.

그녀의 연주 실력은 하루아침에 이루어진 것이 아니다. 오늘의 영광이 있기까지 무려 9년이란 긴 세월을 각고의 노력으로 쌓아올렸다. 그 동안 많은 파티나 사회적 모임에 초대를 받았고, 또 TV출연, 쇼 등 여러 가지 출연 교섭도 받았으나 오로지 목표를 위해 모두 '아니오.'라고 대답했다. 오로지 연습에만 몰두하기 위해서였다. 이 '아니오.'는 자신의 생애에서 목표에 대해 '예.'하기 위해서였다.

당신에게도 '아니오.'라고 거절해야 할 때가 있다. 그 때 '아니오.'라고 거절하지 못하면 목표에는 도달하기가 어려울 것이다. 성공을 위한 거절은 미덕임을 알아야 한다.

"노력해야 목표에 도달한다"

매일 세 시간밖에 일하지 않으면서도 자신이 너무 열심히 일한다고
생각하는 사람이 있다. ― 지그 지글러

이 글은 특히 여성들에게 주는 글이다. 물론 남성들에게도 해당된다.
어쨌든 우리사회에서 여성들이 성공하기 위해서는 더욱 열심히 일해야
한다.

"힘이 들지만 해 볼만 합니다."

여성 실업가로 성공한 먼킨 여사의 말이다. 그녀는 1년에 40만 달러의
수익을 올리는 회사를 경영하고 있다.

그녀는 의지가 강하다. 그녀의 인생은 고된 자기 훈련과 고독, 그리고
힘든 일과의 연속이었다. 그런 어려움을 뚫고 10년이 되기도 전에 비서직
에서 간부직으로 승진했다.

그녀는 하루에 15시간씩 일한다. 그리고 그 중 대부분의 시간을 비행
기 안에서 보낸다.

그녀의 성공에는 많은 요소가 있겠지만 자기와 같은 나약한 여성을 돕
겠다는 목표가 무엇보다도 가장 크게 작용했다. 그녀는 그 목표를 위해
최선을 다해 그 일을 해오고 있다.

"최선의 노력과 자기 훈련에 게을리 하지 않았는가?"

우리들에게 향하는 그녀의 질문이다. 그녀는 많은 사람들이 성공을 위
해 대가를 지불하지 않기 때문에 실패한다고 말한다. 당신은 열심히 일하
고 있는가? 오늘 이 시간에 자문자답해 보라.

"일의 우선순위를 정하라"

계획을 수립하는 데는 일을 성취하는 데 드는 만큼의 노력을 기울여야
한다. — 지그 지글러

일의 순서를 정한 다음에는 먼저 해야 할 일부터 차례대로 해 나가는
것이 무엇보다 중요하다. 우선 순위을 정하는 데 어떤 곤란을 느껴서는
안 된다.

당신이 해야 할 일의 목록을 작성한 다음 그것들을 중요 정도에 따라
순서를 정하면 된다.

예를 들어서 당신에게 지금 순서를 정할 필요가 있는 세 가지 일이 있
다고 가정해 보자.

그 세 가지 일이 숙제를 하는 일, 입학시험을 준비하는 일, 그리고 장래
변호사가 되는 일이라고 하자. 그러면 자연히 일의 우선순위가 결정된다.
여기에 기록하지 않아도 독자들은 일의 우선순위를 알고 있을 것이다.

장기 계획을 세우는 것이 좋으나 실제적인 문제로서 바로 지금 관심
을 기울여야 되는 일에 대해 생각하는 것 역시 중요하다. 혹은 주의 깊게
만 계획한다면 두 가지 다 해낼 수 있는 시간이 충분히 있을 수도 있을 것
이다.

내일을 위한 계획 때문에 오늘 할 일을 소홀히 해서는 안 된다. 오늘 일
역시 중요한 것이다. 오늘의 단기 목표를 달성하는 것은 곧 내일의 장기
목표를 달성할 수 있는 원동력이 된다는 사실을 잊어서는 안 된다.

"계획은 단순하게"

인생에 있어서 정녕 기회가 적은 것인가? 그것을 볼 줄 아는 눈과 붙잡을 수 있는 의지를 가진 사람이라야 기회를 붙잡을 수 있다. ― 로렌스 굴드

토시히코 세코는 매일을 위한 간단한 훈련 계획을 세웠다. 그것은 정말 단순하여 단지 십여 글자에 불과한 것이었다. 그러나 그는 그 단순한 계획으로 1981년 보스턴 마라톤 대회와 1983년 도건 마라톤 대회에서 우승을 차지하였다. 그 계획대로 착실히 훈련을 쌓아 세계적인 선수들을 물리쳤던 것이다. 그의 단순한 계획이란 무엇일까?

"아침에 10㎞, 저녁에 20㎞ 연습"이 그 계획의 전부였다.

그 계획이 너무 단순하지 않느냐는 질문에 그는 이렇게 대답했다.

"물론 단순하지요. 그러나 저는 1년 365일 하루도 거르지 않고 그대로 실천합니다."

우리가 어떤 목표 달성에 실패하는 이유는 그 계획이 너무 단순해서가 아니라 계획대로 실천하지 않기 때문이다. 많은 사람들이 목표를 세우지만 그에 따른 계획을 세우지 않는다. 당신이 A학점을 받겠다는 목표를 세워 놓고 매일 연속극이나 코미디 프로만 본다면, A학점은 결코 딸 수가 없을 것이다.

세코 선수의 계획은 그가 매일 실천하기에 효과적인 것이었다. 계획은 반드시 복잡해야만 좋은 것이 아니다.

"매일을 위한 6가지 행동 단계"

자기 능력이나 실력은 생각하지 않고 단숨에 2단, 3단 뛰어올라가려
해서는 성공하지 못한다. 일시적인 성공은 있을 수 있으나 머지않아
떨어지고 말 것이다. — 프랭클린

스스로의 목표를 정하여 그곳에 될 수 있는 대로 빨리 도달하는 방법
을 알아보자.

첫째, 그것이 무엇인가를 생각한다. 하고 싶은 일이나 돈도 좋다. 하
여튼 목표를 설정한다.

둘째, 목표 설정에 일정한 기한을 정하지 말라. 목표를 향하여 쉬지 않
고 부지런하고 끈질기게 정진하는 자세가 중요하다.

셋째, 현재 하고 있는 일에 정신을 집중시킨다. 먼 목표를 마음에 두면
서 현재의 일에 최선을 다하는 것이 중요하다.

넷째, 도중의 장애물에는 상관하지 않는다. 단기 목표가 모두 달성된
다고 할 수는 없다. 자기의 꿈이 어떤 중요한 곳에서 깨어졌다 해도 '이것
으로 끝장'이라는 생각을 할 필요는 없다.

다섯째, 문제를 연구하면서 잠시 동안은 그것을 잊어버려야 한다. 잠
재의식에 문제를 심는 시간을 주어야 한다.

여섯째, 앞일로 너무 고민해서는 안 된다. 마치 야구의 주심처럼 공이
오는 대로 판단하면 된다. '그렇게 되지 않을까' 하고 앞일을 고민할 필
요는 없다.

"희망이 있는 한 모든 것을 잃지는 않는다"

희망은 인내하는 힘이다.

— 준 더톤

"희망은 꿈으로 가득한 것이다.

희망은 인내하는 힘이다.

희망은 슬픔을 치료해 주며

상심한 자들을 위로해 준다.

희망은 인내하는 힘이다."

데니스 윌터스는 큰 불행이 닥치기 전까지만 해도 미국에서 가장 촉망받는 젊은 골퍼의 한 사람이었다. 그러나 1974년 골퍼들이 타는 마차에서 사고를 당해 두 다리가 마비되었다.

하지만 거기에서 실망하지 않았으며, 골프를 관전하는 것만으로 만족할 수가 없었다.

그는 골프 지도자가 되기로 목표를 정했다. 두 다리가 마비된 사람이 그러한 목표를 세웠으니 모든 사람들이 놀랄 만했다.

데니스는 앉은 자리에서 골프공을 치는 법을 습득했다. 골프를 칠 수 있는 회전의자를 벗어나 목발을 짚고 걸어가 한 손으로 치는 법을 배웠다. 현재 그의 나이 30이지만 70타 이하에 18홀을 친다. 그는 앉은 자리에서 드라이브로 250야드를 날려보낸다. 그는 플로리다 주에서 골프 지도자로 활약했을 뿐만 아니라 골프 시범으로 생활을 하는 단 4명의 선수 중 한 사람이기도 하다.

"시간은 가장 값진 자산이다"

미국인은 시간 절약 장치를 많이 가지고 있다. 그러나 세계에서 가장 짧게
시간을 사용하는 사람들이다.
— 덩컨 콜드웰

세계 제일의 갑부나 가난한 사람이나 똑같은 것이 하나 있다. 그들에게 하루에 1,440분의 시간이 주어진다는 사실이다. 그런데 많은 사람들은 시간이 없다고 끊임없이 불평하고 있다.

시간은 우리에게 있어서 가장 중요한 재산이다. 시간은 한 번 지나가면 결코 다시 오지 않고 영원히 사라져 버린다. 문제는 주어진 시간을 얼마나 효과적으로 사용하느냐 하는 것이다.

매시간이 60분이라는 사실을 알고 있다. 그러나 실제 생활에서는 그것을 깨닫지 못한다. 실제로 한 시간은 60분이 아니다. 당신이 사용하는 분량만큼의 시간이다.

사람이 얼마나 많은 시간을 낭비하고 있는가 하는 것을 확실히 알기 위해서는 '시간 활동 명세서'를 작성할 필요가 있다.

하루를 8시간 단위로 나눈 다음, 한 시간 단위로 한 일을 기록해 나감으로써 당신이 시간을 어떻게 활용하고 있는지를 알 수 있을 것이다.

한 주간 동안만 그렇게 해 보면 얼마나 불필요한 항목에 시간을 낭비하고 있는지를 깨닫게 될 것이며, 그 같은 사실에 당신은 놀라움을 금치 못할 것이다.

시간은 정말로 당신 자신이나 다른 사람에게 팔 수 없는 유일한 재산이다. 시간은 유익하게 사용할수록 더 값비싼 보상을 받게 될 것이다.

"성패의 차이와 열망"

나는 죽을 때까지 철저하게 나 자신을 모두 사용하겠다. 내가 열심히 일하면 일할수록 나는 더 오래 살 것이기 때문이다. ― 조지 버나드 쇼

성공과 실패는 열망이 있느냐 없느냐에 따라서 결정되는 경우가 많다. 운동선수든, 세일즈맨이든, 학생이든 남보다 뛰어나기 위해서는 열망을 가져야 한다.

성공의 요소들은 많지만 가장 중요한 요소는 단순하면서도 생생한 열망이다.

축구 선수는 마지막 순간까지 골인시키고야 말겠다는 열망이 있어야 한다.

상품을 판매하기 위해 매일 가가호호 방문하는 세일즈맨 역시 열망을 가져야 한다.

물론 그 상품에 대한 지식이나 판매 기술도 알아야 하지만 무엇보다도 팔고자 하는 열망이 없으면 상품을 팔 수가 없다.

대개 세일즈맨은 상품 판매의 기술을 알고 있으며 축구 선수는 킥하는 기술을 알고 있다. 그러나 성공해 보겠다는, 기어이 성공하고야 말겠다는 철저한 열망이 없이는 그 누구도 자기가 갖고 있는 능력을 다 발휘할 수가 없다.

당신은 어떤가? 성공하겠다는 강한 열망이 있는가? 당신이 선택한 목표를 이루기 위해 열심히 노력하고 있는가? 만일 이 물음에 "예."라고 대답할 수 있다면 당신은 성공할 것이다.

"성공의 7단계"

눈앞의 실패에 좌절하지 않을 수 있는 장기 목표를 반드시 가지고 있어야 한다. — 찰스 C. 노블

누구든 자기가 원하는 것들을 기록할 수 있는 노트를 가져야 한다. 그러나 바라는 것들이 현실화되도록 하기 위해서는 반드시 계획을 세워 실천해야 한다. 여기서 바라는 것들을 얻거나 목표를 달성하기 위해 필요한 7단계를 알아보자.

첫째, 원하는 것이 무엇인가 확인한다.

둘째, 그것을 왜 원하는지 분명하게 적어 본다.

셋째, 자신과 목표 사이에 가로놓여 있는 장애 요소를 상세하게 열거해 본다.

넷째, 목표를 달성하기 위한 단계적 과정이 무엇인가를 점검해본다.

다섯째, 목표를 달성하기 위하여 같이 일할 필요가 있는 사람들을 점검한다.

여섯째, 성공에 이르기 위한 상세한 행동 계획을 개발한다.

일곱째, 목표가 달성될 수 있으리라고 예상되는 날짜를 설정한다.

이상 7단계를 따른다면, 당신이 바라고 원하는 것들을 얻을 수 있을 것이며 '소망 노트'의 차원을 떠나 '성취의 단계'에 이르게 될 것이다.

"오늘 하루에 최선을 다하라"

시간을 무의미하게 허비한다는 것은 영혼을 허비하는 것이므로
허송세월을 할 수 없고, 주저할 수도 없다. — 조셉 C. 그류

인생은 오늘이란 하루의 연속이다.

당신은 오늘 하루를 허비할 수도 있고 이용할 수도 있다. 그리고 하루를 어떻게 보내든 당신 인생에서 그 하루는 사라지고 만다. 그러면 시간을 효과적으로 사용하기 위한 세 가지 방법을 알아보자.

첫째, 자신의 목표에 시간을 바쳐라. 봅 리차드는 올림픽 장대높이뛰기에서 우승하기 위해서 1만 시간을 바쳤다. 누구든지 또 무슨 일에나 그 정도의 시간만 바친다면 성공할 수 있을 것이다.

둘째, 주어진 시간을 유익하게 사용하라. 하버드 후버는 역에서 열차를 기다리는 시간에도 책을 썼고 노엘 코워드는 혼잡 속에서 작곡을 했다.

셋째, 시간을 낭비하지 말라. 최근 한 대중 잡지는 14개 회사의 중역으로 있는 18명의 시간 사용법에 대해 조사를 했다. 이 연구에 의하면 그들 18명의 중역들은 하루 평균 5시간 30분을 잡담으로 소비했다. 시간을 낭비하고 있었던 것이다.

오늘은 매우 중요한 날이다. 당신이 하루를 어떻게 소비하든 당신의 인생 가운데 주어진 오직 하루뿐인 하루를 보내고 있다는 사실을 잊어서는 안 된다.

"행동이 목표 성취의 비결이다"

논리는 감정을 변화시킬 수 없지만 행동은 감정을 변화시킬 수 있다.
— 지그 지글러

영국의 명재상 디즈렐리는 '행동력'이 항상 행복을 가져다주는 것은 아니지만 행동이 없이는 행복도 불가능하다고 말하였다.

"행동은 위대한 것이다. 왜냐하면 올바른 것을 행하게 되면 조만간에 다른 사람들도 그 행동을 좋아하게 되기 때문이다."

어스컨드의 말이다. 또 데일 카네기는 이렇게 강조했다.

"열심히 일하는 사람이 되기를 원한다면 열심히 행동해야 한다."

"행복하기 때문에 노래하는 것이 아니라, 노래하기 때문에 행복한 것이다."

윌리엄 제임스의 말이다. 행복이 행동을 통해서 이루어진다는 의미이다.

이들 모두 한결같이 같은 내용의 말을 하고 있다. 무엇인가를 위해 말하고, 행동하며, 실천하게 되면 그에 따른 보상과 인정을 받게 됨은 물론 행복을 느낄 수도 있다. 무슨 일로든 바쁘게 움직일 때 우리의 마음도 좋은 생각들로 가득 차게 된다.

"일이 성취되어 간다."는 생각이 마음속에서 솟아날 때 인간은 행복감과 만족감을 느끼게 된다. 당신도 행복을 원하거든 열심히 일하라!

"행운을 창조하라"

당신이 하기를 원하고, 하려고 하는 의지가 있고, 오랜 시간 동안 충분히
노력한다면, 그 일을 날마다 조금씩 함으로써 반드시 성취해낼 수 있다.
— 윌리엄 홀

성공은 운이 따라야 한다고 생각하는 사람들이 많다. 그러나 행운을
잡은 사람들의 99%는 그 행운을 스스로 창조한 사람들임을 역사가 증
명하고 있다.

역사학자 기븐은 이렇게 말했다.

"바람과 파도는 언제나 유능한 항해사의 편이다."

후에 누군가 그 말을 조금 더 현대적인, 그리고 조금은 더 냉소적인 감
각으로 이렇게 바꾸어서 말했다.

"경기의 승리가 반드시 강한 자와 빠른 자에게 돌아가는 것은 아니지
만, 강한 자와 빠른 자에게 내기를 거는 것이 일반적이다."

행운을 이 말에 적용시키면 이렇게 말할 수 있을 것이다. "행운을 얻기
위해서는 준비에 최선을 다해야 한다."고.

성공하기 위해서는 최선의 준비와 노력을 해야 하며 밑바닥에서부터
시작해야 한다.

"어디로 갈 것인지조차 모른다면 유리한 무역풍은 불지 않는다."

우선 자신이 원하는 것이 무엇인가를 결정하고, 그 목표를 달성하기 위
한 준비를 부지런히 해야 한다.

그리고 끝내는, 언젠가는 그들 목표에 분명히 도달하리라는 믿음을
가져야 한다.

"목표는 다다를 수 있는 범위 내에 있다"

당신이 볼 수 있는 지점까지 최선을 다해 나아가라. 일단 그곳에 도착하면 당신은 더 멀리 볼 수 있게 된다. — 지그 지글러

1952년 7월 4일, 프로렌스 챠딕은 카타리나섬을 출발하여 21마일 떨어진 캘리포니아 해안을 향해서 바다로 뛰어들었다. 그러나 15시간 만에 피로와 차가운 물의 온도를 감당하지 못하고 물에서 나오고 말았다. 물에서 나온 그녀는 목표 지점이 겨우 반 마일 정도밖에 남지 않았음을 알았다.

"만일 안개가 끼지 않아 목표 지점을 볼 수 있었다면, 추위와 피로를 능히 이길 수 있었을 텐데…….''

그녀의 말이다. 목표 지점을 볼 수 없었기 때문에 그녀는 중도에서 포기하고 만 것이다.

2개월 후, 똑같은 지점에서 다시 시도를 했다. 이번에도 안개가 또 시야를 가렸다. 그러나 목표가 어디쯤 있을 거라고 생각하며 계속 헤엄쳐 나갔다. 마침내 그녀는 캘리포니아만을 수영으로 건넌 최초의 여성이 되었다.

당신의 목표를 볼 수 없을지는 모르나 분명히 어느 곳엔가 있다. 목표를 볼 수 없을지라도 추구하는 목표가 반드시 거기에 있다고 마음을 굳게 가지면, 열정과 의지가 용솟음칠 것이다.

"현실적으로 가능한 목표를 설정하라"

인간의 목표는 원대해야 한다. 너무 높아서 등산하는 것이 매우 보람찬
그런 산에 올라가는 에너지가 필요하다. — 지그 지글러

목표를 달성하기 위해서는 목표를 설정하고 오랜 시간 열심히 노력해
야 한다. 그런데 그 목표가 비현실적이고 너무 광범위하여 도저히 불가능
한 것이라면 전혀 쓸모가 없다. 당신의 인생이나 사업에서 성공하기 위해
서는 목표를 바로세워야 하며, 올바른 목표 설정을 하기 위해서는 다음
세 가지를 기억해 두어야 한다.

첫째, 목표가 현실적이어야 한다. 훌륭한 화가가 되겠다는 꿈이 있다
면 적어도 데생에서 낙제 점수를 받지 말아야 한다. 그 기본조차도 안 되
어 있다면 그런 꿈은 비현실적이다.

둘째, 목표를 항상 잴 수 있어야 한다. "우리 반의 모든 친구들을 항상
기분 좋게 해주겠다."는 식의 목표는 바람직하지 못하다. 그것은 측정할
수 없는 추상적인 것이기 때문이다.

셋째, 목표는 반드시 도전 가능한 것이어야 한다. 목표는 현실적이어
야 함은 물론 실제로 도전이 가능한 것이어야 한다. 당신의 목표가 손에
닿을 수 있을 정도로 가까운 곳에 있어서도 안 되지만, 눈에 보이지 않아
서도 안 된다.

커다란 보람을 느끼기에 충분할 만큼의 가치가 있는 목표를 설정해야
하지만, 동시에 실현 가능한 것이어야만 한다.

"목표 설정은 어떤 의미를 가지는가"

큰일을 기도할 때에는 기회를 만들어내기보다는 눈앞의 기회를 이용하도록
노력해야 한다. ― 라 로시뿌고

강철왕 앤드류 카네기는 스코틀랜드 태생의 가난한 젊은이었다. 학력
이라곤 초등학교 4년 졸업이 전부였다. 처음에는 시간당 2센트를 받고 일
했지만 세계적인 대재벌이 되었다.

그는 어려서부터 비록 못 배우고 가난했지만 목표가 뚜렷했다. 나중에
야 대재벌이 되었지만 그러기까지 숱한 절망이 따랐다. 그러나 그 절망에
꺾이지 않고 목표를 향해 꾸준히 나아갔었다.

목표는 꿈이라 해도 좋다. 그러나 그것은 단순한 꿈과는 다르다. 즉
행동을 수반한 꿈인 것이다. "그것이 이룩되었으면……." 하는 막연한 꿈
이 아니라, "이것이야말로 내가 목표로 하는 것이다."라는 확실한 신념이
있어야만 한다.

목표가 확립되기까지는 한 발자국도 앞으로 전진할 수가 없다. 목표
가 없는 사람은 그저 인생을 배회할 뿐이다.

중요한 것은 당신이 지금 어디 있느냐가 아니라 앞으로 어디로 가려
고 하느냐이다.

성공하기 위해서는 당신의 모든 시간을 그 목표에 바쳐 몰두해야 한
다. 당신의 눈을 목표로 향하게 하여야 하며 그럼으로써 목표를 달성할
수 있는 에너지가 만들어진다. 목표의 설정은 게으름과 좌절을 없애 주
고, 정열과 에너지를 증가시킨다.

"계획 달성을 위한 기술"

사람은 한 가지 길로 굳게 나간다면 반드시 대성大成할 수 있다. 그러나
혹시 그대가 양조업과 방직업과 빵 제조업을 겸한다면 이리저리 휘둘리는
몸이 되고 말 것이다. — 로드 차일드

세계의 백화점 왕 존 워너베이커는 이렇게 말했다.

"성공의 비결은 묻지 말라. 해야 할 일에 전력을 기울여라."

자기가 설정한 목표에 전력을 기울이기 위해서는 몇 가지 기술이 필요
하다.

첫째, 목표를 뚜렷하게 마음속에 그린다. 자기가 달성하고자 하는 것
을 환하게 볼 수 있어야 한다. 그저 '달성되면 좋은데……'라고 생각할
것이 아니라 이미 그것을 달성하고 있는 자기 자신을 선명하게 마음속에
그려야 한다. 그리고 그 마음의 그림을 매일 확인해야 한다.

둘째, 목표를 확인하라. 그 목표를 입으로 말하고, 종이에 적어 자꾸
보도록 해야 한다.

셋째, 소극적인 생각을 추방해야 한다. '목표를 달성할 수 없으면 어떻
게 하나.'하는 소극적인 생각을 버리고 반드시 달성된다고 하는 적극적이
고 강인한 신념으로 당신의 정신을 무장해야 한다.

네 번째는 행동해야 한다. 마음에 그리고, 입으로 말하고, 소극적인
생각을 버린다 해도 행동하지 않는 한, 목표는 결코 달성될 수가 없다.

매일, 그 목표를 향해 무엇인가를 해야만 한다.

"목적 달성을 향한 단계"

성공하려거든 남을 밀어젖히지 말고 또 자기 힘을 측량해서 무리하지
말며 자기가 뜻한 일 외에는 한눈팔지 말고 묵묵히 나가야 한다. 이것이
곧 성공이 뛰쳐나오는 요술 주머니이다. ― 프랭클린

당신이 무엇인가를 시작하려 한다면 우선 마음속으로 세 가지를 고려
해야 한다.

첫째, 당신의 목표이다.

인생에 있어 무엇을 얻어야 할 것인가를 정확히 알고 있는 사람은 극
히 드물다.

만약 당신이 현재에 만족하지 못하거나 보다 좋은 것을 바란다면 마
음속에 그것을 심어 넣어야 한다.

둘째는 저항이다.

목표가 확정된 다음에는 당신과 목표 사이에 존재하는 모든 저항을 열
거해 보라. 그것을 글로 써서 자주 되씹어보면 당신의 앞길을 가로막고
있는 문제들과 그 해결책을 깨달을 것이다.

세 번째는 계획이다. 마지막으로 그러한 저항을 없애기 위한 행동 계획
을 수립해야 하는 것이다.

만약 당신이 실패했다면, 그 원인을 조사할 때 이 세 가지 측면 중 어느
한 가지를 빠뜨렸음을 알 수 있을 것이다.

이렇게 일어날 수 있는 모든 저항을 미리 예상하고, 그 대책을 강구함
으로써 비로소 당신의 행동 계획은 완전한 것이 될 수 있는 것이다.

"성공한 자신의 모습을 상상하라"

새로운 아이디어를 추구하는 인간의 마음은 결코 처음으로 회귀하지
않는다. — 올리버 W. 홈즈

적극적인 사고력의 중요성은 모두가 인정할 것이다. 적극적인 사고방
식을 가지고 있으면 또한 성취하고야 말겠다는 확고한 의지만 있으면 누
구든지 뜻한 바를 이룰 수 있다.

미국의 유명한 골프왕 잭 니클라우스는 퍼트를 하기 전에 컵 속에 담긴
공을 미리 그려 본다. 또 라파엘 셉티엔은 킥을 하기 전에 공중으로 치솟
은 볼을 미리 연상한다. 모세 말론은 공을 슛하기 전에 공이 네트를 갈라
놓는 장면을 역시 미리 연상한다고 한다.

맥스웰 말츠 박사의 명저 《인공 심리 두뇌 공학》에는 운동선수들이 자
주 이용하는 상상 훈련에 관한 과학적인 연구 결과가 나온다. 그가 연구
한 바에 의하면, 선수들이 마음으로 연습한 장면과 실제의 장면과의 차이
는 아주 근소하다고 한다.

이 마음으로 연습하는 훈련 과정은 운동선수들에게 적용되기도 하지
만 당신의 일상생활 속에서도 얼마든지 그 효과를 발휘할 것이다.

성공한 뒤의 자신의 모습을 마음속으로 생각하고 있으면, 실제로 성공
하는 데 많은 도움이 된다. 마음속으로 그 장면이 현실화될 것을 확신하
고, 성공한 당신의 모습을 항상 그려보라.

"여성일수록 실천 계획이 필요하다"

천박한 사람은 요행을 신뢰하지만, 강하고 지혜로운 사람은 원인과 결과를
신뢰한다. ― 갈프 W. 에머슨

오늘날 여성들이 직업 전선으로 진출하는 경향이 높아졌고 그 숫자도
엄청나게 증가하였다. 따라서 여성은 남성에 비해 직업상 어떤 문제점을
가지고 있는가 하는 의문도 제기되고 있는 모양이다.

이 질문에 대한 대답은 물론 긍정적이다. 즉 문제가 없다는 결론이다.
여성과 남성이 똑같은 태도로 직업에 임하기만 한다면.

성공의 원리는 남성에게나 여성에게나 동일하지만, 그 원리를 사용할
자신들이 나아갈 바를 밝히고 정확하게 인식하지 못한다면 그 원리는 제
기능을 발휘할 수 없게 된다. 다시 말해서 남성이나 여성이나 모두 자신
이 달성하고자 하는 목표에 대한 분명한 계획이 없다면 그 목표를 달성
할 수가 없다는 것이다.

그런데 유감스럽게도 여성들은 거의가 성공을 위한 계획을 세우지 않는
다. 성공하고자 하는 사람이라면 우선순위를 정하고 시간계획을 배분하
고, 자신이 성취해야 할 일을 분명하게 정하는 일이 최우선이 되어야 한다.

우리 모두 실천 계획이 중요하겠지만 특히 처음으로 직업 전선에 뛰어
든 여성에게는 더욱 필요할 것이다. 계획표를 작성하라! 그러면 성공할
것이다.

"성공을 원한다면 성공에 관한 일만 생각하라"

무슨 일을 하든지 시작을 조심하라. 처음 한 걸음이 장차의 일을 결정한다.
그리고 참아야 할 일은 처음부터 참아라! 나중에 참기란 더 어려운 법이다.
— 레오나르도 다 빈치

포드나 앤드류 카네기같이 성공에 도달한 사람들의 비결이란 도대체 무엇일까? 그 해답은 다음의 세 가지로 요약할 수 있다.

첫째, 자신의 연필을 꼭 쥐고 자기의 운명을 그려 나갔다는 것이다. 자기의 인생은 자기가 구축해야 된다는 신념이 있었다.

둘째는 엄격한 규율 속에서 생활했다. 기회를 불러들이기 위하여 갖은 고난을 이겨내며 무엇이든 했다. 그리고 좋은 기회가 오면 그것을 활용하기 위해 몰두했다.

셋째는 성공만을 생각했다. 성공하려면 먼저 '성공'을 생각하지 않으면 안 된다. 그들은 오로지 성공만을 생각했다.

행동은 사고思考에서부터 생겨난다. 무엇인가를 생각한 다음 행동에 옮기게 되는 것이다. 즉 생각은 행동을 낳는다. 그렇다면 생각을 컨트롤함으로써 행동을 컨트롤할 수도 있을 것이다.

인간은 스스로의 생각을 지배할 수가 있다. 무엇을 생각하는가는 자기가 결정한다. 적극적, 능동적으로 성공을 이끌어가는 자신을 생각하는 것도 가능하다. 성공에 대해서만 생각하라. 그러면 당신의 전진은 빨라질 것이다.

"목표는 바른 길로 이끄는 나침반이다"

우리들의 목적이 먼 곳에 있으면 있을수록, 그리고 노력의 결과를 보고
싶다는 생각이 적으면 적을수록 우리들의 성공의 정도는 높고 넓어진다.
— 존 러스킨

목표는 구체적이어야만 한다. 다음을 보자.

첫째, 일의 목표이다. 에디슨이나 강철왕 카네기는 마치 강한 자석처럼
자기가 택한 일을 향해 돌진해 갔다.

둘째는 수입 면에서의 목표이다. 이것은 많은 성공한 사람들의 지침이
기도 했다. 당신의 목표에도 수입이 포함되어야 한다. 그러나 그 목표는
막연히 몇만 불이 아니라 앞으로 10년 후에 또는 1년 후에 연봉 얼마를
벌겠다는 구체적인 목표이어야 한다.

셋째, 주거지에 관한 목표이다. 자신이 몸 담는 주거지를 좀더 안락하
게 하고 싶다는 것은 온 인류의 공동적인 목표이다. 당신은 주거지에 대해
좀더 구체적인 목표와 설계를 가지고 있어야 한다.

넷째는 비물질적인 목표이다. 이것은 정신적인 것이다. 보다 고차원적
인 목표라고도 할 수 있다.

당신의 경우, 위의 목표 가운데 어느 하나에만 해당할 수도 있고 또 몇
가지가 복합되었는지도 모른다. 참으로 중요한 것은 자기가 진정으로 원
하는 목표를 선택하는 데에 있다.

목표야말로 당신을 옳은 길로 이끄는 나침반이 되는 것이다.

"당신은 막연한 활동가인가"

성공은 사람이 얻을 수 있는 최고의 포상이다. 명예는 제2의 재산이다. 그리고
이 두 가지를 다 함께 누리는 사람은 지상의 왕관을 물려받은 사람이다.
— 핀다로스

목표가 없는 사람은 키가 없는 배와 같다. 목표가 없는 자는 떠돌아
다닐 뿐 전진을 할 수 없다. 그리고 절망과 일시적인 실패와 좌절을 면치
못할 것이다.

프랑스의 유명한 곤충학자 장 앙리 파브르는 묘한 습성을 가진 날벌레
에 관해서 연구했다. 이 날벌레들은 우매하게도 그들 앞에 있는 것만 따라
다닌다. 7일 동안이나 밤낮으로 앞서가는 날벌레가 먼저 돌면 주위에 있
는 날벌레들은 그 주위를 돈다. 그러다가 결국은 기아 상태로 죽게 된다.
가까운 곳에 풍부한 먹이가 있지만 그들은 배가 고파서 죽게 된다. 왜냐
하면 그들은 방향 없이 무턱대고 행동하기 때문이다.

사람들도 마찬가지이다. 목표 없이 일하는 사람들은 결국 인생에서 얻
는 것이 없다. 물론 그들 주위에는 그들이 원하는 것이 많이 있다. 그러나
나아갈 방향을 모르고 빙빙 돌고만 있기 때문에 얻을 수가 없다.

그들은 그러한 자신들의 삶에 대해서 이렇게 생각한다.

"과거에도 늘 이런 식으로 살아 왔는데……."

당신은 어떤가? 목표 없이 생존 경쟁에 참여하고 있지는 않은가? 인생
은 산보가 아니라 행진行進이라는 사실을 명심하고 행진의 대상이 될 뚜
렷한 목표를 설정하라.

방법도 정당해야 한다

"먼저 당신 자신을 개선하라"

눈물로 씻어지지 않는 슬픔은 없다. 땀으로 씻어지지 않는 번민은 없다.
눈물은 인생을 위로하고 땀은 인생에 보수를 준다. — 작자 미상

"끊임없는 성장과 발전을 기대할 수 있는 것은 인간만이 갖고 있는 능력이다."

드러커의 말이다. 우리가 갖고 있는 능력이 무한하다는 뜻이다. 그러면 당신의 능력을 최대한으로 개발하려면 어떻게 해야 할까?

자신의 장점을 개발하고, 결점을 개선하는 것이 최선의 방법이다. 그러나 그 능력을 개발하는 데는 몇 가지 주의할 점이 있다.

첫째, 몇 가지의 작은 개선이 합해져서 커다란 개선이 되도록 해야 한다. 처음부터 너무 큰 것을 목표로 하면 불가능할 뿐이다. 커다란 개선은 작은 개선이 있음으로써 비로소 가능해진다.

둘째, 처음부터 너무 많은 것을 한꺼번에 개선하려고 무리하지 않는다. 당장 시급한 분야부터 개선의 노력을 집중하는 것이 현명한 방법이다.

셋째, 개선에 도움이 될 수 있는 방법을 효과적으로 이용한다. 예를 들어서 자기 개발에 도움이 되는 책을 읽거나 강습회에 참석하거나 상사, 선배 등의 조언을 듣거나 한다.

넷째, 개선을 위한 시간을 마련한다. 자기 개선을 위한 시간도 당신의 시간표에 넣도록 하라.

"기회가 있을 때 붙잡아라"

기회는 있을 때 잡아야 한다. 그렇지 않으면 행운을 놓치게 될 것이다.
— 셰익스피어

'기회'란 무슨 뜻인가?

사전에 의하면 기회란 '적절한 시기'이다.

기회란 찬스(chance)이다. 인생에 전부 주어지는 것이란 아무것도 없다. 기회도 예외는 아니다. 다른 사람들이 보지 못한 기회를 잘 포착하여 대성한 사람들이 많다.

그러면 기회를 잡으려면 어떻게 해야 할까?

첫째, 고정관념이나 낡은 생각을 버리고, 시야를 새로운 것으로 넓히고, 새로운 관점에서 바라본다.

둘째, 무엇이나 오랫동안 관찰하도록 한다. 그러면 새로운 아이디어와 이전의 관념 사이의 모순을 발견하게 될 것이다.

셋째, 기회는 항상 당신 주위에 있다는 것을 잊지 말라. 항상 주위를 살펴보아야 한다. 만약 당신이 회사원이라면, 사장의 고민을 알아 그것을 해결할 수 있는 방법을 제공해 보라. 그러면 승진 기회가 쉽게 찾아올 것이다.

오늘 당신과 밀접하게 관계되어 있는 사람들의 문제를 해결하기 위해 노력하라.

"꿈을 실현하는 비결"

사람들이 그들이 염려에 쏟는 정열을 하는 일에 쏟는다면 성공은
틀림없이 보장될 것이다. — 지그 지글러

가고자 하는 목적지가 어디인가? 꿈은 무엇인가? 당신이 바라는 희망
과 목표는 무엇인가?

길을 잃은 나그네는 아닌가? 그래서 어느 방향으로 가려고 하는데, 어
떤 사람이 나타나서 당신의 길을 가로막으며 "이곳으로는 갈 수 없습니
다."라고 말하고 있지 않은가? 그보다도 당신 스스로 "나는 성공이라는
곳에 도달할 수 없다."라고 말하지 않는가? 만일 그렇다면 그런 자세를
버리는 것이 꿈을 실현하는 방법이다.

성공을 이루기 위해서는 다음 세 가지를 유지해야 한다.

첫째, 꿈을 가져야 한다. 인생을 통해서 성취하고자 하는 꿈을 먼저 결
정해야 한다.

둘째, 당신의 목적지로 가는 길에 방해가 되는 것을 밝혀 내어 그 방해
의 요인들을 극복할 수 있는 방법을 찾아내어야 한다.

마지막으로 실패를 두려워해서는 안 된다. 모든 성공에는 실패라는 과
정이 있기 마련이다. 자포자기하지 않고 장애물을 현명하게 다룰 줄 아
는 사람이 성공한다.

꿈을 꾸며, 그것을 실현하기 위해 최선의 노력을 다하는 사람이 성공
하는 사람이다.

"겸손한 사람이 되라"

많은 사람들이 행복을 발견하지 못해서 누리지 못하는 것이 아니다. 그저 행복을 즐기기 위해 멈춰서지 않기 때문에 놓치는 것이다.
— 윌리엄 패더

인생에서 '감사하다'는 말처럼 가치가 있는 말은 없다. 미국의 루스벨트 대통령이 그토록 많은 국민들로부터 존경과 흠모를 받고 있는 것은 그가 그토록 분망한 중에도 '감사하다'는 말을 잊지 않았기 때문이다. 그의 선거 유세 중 안전 여행을 위해 노력한 철도 기관사에게 감사하다는 말을 잊지 않았다는 일화도 있다.

그의 그런 정 때문에 그에게는 좋은 친구가 많다.

데이빗 던의 명저 《겸손한 사람이 되라》는 인생을 훌륭하게 살고자 하는 사람들에게 많은 교훈을 주고 있다. 그 책에는 우리가 감사를 나타낼 때의 간단한 공식 세 가지가 제시되어 있다.

제1단계는 하루의 활동 속에 뛰어들기 전에 '멈추는 것'이다.

제2단계는 남에게 성의 있게 대하고 친절할 수 있는 '기회를 찾는 것'이다.

제3단계는 남들의 소망과 그들의 문제에 '귀를 기울이는 것'이다.

오늘 이처럼 무엇인가를 하기 전에 멈춰서 생각하고, 남에게 봉사할 수 있는 기회를 찾으며, 그들의 말에 귀를 기울인다면 어떨까. 분명히 당신의 미래는 밝다 하겠다.

달려 나가기만 할 것이 아니라 이따금 멈춰서 자신과 주위를 생각해 본다면, 인생을 더욱 가치 있게 보낼 수 있을 것이다.

"성공의 10대 원칙"

실패에는 명수名手가 있을 수 없다. 사람은 누구나 실패 앞에서는
범인凡人에 지나지 않는다. — 푸시킨

다음에 소개하는 성공의 10대 원칙은 마샬 필드가 제시한 것으로 누구
든지 이 원칙을 받아들이고 실천한다면 성공할 수 있다.

① 시간을 낭비하지 않는다. (시간)

② 포기하지 않는다. (신념)

③ 열심히 일하며 나태하지 말라. (근면)

④ 복잡하지 않게 한다. (단순 원리)

⑤ 정직하라. (인격)

⑥ 무관심하지 말라. (친절)

⑦ 책임을 회피하지 않는다. (의무감)

⑧ 낭비하지 않는다. (경제생활)

⑨ 조급하지 말라. (인내의 미덕)

⑩ 연습을 쉬지 말라. (기술)

이것은 어떤 분야에 종사하든 모두에게 해당되는 기본 원리다. 많은
사람들은 그 원리가 매우 평범하고 단순하다는 것에 놀랄 것이다. 그러
나 사실 성공이란 복잡하거나, 거창한 원리에 의해 이루어지는 것이 아니
다. 당신의 행동은 사고에 의하여 지배를 당하며, 사고는 당신 마음속에
어떤 것을 계속 주입시키고, 어떤 것이 들어가도록 허락하는가에 지배를
받는다.

따라서 위의 원리들이 계속 당신의 마음을 지배할 때, 당신은 성공적인
행동을 할 수 있을 것이다.

"긍정적인 채널과 부정적인 채널"

일어나라, 할 일에 전력을 다하라. 그 누구도 일하지 않으면 안 될 밤이 올 것이다. '오늘'이라고 부르는 이 날에 일하라. ― 칼라일

당신의 '마음'을 방송국이라고 한다면, 이 방송국에는 두 개의 채널이 있다. 즉 긍정적인 채널과 부정적인 채널이 그것이다.

이 두 개의 채널은 완전히 상반된 음성을 가지고 있다. 예를 들어서 당신의 상사가 당신에게 어떤 충고를 했다고 하자. 이때 긍정적인 채널로 돌리면 그 어드바이스는 건전한 것이 되고 그 어드바이스를 받아들이면 발전할 것이라는 반응이 나온다. 그러나 부정적인 채널로 돌리면 당신의 마음이라는 방송은 이렇게 방송할 것이다.

"조심하라. 그 상사는 좋지 않은 사람이다. 당신을 골탕 먹이려고 한다. 그러니 그의 충고에는 저항하라."

이와 같이 같은 내용의 충고라도 당신의 마음이란 방송은 채널의 성격에 따라 다르게 방송할 것이다.

여기서 당신이 주의해야 할 것은 당신이 일단 어떤 한 채널을 선택한 이상 다른 채널로 돌리기가 어렵다는 사실이다. 왜냐하면 긍정적이든 부정적이든 생각은 항상 유사한 것과의 연쇄 반응을 불러일으키기 쉽기 때문이다.

당신의 생각을 긍정적인 채널로 고정시켜야 한다. 그러면 당신은 향상될 것이며, 그러한 당신의 생각에 따라 환경도 얼마든지 바꿀 수 있다.

"마이너스를 플러스로 바꾸라"

불굴의 인내는 정치가의 두뇌며, 군인의 칼이며, 발명가의 비밀이며,
학자의 비밀 열쇠이다. — 단테

성공한 사람들은 거의가 핸디캡을 지니고 있었기 때문에 성공했다는
사실은 우리에게 시사하는 바가 크다. 그들은 그 장애를 노력과 성공의
자극제로 삼았던 것이다.

"인간의 가장 놀라운 특성은 마이너스를 플러스로 바꾸는 힘이다."

심리학자 알프레드 애들러의 말이다. 《실락원》을 쓴 밀턴은 장님이었
기 때문에 훌륭한 시를 썼고, 베토벤은 귀머거리였기 때문에 뛰어난 작곡
을 했는지도 모른다.

"만일 내가 심한 병약자가 아니었다면 그처럼 많은 일들을 성취할 수
없었을는지도 모른다."

이것은 약점이 뜻밖에도 도움이 되었다는 사실을 고백한 찰스 다윈의
말이다.

그러나 실로 많은 사람들이 그런 약점에 지고 만다. "도대체 내게 이런
약점이 있는데, 내가 무엇을 할 수 있단 말이냐."하고 체념해 버린다. 그
리고 세상을 원망하고 자기 연민에 빠지고 마는 것이다.

그러나 정말로 현명한 사람들은 이렇게 자문한다.

"이 불행으로부터 나는 어떠한 교훈을 얻을 수 있을 것인가?

어떻게 하면 이 상태를 개선할 수 있을 것인가?"

자신의 핸디캡이나 불행을 플러스로 바꿀 줄 아는 사람만이 참으로 성
공할 수 있는 사람이다.

"마음을 바꾸라"

나의 실패와 몰락에 대해서 책망할 사람은 나 자신 이외에는 없다. 내가
나 자신의 최대의 적이며, 나 자신의 비참한 운명의 원인이었던 것이다.
— 나폴레옹

오늘날 문명이 발달되면서 주위 환경이 더렵혀지고, 대기가 오염되고
있다. 하루 빨리 각성하여 더 이상 환경이 더러워지고 지구가 잿빛 혹성으
로 변해가는 것을 막아야 한다.

그러나 그보다 더 우리의 특별한 관심이 필요한 부분이 있다. 그것은
앞에서 말한 환경의 오염보다 더욱 중요한 것이다.

당신의 두 귀 사이에 있는 마음이다. 그리고 그 마음이 들이키고 뿜어
내는 공해이다.

당신은 매일 TV와 라디오에서 직장이나 학교에서 사용하는 언어를 더
럽히는 성性 행위와 폭력 행위의 장면들을 수없이 보게 된다. 이러한 자극
들이 당신의 사고와 태도, 그리고 행동을 해치고 있는 것이다.

인간은 생각대로 행동하며, 자신이나 타인이 우리 마음속에 주입시키
고 있는 것들에 대해서 생각하게 된다.

당신이 건전한 생각만을 하고 있고, 건전한 지식만을 갖고 있다면, 그
인생은 틀림없이 밝을 것이다.

"인간은 누구나 자신들의 정신 자세를 바꿈으로써 자신들의 인생을 변
화시킬 수 있다."

미국의 심리학자이며 실용주의 철학자인 윌리엄 제임스의 말이다.

마음의 공해를 청소하라. 그러면 당신도 성공하게 될 것이다.

"모범적인 행동을 하라"

인격은 강의실에서 이루어지는 것이 아니라 하루하루 쌓여지는 '모범'의
벽에 의해서 이루어진다. — 레오 B. 블레싱

"모범은 가장 훌륭한 교사이다."

벤자민 프랭클린의 말이다.

그는 필라델피아에 가로등이 필요하다는 것을 느꼈을 때, 어떤 이론보
다도 직접 모범을 보이는 것이 설득력이 있다고 생각했다. 그래서 그는 자
기 집 대문 바깥쪽에 있는 긴 선반받이에다 아름다운 호롱불을 걸어 놓
았다. 그리고 늘 그 등의 유리를 아름답게 닦고 심지를 손질하곤 했다.

그러자 프랭클린의 이웃 사람들도 곧 그들의 대문 밖에다 호롱불을 달
기 시작했다.

벤자민 프랭클린이 아무리 유창한 언변과 웅변으로 가로등의 필요성
을 주장했다 할지라도 그가 직접 행동을 통해서 보인 것만큼 설득력은 없
었을 것이다.

당신은 남에게 영향력을 행사하기 위해 어떤 방법을 취하고 있는가?

당신이 하라는 대로 할 때까지 그저 끈질기게 요구하는가?

그렇다면 당신은 성공을 거두지 못할 것이다.

혹 성공한다고 할지라도 그 이면에는 아픔과 상처가 남아 있을 것이다.

행동은 말보다 큰 힘을 발휘하는 것이다.

"대중 연설의 원리"

두려움은 인생이란 기계에 끼어 있는 모래알 같다. — E. 스텐리존스

"대중 앞에서 한 말씀 해 주시죠?"

당신은 이런 요청을 받아 본 적이 있는가? 그 때 겁을 먹거나 두려워하지는 않았는가?

당신의 직업이 무엇이든 이와 같이 연설을 해야 할 때가 있을 것이다. 동창들의 모임이나 회사 모임 등 즉 대중 연설은 남의 일이 아니므로 기본 원리 정도는 알아두는 것이 좋겠다. 훌륭한 연설을 하기 위해서 전문적인 연설가가 되라는 것이 아니다. 그러나 조금만 연습하면 유익하고 흥미로운 연설을 유창하게 해낼 수 있게 된다.

우선 연설을 할 때는 긴장하거나 두려워하지 말아야 한다. 늙은 노새 한 마리가 대중 앞으로 끌려나왔다. 그 노새는 조금도 당황하지 않는다. 그러나 똑같은 대중들 앞에 순종 당나귀를 데려다 놓으면 그 놈은 놀라서 어쩔 줄을 모른다.

대중 앞에 서서 약간이라도 신경과민 증세가 나타난다면 당신은 노새가 아닌 당나귀다. 그러나 그 때는 상냥한 사람들을 바라보도록 노력하라. 그리고 평소 잘 알고 있는 단어와 어휘를 사용하도록 하라. 연설의 내용은 자신의 생활이나 자신 있는 분야를 중심으로 하여 진실하게 한다. 열심히 말하라. 그리고 당신의 연설에 확신을 갖고 최선을 다하라!

"먼저 다른 이의 친구가 되라"

황금은 뜨거운 난로 속에서 시험되며 우정은 역경에 의하여 시험된다.

— 베난드로스

알렌 맥기니스 박사는 미국인들이 오랫동안 친구 관계를 유지하지 못하고 있다고 말하였다. 그는 '우정의 요소'에서 이렇게 말했다.

"대부분의 사람들은 우정을 중요하게 여기지 않는다."

그러나 우리들은 이 세상을 살아가면서 늘 새로운 친구를 사귀지 않으면 안 된다.

그러면 어떻게 친구를 사귈 수 있는가?

첫째, 정직해야 한다. 자신에게 솔직해지는 것을 두려워해서는 안 된다. 남에게 자신을 폭넓게 개방해야 한다.

둘째, 용서를 배워야 한다. 친구가 잘못을 범했을 때에도 용서해 주며, 꼭 그 대가를 치르게 해서는 안 된다.

셋째, 사려 깊은 사람이 되어야 한다. 작지만 우정을 표시하는 중요한 계기가 될 수 있는 일들을 배워야 한다.

우리는 친구가 얼마나 중요한지 알고 있다고 생각한다. 그러나 가끔씩은 스스로에게 상기시켜야 한다.

생각하라!

우정은 노력이 따라야만 얻을 수 있는 것이라는 사실을.

친구가 비록 완전치 못할지라도 이해하라.

만약 그가 완전하다면 당신을 친구로 삼지 않을 것이다.

"행동 전에 성공을 기대하라"

인생에서 가장 큰 즐거움은 남들이 불가능하다고 말하는 것을 해내는
것이다. — 배럿 월터

1993년 5월 28일, 프랑스 오픈 테니스 대회가 파리에서 개최되었다.
그 때 나브라틸로바와 캐시 호프바트의 대전이 있었는데 모든 테니스 팬
들은 호프바트가 이길 거라고 생각하지 않았다. 어느 모로나 그녀는 나
브라틸로바의 적수가 되지 않았다. 나브라틸로바는 세계 1위에 랭킹되
어 있었고, 그에 비해 캐시는 45위였기 때문이었다. 게다가 나브라틸로바
는 1년 동안의 전적이 35전 전승이었다. 1992년까지 그녀의 기록은 90
승이었다.

또한 그들의 경기는 1만 6천여 명의 관중들이 지켜보는 가운데 행해졌
는데. 그 때 그녀의 나이 17세였다.

1세트는 나브라틸로바가 6 대 4로 이겼다. 제2세트는 그녀가 6 대 0
으로 이겼다. 그리고 3세트에서는 동점을 이룬 가운데, 그녀의 서브로 경
기가 진행되었다. 그런데 놀랍게도 캐시 호프바트가 3세트를 빼앗아 경
기를 이겼다. 경기가 끝난 다음 승리의 비결을 묻는 물음에 그녀는 이렇
게 대답했다.

"나는 이기기 위해서 싸웠습니다."

그녀가 승리할 수 있었던 것은 오직 승리할 것을 기대했기 때문이었다.
기대를 갖는 것은 가장 훌륭한 태도이며, 무엇보다도 그 기대감은 자신의
행동에 직접적으로 영향을 준다.

승리할 것을 기대하고, 승리할 것을 확신하라! 그러면 승리자가 될 것
이다.

"스트레스 해소법"

순간순간을 잘 이용하라. 긴 시간은 자신을 스스로 잘 돌볼 수 있다.
— 체스터필드

우리는 매일 매일의 활동 속에서 긴장과 스트레스를 받는다. 전문가에 의하면, 스트레스와 긴장은 불면의 원인이 되며 노이로제나 신경과민 또는 고혈압을 일으킨다고 한다. 여기서 스트레스와 긴장을 해소시킬 수 있는 방법 2가지를 알아보자.

첫째, 스트레스의 원인을 제거한다. 당신이 가지고 있는 문제가 직장의 동료나 가족 중 어느 누구와 관계가 있는 것인가? 그렇다면 자존심을 버리고 용기를 내어 그 사람을 찾아가 그 문제에 대해서 대화를 나누어라. 그런 문제는 서로간의 갈등을 푸는 것이 최선의 방법이다.

실제 문제는 당신이 생각하는 것보다 훨씬 작을 수도 있으며, 전달 과정에서 일어난 단순한 오해일 수도 있다.

둘째, 긴장을 해소할 수 있는 방안을 찾아낸다. 매일 2, 3분이라도 긴장에서 벗어나도록 한다. 조깅이나 수영은 물론 빠른걸음, 사이클 같은 운동은 긴장에서 벗어나게 해 준다.

이러한 방법들을 이용하여 목표에 도전할 때 따르기 마련인 스트레스를 해소할 수가 있을 것이다.

"승진의 비결"

장래 무엇이 될까를 생각하고 자신을 의심하지 말라. — 크리스챤 보비

샐러리맨인 당신은 승진을 꿈꾼다. 그런데 그 승진에 도움이 될 무엇인가를 생각해 본 적이 있는가?

고용주들은 많은 종업원들 중에서 지도자가 될 수 있는 어떤 특징적인 인물을 찾고 있다. 남을 부리는 위치에 오르거나 다른 사람을 지배하는 일이 그렇게 쉬운 일은 아니다. 승진할 수 있는 기회를 마련하는 데 도움이 되는 요소는 다음과 같다.

첫째, 능력을 기르는 것이다. 당신이 승진하기 위해서는 다른 사람들의 요구를 받아들이고, 그들의 노력을 증진시킬 수 있는 능력을 길러야 한다.

둘째, 객관적인 태도를 갖는 것이다. 어떤 중대한 문제를 토의할 때 자신의 자존심과 감정을 버리는 일도 배워야 한다.

셋째, 자기 훈련이 필요하다. 조직력과 집중력은 어느 단체에서나 요구된다.

성공적인 지도자가 되는 또 다른 요소는 당신보다 재주나 능력이 있는 사람에게 겸손할 줄 아는 힘이다. 지도자가 되기 위해서는 재능을 발견하고 발전시키기 위한 능력을 기르는 일에 더욱더 많은 노력을 기울여야 한다.

"한 분야에서 제1인자가 되라"

누가 가장 영광을 얻는 사람인가? 한 번도 실패하지 않은 사람이 아니라 실패할 때마다 조용히, 그리고 힘차게 일어나는 사람이 영광을 얻는 사람이다. ― 골드스미스

성공하는 분명한 방법은 어떤 분야에서 제 1인자가 되는 것이다.

오늘날 과학의 발달로 어느 직업에서든 한 사람이 알고 있는 작은 지식으로는 모든 것을 감당하기가 어렵게 되었다. 그러므로 어느 특정한 분야의 전문인이 되어야만 성공할 수 있다.

먼저 회사에서 중요한 것들 중 자신의 관심을 불러일으킬 수 있는 것을 찾아낸다. 그 다음에는 그것에 대해 가능한 한 모든 정보를 수집한다. 관련 업계 정보 잡지를 연구하고, 구입이 가능한 모든 서적을 구입하여 탐독한다. 그리고는 그 분야의 전문가를 찾아가서 토의한다. 그럼으로써 당신은 전문가가 될 것이다. 그런 다음 사장을 찾아가 당신이 하고 있는 일을 말하고 그 정보를 제공한다.

어떤 한 분야에 대해 전문 지식을 익혀 회사에 그 정보를 제공하는 일은 실제로 자신을 보다 능력 있는 인간으로 만들어 주고 또 쉽게 일을 처리하도록 해 준다. 즉 다른 사람들이 필요로 하는 것을 줄 때 당신이 바라는 것을 얻을 수가 있는 것이다.

"상상력의 위대한 힘"

인간은 육체와 마음, 그리고 상상력의 구성체이다. 육체에는 약점이 있고, 마음은 늘 믿을 만한 것이 못 되지만 상상력은 보다 좋아하는 것들을 이 세상에서 실제로 행하게 해준다. — 존 베이스필드

소련의 운동선수들은 몇 년 동안 올림픽 경기에서 많은 금메달을 획득하여 세상 사람들을 놀라게 했다. 미국 코치들은 소련선수들이 맹훈련을 하고 있다는 것은 알고 있었으나 그들이 심리적인 특수 프로그램에 의한 훈련을 받고 있다는 것은 알지 못했다.

스탠포드 대학에서는 대학 테니스 팀의 선수들을 상대로 신경근육 활동에 대해 과학적으로 연구한 결과, 선수들이 의자에 앉아서 정신 활동만으로 팔 운동과 몸 운동을 할 수 있는 한 가지 방법을 연구해 내었다.

실제로 많은 사람들이 자신이 바라는 것을 마음속으로 계획을 세움으로써 이룰 수 있다는 사실이 밝혀지고 있다. 올림픽 선수들에게만 이런 방법이 적용되는 것은 아니다. 우리 모두 일상생활에서 똑같은 효과를 얻을 수 있다.

당신은 승자가 된 양 스스로의 마음을 조종할 수 있다. 자신이 승리자가 되어 시상대에 올라 서 있는 모습을 마음에 그려라. 그것이 승리자가 되는 최초의 단계이다.

"작은 것에서부터 성공하라"

지혜로운 자만이 미래를 두려워하지 않고 오히려 대비한다.

— 어네스트 C. 윌슨

무슨 일을 하든지 처음에는 어려움을 겪게 마련이다. 그러나 결코 실망하지 말라. 특히 사업을 일으키려 할 때 어려움은 더욱 거세다. 실제로 성공한 기업 중에는 어려운 조건에서 시작한 기업이 많다.

성공을 이룬 대부분의 기업들이 처음에는 많은 어려움이 있었으나 그것을 극복하고 성공한 것이다.

계속 확장을 해 가는 중소기업들에게는 몇 가지 공통적인 특징이 있다.

즉 소비성이 빠른 상품을 생산한다는 것이다.

기업가들은 수요를 먼저 확인한 후에 생산을 한다. 계절의 흐름에 따라 수요자의 요구와 욕망은 변한다. 때문에 당신이 독창적인 생각을 한다면 성공의 기회는 있다.

기업의 성공을 위해서 끝까지 인내하며, 힘들지라도 계속 발걸음을 옮겨라!

실패자들은 성공 직전에 포기한 사람들이며, 성공한 사람들은 죽기 직전에 목표에 도달한 사람들이다.

"실패에 대한 두려움을이기자"

오늘 할 수 있는 일, 해야 할 일을 하는 것이 오늘의 과제다. 그것은 앞날을 기약하는 씨앗이다. ― 그로위트

성공이나 실패는 모든 사람에게 있어서 하나의 습관이 될 수 있다. 사람들 가운데는 실패를 두려워한 나머지 성공하지 못하는 경우도 많다. 실패를 두려워하여 도전조차 해보지 않기 때문이다. 확실히 실패에 대한 공포증은 심각한 문제이다. 따라서 실패에 대한 두려움을 이겨내는 방법을 몇 가지 적어본다.

첫째, 스스로 나서서 시도해야 할 때, 이를 악물고 끝까지 해낸다. 이것은 두려움을 극복하는 기본적인 단계이다.

둘째로 모든 조건이 완전하게 갖추어질 때까지 기다리지 말고 한 발 앞으로 나아가 시작한다.

예를 들어서 지금 연설을 부탁받고 그것 때문에 두려워하고 있다고 가정하자. 떨면서도 연단에 나가 연설을 하면 문제는 저절로 해결되는 것이다.

만약 당신이 인생에서 중요한 업적을 이루고자 할 때, 어느 누가 준비를 갖추어 외부 조건이 완벽해지기를 기다린다면 당신은 스스로 할 수 있는 일을 그 반밖에 하지 못하는 셈이다.

작은 성공에서부터 시작함으로써 실패에 대한 공포심을 극복하라! 첫걸음부터 시작해 나아가라.

"정직하고 진실한 관심을"

서로 인내하자는 기치를 들지 않은 우정은 참다운 우정이 아니다.
— 아돌프 필리판츠

"만약 상대방이 당신의 주장에 동의해 주기를 바란다면, 먼저 당신이 그 사람의 친구임을 확신시켜야 한다."

아브라함 링컨의 말이다. 그는 역사상 가장 설득력 있는 인물로 평가받고 있다. 그의 많은 재능 가운데 하나는 사람을 설득시키는 힘이었다. 그것은 다른 사람으로 하여금 자신의 견해를 따르도록 하는 능력이다. 이 설득력은 어떤 직업에 종사하든 중요한 힘이 된다.

우리 모두 설득력을 가져야 한다. 그러나 더욱더 중요한 것은 그 설득력을 활용해야 한다는 것이다. 친구들에게 무엇을 부탁하는 단순한 것일 수도 있고 물건을 팔기 위해 상품설명을 잘 하는 것이 될 수도 있다. 그러면 어떻게 설득하는 것이 효과적일까?

"만약 남이 당신의 주장에 동의해 주기를 바란다면, 먼저 당신이 그 사람의 친구임을 확신시켜야 한다."

되풀이되는 말이지만 남을 설득시키는 가장 효과적인 방법이 암시되어 있는 링컨의 말이다.

다른 사람에 대해 정직하고도 진실한 관심만이 가장 강력한 설득이 된다.

"시간을 지혜롭게 사용하라"

영웅이란 자기가 할 수 있는 일을 한 사람이다. 그러나 범인은 할 수 있는 일은 안 하고 할 수 없는 일만 바라는 사람이다. ― 로망 롤랑

우리는 누구나 똑같은 양의 한 가지 자산을 가지고 있다. 그것은 곧 시간이다.

당신이 우울할 때, 그 우울을 벗어나는 길은 무엇인가를 소비하는 것이다.

여기서의 무엇이란 '시간'을 말한다.

당신은 여러 가지 방법으로 시간을 보낼 수 있다. 그런데 그 시간을 특별히 소외된 사람들과 함께 보내면 어떨까? 그러면 그 시간은 당신에게 뜻 깊은 경험이 될 것이다.

우리는 모두가 하루 1440분이라는 같은 길이의 귀중한 시간을 갖고 있다.

그것을 지혜롭게 사용할 수도 있고, 헛되이 낭비할 수도 있다. 그러나 쌓아놓거나 저축할 수는 없다. 무엇을 하든지 시간은 그때그때 사용해야 하는 것이다.

인생의 승리자가 되기 위해서는 시간의 요리사가 되어야 한다. 또한 경각심을 가지고 '시간'이라는 자산을 지켜야 한다.

시간을 지혜롭게 사용하라! 그러면 당신의 생은 충분한 보상을 받게 되며, 멋진 인생이 기다릴 것이다. 인생은 시간의 구성이며, 시간은 생명의 길이다.

"오늘 하루에 최선을 다하라"

진실한 죽음의 자태는 현자의 눈에는 공포로 보이지 않으며 경건한
사람의 눈에는 종말로 비치지 않는다. ― 괴테

누구든지 자기 분야에서 제1인자가 될 수 있다.

모든 사람이 키가 크고 건강하고 튼튼하며, 힘이 센, 멋진 사람이 될
수는 없겠지만 당신에게도 무언가 최고가 될 수 있는 자질이 있으리라.

그 비결은 다음과 같다.

매일 아침, 거울을 보고 다음과 같이 말함으로써 하루를 시작한다.

"나는 오늘 내가 하는 일에 최선을 다하겠다."

그리고 반드시 그대로 실행하라! 또 하루가 끝난 후에는 자신을 진
지하게 돌아보면서 "오늘 나는 최선을 다했구나!" 하고 말할 수 있도
록 하라.

그렇다면 당신이 원하는 분야에서 성공과 행복을 얻는 제1인자가 될
수 있다.

자신의 능력을 최대한으로 사용할 때 그 능력은 최고도로 발전될 것이
다. 하루의 출발은 하루의 결과를 가져온다.

"외모도 매우 중요하다"

당신이 나타내는 것 중에서 표정이 가장 중요하다.
— 자넷 레인

대부분의 사람들은 어떤 문제의 지극히 작은 부분에 집착해서 전체를 보지 못하거나 그릇된 판단을 해 버린다.

"나무를 보고 숲은 보지 못한다."는 말을 기억할 것이다. 또 이런 말도 있다.

"당신의 외모에 신경을 써라."

오늘날 많은 이들은 외모로 사람을 판단한다.

"좋은 첫인상을 남길 수 있는 기회란 결코 두 번 다시 오지 않는다."

우리 모두 한 번쯤은 생각해 보아야 할 격언이다. 외모의 중요성을 다시 한 번 강조하는 말이다. 성공을 향해 가는 길에 외모의 원리는 단순하면서도 매우 설득력 있게 들린다.

좀더 나은 직장, 좀더 성공적인 인생을 살고 싶은가?

"멋있게 보여라! 멋있게 느끼도록 하라! 멋있는 사람이 되라!"

어느 면도날 광고이다. 만약 이 충고를 진지하게 받아들인다면 성공한 당신의 모습을 보게 될 것이다.

"연설할 때는 이렇게"

사람은 누구나 그가 하는 말에 의해서 자기 자신을 비판한다. 원하든 원치
않든 간에 말 한마디로 타인 앞에 자기 자신을 그려놓게 된다. — 에머슨

필자는 연설을 많이 한다. 그리고 그 때마다 청중들의 이해를 돕기 위해 실례를 자주 드는데 초등학교 시절에 사용하던 쉬운 용어를 자주 사용한다. 그렇게 하는 것이 의미를 파악하는 데 있어서 더욱더 효과적이기 때문이다. 또 연설을 할 때면 항상 웃음을 잃지 않으려고 노력한다.

에모리 대학 교수인 스티브 프랭클린 박사는 효과적인 연설에 대해서 이렇게 말했다.

"연설이 복잡해야 효과적이라는 생각은 금물이다. 4음절 정도의 말도 길다. 미켈란젤로는 단지 3가지 색으로 불후의 명작을 남겼다. 쇼팽, 베토벤, 비발디도 단지 7음절로 훌륭한 곡을 남겼다."

그렇다. 청중들은 짧은 유머에 큰 반응을 보인다. 복잡하지 않고도 충분히 아름답고 효과적이기 때문이다.

당신의 삶과 언어와 사고를 좀더 심오하게 만들라. 그러나 그 표현은 간략하고도 명확하게 하라! 이해하기 힘든 표현은 단지 청중의 비웃음을 살 뿐이다.

간단명료하면서도 사랑이 넘치는 태도로 이야기를 하면 사람들에게 감동을 주고 영향력을 주게 된다.

"자기 확신을 가져라"

이 세상의 모든 것은 대가 없이 얻을 수 없다. 남이 노력해서 얻는 것을
그대는 어찌 팔짱이나 끼고 바라보며 얻으려 하는가? ― 힐티

성공하려는 사람에게 자기 확신은 매우 중요한 요소이다. 그런데 그런
자기 확신을 어떻게 가질 수 있을까?

많은 사람들은 자신의 능력에 대해서 회의를 가지고 있다. 반면 자기
확신이 넘치는 사람도 있다. 자기 확신과 성공과는 함수 관계가 있다. 자
기 확신이 강하면 성공의 가능성도 그만큼 크다. 그리고 이 성공은 다시
커다란 자기 확신을 불러온다. 그리고 이 확신은 다시 성공을 불러온다.

만약 자기 인생에 대해 보다 확신을 갖고 싶다면 이미 당신이 이룬 작
은 성공들을 다시 살펴보라. 그리고 그러한 승리가 당신에게 가져다주었
던 감격을 다시 생생하게 기억해내라.

실패와 패배의 기억은 모두 잊어버려야 한다. 실패를 통해서 무엇인가
를 깨달았다면 그것으로 족하다. 이제 그 실패에 대한 기억은 깨끗이 잊
어야 한다. 그리고 당신의 인생에서 지금까지 이루어 놓은 성공만을 생
각하고 심사숙고하며 발전을 위해 노력해야 한다. 그러한 성공들이 발전
됨에 따라 더욱 위대한 성공을 이루게 되고 확신감도 점차 커질 것이다.

미래의 성공을 바라고 기대하면서 지난날의 승리의 경험들을 다시 떠
올려야 한다. 씨는 뿌린 대로 거둔다.

June

25 Day

"상대의 말에 귀를 기울여라"

말하는 것은 지식의 영역이고, 듣는 것은 지혜의 영역이다.
— 올리버 W. 홈즈

흔히 대화를 함에 있어서 남의 말에 귀를 기울일 줄 모르는 사람이라는 말을 듣지는 않는가? 그러나 듣는 것이 말하는 것보다 중요하다는 사실을 아는가?

대부분의 사람들은 보다 뛰어난 화술을 배우고자 노력한다. 대화의 방법이 매우 중요하다는 것은 알면서도 청취하는 능력이 그만큼 중요하다는 것은 잊고 있는 것이다. 그래서 다른 사람이 이야기할 때 그의 말을 온전히 주의 깊게 들으려 하지 않고 자신이 다음에 해야 할 말만을 열심히 생각한다.

당신은 대화할 때, 또 비즈니스상의 거래를 할 때, 협상을 할 때, 모든 편애와 편견을 버려야 한다.

그 대화의 목적을 확실히 이해하고 상대방의 말에 열심히 귀 기울여야 한다.

상대방에게 오늘 어떤 일이 일어났으며, 무슨 마음으로 저런 말을 하는가 하고 정신을 집중하여 상대방의 말에 관심을 쏟아야 한다.

"감사의 목록을 작성하라"

행복이란 당신의 인격과 재산에 달려 있기보다는 생각 여하에 달려 있음을
명심하라. — 데일 카네기

미국의 유명한 코미디언인 허브 트루는 다음과 같이 행복론을 말한다.

"현재 관계를 맺고 있는 모든 친구와 친척들을 모두 잃고 또 가지고 있
는 모든 소유물들을 상실했다고 상상해 보라. 그런 생각을 몇 분 동안 계
속하라. 그리고 나서 이제는 잃었던 그 모든 것들을 다시 찾았다고 상상
해 보라. 당신이 조금 전에 상상했던 그 현실보다 지금이 훨씬 더 나은 상
태임을 깨닫게 될 것이다.

당신 주위를 한 번 살펴보라. 당신이 이 지상에 있는 수많은 사람들
의 마음을 동요시킬지도 모를 엄청난 부에 둘러싸여 있다고 느끼게 될 것
이다."

당신의 모든 여건들을 자세히 관찰해 보라.

감사해야 할 일들이 많을 것이다.

당신을 행복하게 해 주는 많은 것들이 있을 것이다.

감사함으로써 행복을 느낄 수 있다.

"좋은 태도와 좋은 인상"

현명한 사람이란 세상에서 성실이 가장 강한 힘이라는 것을 인식하고 그렇게 행하는 사람이다. — 프랭크 크레인

데일 카네기의 저서 〈친구를 얻고 사람들에게 영향을 주는 방법〉은 1천5백만 부나 팔렸다.

이 책은 카네기 강좌의 기본서이다.

그 강좌에서 얻을 수 있는 것들 중 하나로 우리에게 매우 중요한 '인격 개발의 문제'가 있는데 오늘날 우리는 의외로 이 문제를 소홀히 넘기고 있다.

당신이 만나는 사람들을 주의 깊게 관찰해 보라. 성공한 사람들 거의가 품위 있고 예의가 바르다는 것을 알게 될 것이다.

오늘날 청소년들이 배워야 할 것이 바로 이 인간으로서 갖춰야 할 기본적인 예의이다.

"미안합니다.", "고맙습니다.", "예, 선생님." 등과 같은 정중한 말씨를 사용하기를 많은 젊은이들은 주저한다. 그러나 그런 말을 함으로써 당신의 가치는 더욱 높아지며 또 성공한 이들은 거의 그런 예의바른 말을 사용한다.

〈성공적인 복장〉의 저자 존 몰로이에 의하면, 승진의 문턱 바로 그 앞에서 탈락하는 사람들의 30% 정도가 사실 의복에 대한 예절 감각이 모자란 데 그 이유가 있다고 한다.

당신의 옷차림은 어떤가?

"기꺼이 나아가라"

너그럽고 상냥한 태도, 그리고 사랑을 지닌 마음, 이것이 사람의 외모를 아름답게 하는 힘이다. — 파스칼

당신은 앞으로든 뒤로든 어떠한 방향으로 움직이고 있다.

당신은 부정적인 사고방식을 제거해야 한다. 스스로를 긍정적으로 재계획해야 한다.

당신은 인간의 심적 불안과 무능을 초월해야 한다.

살아 있는 신념은 긍정적인 정서를 자극한다. 그러나 의심은 언제나 부정적인 정서를 제공한다.

의심은 회의주의이고 그 회의주의는 당신의 정신을 쇠잔시켜 버린다. 불신은 활기를 잃게 한다.

부정적인 사고는 우리를 지루한 사람으로, 두려움 때문에 두려워하고 근심 때문에 근심하는 사람으로 만든다.

긍정적인 사고방식을 가지면 신념의 길을 걸어갈 수가 있다.

당신의 신념이 당신의 희망을 자극한다. 그리고 긍정적인 생각은 모든 가능성을 자극한다.

당신이 실행하고 있고, 당신이 맡은 일에 몰두하고 있고, 계획을 추진하고 있고 관습의 테두리에서 벗어날 때 당신은 앞으로 전진할 수 있다.

이제 인생의 모험이 시작되었다. 카운트다운이 시작되었다. 발사는 피하거나 멈출 수 없다. 당신은 지금 역동적인 동작 속으로 휘말려 들어간다.

"전문 지식이 뒷받침된 능력을 길러라"

경험이란 누구나가 그 실수에 대하여 붙여주는 이름이다. — 미상

분업화가 전 산업 분야에서 급속하게 추진되면서부터 전문지식이 무엇보다도 중요시되고 있다. 따라서 전문지식이 그 사람의 능력이요 실력이 되는 경우가 많다. 성공하기 위해서는 우리들의 모든 생각이 전문적인 지식을 바탕으로 이루어져야 하는 시대에 우리는 살고 있는 것이다.

불행하게도 성공하지 못한 사람들은 전문적인 지식을 등한시하는 경향이 있다.

또한 회사가 사람을 고용할 때도 그들이 찾는 사람은 어떤 특수 분야의 전문가이다. 예를 들면, 회계, 통계, 모든 종류의 엔지니어, 저널리스트, 건축, 화학 등을 연구한 사람들이다. 또 대학의 상급 학년에서 그룹 활동의 리더였으며 활동적이었던 사람 역시 어떤 회사에서나 욕심을 내는 사람들이다.

학교생활 중에 적극적인 활동을 한 사람은 어떤 사람과도 협조하여 일해 나갈 수 있으며, 자신의 적성을 자기에게 가장 적합한 일과 결부시켜 나가는 사람들은 자기에게 주어진 일도 잘 해낸다.

이제 우리들은 전문지식을 갖추도록 노력해야 한다.

"직장을 구하는 젊은이들에게"

직업에는 미래가 없다. 직업을 가진 자에게 미래가 있다. 가지려고
노력하는 자만이 직업을 가질 수 있다. ― 조지 W.트레인

우리 모두 직장에서 열심히 일을 한다. 그러나 아직도 그런 기회를 얻지
못한 젊은이들이 있다. 그런 젊은이들에게 이 글을 드린다.

구직을 할 때에는 해야 할 일과 해서는 안 될 사항이 있다.

직장을 구할 때 알아야 할 몇 가지를 적어본다.

첫째로 이력서를 언제나 준비하도록 한다. 이력서는 거짓이 없이 분명
하고 정직하고 간단하게 적어야 한다. 그리고 과거의 경험이나 고용주로
부터 인정받을 수 있는 사항들을 적는다.

또 기억할 일은 언제나 옷차림을 단정히 하는 일이다. 첫인상은 매우
중요하다. 옷차림은 지나쳐도 문제가 되지만 소홀히 하면 더욱 문제가
된다.

마지막으로 직장을 구할 수 있다는 기대를 가져야 한다.

많은 사람들이 직장에서 일을 하고 있다. 그리고 그들 중에는 사망이
나 퇴직, 전직 등의 이유로 그 직장을 떠나는 사람도 있다. 이것은 매일 새
로운 일자리가 생기고 있음을 의미한다. 그 가운데는 틀림없이 당신의 자
리가 있을 것이다.

7 July 〈욕망〉

성공하겠다는 강한 욕망을 가져라

"배수진을 쳐라"

야심에 불타는 밤을 새운 뒤에는 잠못이루는 후회의 밤이 계속된다.
― 레르몬트프

옛날 어느 위대한 장군이 전쟁터에서 양단간에 결단을 내리지 않으면 안 되었다.

적은 자기 편의 병력보다 훨씬 많았다.

그 장군은 군대와 장비를 내려놓은 후 그들이 타고 온 배를 그 자리에서 불태워 버리도록 명령하였다.

그리고는 공격 대열로 포진하고 있는 부하들에게 자신의 결의를 말하였다.

"제군들! 지금 제군들이 타고 온 배는 불에 타고 있다. 이제 우리가 적과 싸워서 이기지 못하는 한 고국으로 돌아갈 길은 없다. 우리들에게는 선택권이 없다. 승리냐 죽음이냐의 어느 하나뿐이다."

그 결과는 대승리였다.

당신이 어떤 일을 행하든지 꼭 성공하고자 한다면 먼저 후퇴의 길을 끊어 버려야 한다.

즉 배수진을 치라는 말이다.

그래야 성공만을 마음속에 간직할 수 있기 때문이다.

"욕망을 신념으로 만들라"

젊은이는 달(月)에 다리를 놓고 지상에 궁전이나 사원을 세우려고 재료를
모으나 결국 중년에 다다르면 그 재료로 창고를 짓고 만다. — 톰프슨

지금부터 1세기 전의 일이다. 시카코에서 대화재가 발생하였다. 잿더
미가 되어 가는 상점들을 바라보며 상인들은 절망감에 휩싸였다. 그들은
다시 이 고장에 상점을 재건할 것인가, 아니면 다른 고장으로 이전할 것
인가를 논의했다.

그런데 오직 한 사람만이 시카고를 떠나는 것을 반대했다. 그는 타다
가 남은 자신의 점포를 가리키며 이렇게 말했다.

"다시 이곳에서 화재를 당하더라도 나는 바로 이 자리에 세계 제1의 대
점포를 세우고야 말겠소."

그 후 점포는 재건되었고, 이제 그 자리에 세계 제1의 상점이 하늘 높이
우뚝 서 있다. 그 때 그곳에 남기를 결심한 그 사람이 마샬 필드이다. 그
는 세계 제1의 백화점왕이 된 것이다.

여기서 마샬 필드와 다른 상인과의 차이점을 알 필요가 있다. 그것은
곧 성공한 자와 실패한 자의 차이점이다. 성공하고 싶다는 마음, 그것만
으로 성공할 수는 없다. 성공하겠다는 욕망이 신념화되어야 하고, 그것
을 획득할 수단을 찾아내고 집요하리만큼 그 계획에 집착해야 한다. 그리
고 "집착으로 인한 실패란 있을 수 없다."는 굳은 결의를 가지고 전진해야
한다. 그러면 반드시 성공할 것이다.

"욕망을 달성하는 여섯 가지 단계"

노예에게는 한 사람의 주인밖에 없지만, 야심가에게는 그가 출세하는 데 도움이 되는 사람의 수만큼 주인이 필요하다. ― 라 브쉬에르

욕망을 달성하려면 다음 여섯 가지 단계를 거쳐야 한다.

첫 단계, 자신이 원하는 것을 뚜렷하게 작성해 두어야 한다. 단지 막연한 목표만으로는 불가능하다.

두 번째 단계, 원하는 것을 얻기 위해서는 무슨 일을 할 것인가를 확실하게 결정해야 한다.

세 번째 단계, 바라는 것을 언제까지 손에 넣을 것인지 그 기일을 정해 두어야 한다.

네 번째 단계, 욕망을 실현시킬 수 있는 명확한 계획서를 작성하여 즉시 실행에 옮겨야 한다. 준비가 되었든 안 되었든 계획서에 따라 실행에 옮기는 것이 중요하다.

다섯 번째 단계, 지금까지의 4단계를 자세히 기록해 두어야 한다.

여섯 번째 단계, 자신의 계획서를 하루에 적어도 두 번은 소리 내어 낭독한다. 밤에 일을 다 마치고 자기 전, 그리고 아침 기상과 동시에 자신의 계획서를 소리 내어 읽는다.

소리 높이 읽어 가노라면 원하던 것을 차츰 실제로 갖게 된 기분이 들고 자신감이 들게 될 것이다.

"참된 욕망은 위대한 열매를 맺는다"

생각하는 것이 인생의 소금이라면 희망과 꿈은 인생의 사탕이다.
꿈이 없다면 인생은 쓰다. — 리튼

세계는 항상 변하고 있다. 성공을 원한다면 그 점을 알아야 한다.

발전과 변화를 계속하는 이 세계는 항상 새로운 아이디어를 요구하고 새로운 생산 수단을 바라며 나아가서는 새로운 지도자, 새로운 발명, 참신한 교육, 새로운 서적 등 지금까지 없었던 신소재와 지식을 찾고 있다.

새로운, 그리고 보다 좋은 것의 요구를 뒷받침할 수 있어야 비로소 승리를 할 수 있는 소질이 마련되는 것이며, 사람들이 무엇을 요구하는가를 알아야 명확한 목표를 세울 수 있다.

그리고 그 명확한 목표가 있음으로써 '불타는 욕망'도 이룩되는 것이다.

또 변화하는 이 세계에서 커다란 성공을 쟁취하려면 위대한 개척자의 정신을 가져야 한다. 만일 당신이 하고자 하는 일이 정당한 것이고 또 그것을 절대적으로 믿는다면 돌진해야 한다.

당신의 꿈을 종횡무진 펼쳐 보라. "혹시나 실패하면 어떻게 할까?"하는 생각 따위는 절대 금물이다. 이러한 사람들은 실패가 곧 성공의 씨앗인 줄을 모르는 사람들이다.

"꿈은 욕망을 낳는다"

욕망은 태양과 같다. 그것은 이 땅 위의 모든 문제를 자기 안으로 태워 버린다. — 플로베르

불타는 욕망은 공상가가 꿈을 버리는 것으로부터 시작된다. 꿈이란 무관심하고 게으른 또는 야망이 없는 사람에게 생기는 것이 아니다.

성공한 모든 사람들은 불행한 출발을 했고, 수많은 고통을 겪었다. 그러나 그들은 최악의 사태에서 인생의 전환점을 잡은 것이다.

존 번얀은 영국 소설 중에서 가장 문체가 세련된 〈천로 역정〉을 감옥에서 썼으며, 찰스 디킨스는 우울한 과거 때문에 위대한 작가가 되었다. 또 O. 헨리는 커다란 불행을 겪고 오하이오 주의 콜럼버스 시의 감옥에 갇히고 나서야 훌륭한 소재를 발견했다.

헬렌 켈러는 태어난 지 얼마 되지 않아 눈과 귀가 멀고 벙어리가 되었다. 이 같은 큰 불행에도 불구하고 그녀는 위대한 역사의 한 페이지에 그녀의 이름을 장식했다. 그녀의 삶은 어떤 고난이 닥치더라도 절망해선 안된다는 산 증거가 된 것이다.

일에 대한 막연한 희망과 그것을 내 것으로 받아들이는 것에는 차이가 있다. 그것을 얻을 수 있다는 것을 믿게 되기 전까지는 아무도 일하지 않는다. 그것은 희망이나 소망이 아닌 신념인 것이다.

인생에 있어서 불행과 가난을 극복하고 번영과 부를 얻을 수 있는 것은 노력밖에 없다는 사실을 명심하라.

"욕망은 불가능을 극복한다"

나이를 먹으면 우리의 욕망의 열정은 사라져 버리고 그 대신 궤변만 살아
남아 잃어버린 비밀을 청년들의 눈 속에서 엿보게 된다. — 베르나노스

수 년 전 필자의 지인 한 사람이 병이 났다.

그의 병은 나날이 악화되어 마침내 수술을 받기 위하여 수술실로 옮
겨졌다.

의사는 친지들에게 그를 다시 볼 기회가 없을 것이라고 말하였다. 그
러나 그것은 의사의 생각일 뿐 결코 환자 자신의 의견은 아니었다. 그는
휠체어에 실려 가기 전 이렇게 말했다.

"걱정 마시오. 나는 수일 내로 퇴원할 거요."

그 환자는 그의 말대로 회복되었다. 그의 담당 의사는 그 후 나에게 이
렇게 말했다.

"오로지 그는 삶의 욕망에 의해 살 수 있었다. 그가 죽음의 가능성을
인정했더라면, 그는 결코 살아날 수 없었을 것이다."

욕망과 신념의 힘은 실로 위대하다.

죽음 직전에 도달했어도 오로지 살겠다는 욕망 하나만으로 승리할 수
있었던 것이다.

욕망의 승리를 향해 전력으로 질주할 때, 후퇴를 위한 그 어떤 길도 필
요가 없다.

승리는 확실한 것이므로.

당신에게 성공하고야 말겠다는 욕망이 있으면 반드시 성공할 것이다.

욕망은 일시적 패배를 물리치고 새로운 승리를 이룩한다.

"가능성을 과시하라"

사람은 희망에 속기보다 절망에 속는다. 스스로 만든 절망을 두려워하며
무슨 일에 실패하면 비관하고 앞길이 막혔다고 생각해 버린다. — 웨나르

신념이 있다면 무엇이든지 못할 것이 없다. 성공이란 스스로 만들어 내
지 않는 한 저절로 찾아오는 법이 없다. 신념을 가지고 행동에 옮길 때 밝
은 미래가 기다릴 것이다.

신념의 첫 번째 행위는 '충동'이다. 자신을 들여다보고 무엇인가가 있
다는 소리를 듣게 된다.

내부의 충동은 당신이 지금까지 느끼지 못했던 당신의 가능성을 깨닫
게 한다.

신념의 두 번째 행위는 '격동'이다.

처음에는 미미한 생각, 즉 '내가 할 수 있을까'하는 생각이 좀더 큰 자
신감으로 바뀌게 된다.

"난 그것을 원한다."는 열정으로 변하는 것이다.

믿음의 세 번째 행위는 '추방'이다. 부정적인 사고들이 당신의 모든 희
망을 파괴해 버린다. 이런 부정적인 사고방식을 추방시켜야 한다. 모든
부정적인 사고들이 마음속에 자리잡기 전에 그것들을 버려야 한다.

네 번째의 마지막 과정은 '과시'이다.

이제 그 모든 부정적인 것으로부터 벗어났다.

이제 꿈을 실현시키는 길, 가능성을 과시하는 것만이 남았다.

"세기世紀의 지혜"

최후의 승리는 출발점에서 멀어지는 것이 아니라 결승점에 이르기까지의
견실과 노력이다. ― 워너 데이커

오래 전에 어느 현명한 왕이 현자賢者들을 한자리에 모아놓고 "후세에
남겨줄 수 있는 세기의 지혜를 다 묶어 책으로 만들라."고 말했다.

그래서 현자들은 오랜 세월 동안 연구를 계속했다. 결국 그들은 12
권의 책을 만들어서 왕에게 바쳤다. 왕은 그 12권의 책을 보고 이렇게 말
했다.

"여러분, 이것은 분명히 세기의 지혜가 담긴 책이지만 분량이 너무 많아
사람들이 읽지 않을까 염려되니 간략하게 줄이도록 하시오."

명령을 받은 현자들은 다시 왕에게 인사를 하고 나가서 연구를 한 끝
에 그것을 줄여서 한 권의 책으로 만들었다. 그러나 왕은 그 책을 다시
줄이라고 했다. 현자들은 한 권의 책을 하나의 장章으로, 그리고 그것을
다시 하나의 문장으로 바꾸었다. 왕이 그 하나의 문장을 보고 매우 기
뻐했다.

왕은 흡족하게 생각하여 이렇게 말했다.

"이것이 바로 여러분이 바라는 세기의 지혜요. 모든 사람들이 이것을 배
우면 그들의 거의 모든 문제들이 곧 해결될 것이오."

후세에 물려주기 위해 만든 세기의 지혜는 바로 이것이었다.

"공짜는 없다."

"마음의 문을 열고 고정관념을 버려라"

그대가 어떤 지위와 계급에 있든 노동을 사랑하라. 일을 인간에게 부과된 운명이라고 생각하라. ― 톨스토이

일의 중요성을 알려면 개방적인 마음을 가져야 한다.

인간의 마음은 흔히 콘크리트처럼 굳어져 있다. 고정관념을 가지고 있는 것이다. 그런데 고정관념을 가진 사람들치고 훌륭한 업적이나 대성한 사람이 없다. 이들은 배척받기 때문이다.

인간의 마음은 마치 낙하산과 같아서 완전히 개방될 때에야 그 기능을 최대로 발휘할 수 있다. 마음을 열지 않고 틀에 박힌 생각을 하고 있으면, 아무리 좋은 충고라도 받아들여지지 않게 되고, 한쪽 귀로 듣고 한쪽 귀로 흘리게 된다.

또한 세상에서 가장 실용적이고 아름다운 철학이라도 당신이 받아들이지 않는다면 절대로 적용할 수가 없다. 세상에 아무리 지식이 풍부하다고 해도 그것을 이용하지 않으면 아무런 소용이 없는 것이다. 따라서 마음의 문을 열어 그것을 당신 것으로 하지 않는 한 그림의 떡이 되는 것이다.

불행히도 많은 사람들은 직장을 구하면 바로 일의 중요성을 잊어버린다. 그래서 해고된 뒤에야 일의 중요성을 깨닫는다.

인간은 마땅히 할 일을 하면서 살도록 창조되었다는 사실을 빨리 깨달아야 할 것이다.

"모든 문제는 일로서 해결된다"

근면은 부채를 정리하고, 실망은 부채를 더하게 한다.

— 푸어 리차드

성공은 바로 일의 대가이다.

일의 부산물이 성공이며 돈인 것이다.

그러므로 남보다 열심히 일하면 남보다 더 큰 성공을 기대할 수가 있다고 믿어야 한다.

장애물은 문제가 안 된다. 꾸준히 일하면 반드시 성공할 수 있다.

미국 굴지의 고무 제품 생산 회사의 회장은 "일은 재미있게 처리해야 한다."고 말했다.

또 윌 로저스는 이렇게 말했다.

"성공하려면 자신이 지금 무슨 일을 하고 있는지 알아야 한다. 그리고 자신이 하는 일을 좋아해야 하며 그 일을 믿어야 한다."

H. M. 그린버그가 18만 명을 상대로 조사한 결과 그 중 80%가 자신의 일에 흥미를 느끼지 못하고 있었다.

자신이 하고 있는 일을 좋아하지 않고 있다는 바로 그 점이 그들의 비극이 아닐까?

자신이 하고 있는 일에 흥미를 느끼지 않는데 의욕이 생길 리가 없다. 자신이 하는 일에 흥미를 가져야 한다. 그리고 자신에게 어떤 문제가 있든 열심히 일하고 노력하면 문제는 저절로 해결된다.

"비범한 사람이 되고 싶은가"

그대가 얻고 싶은 것을 남이 가졌거든, 남이 그것을 얻기에 바친 노력만큼
그대도 노력하라. ― 힐티

욕망은 보통 사람을 성공한 사람으로 만드는 필수 조건이다. 즉 그것
은 미지근한 물을 수증기가 나오는 따끈따끈한 물로 변화시키는 주요인
인 것이다.

욕망은 당신의 성공과 실패를 좌우한다. 다시 말하면 실패와 성공의
차이점이 곧 이 욕망인 것이다. 그 욕망으로 인해서 미지근한 물이 뜨거운
물로 변한다. 욕망 때문에 증기선이 존재하는 것이다.

욕망은 성공을 향한 한 계단이다. 야구선수 페테 그레이는 야구계의 명
사이다. 그의 욕망은 위대한 야구선수가 되는 것이며 양키스타디움에서
경기를 하는 것이었다. 그 후 그는 직업 야구단에서 활약했지만 한 번도
홈런을 날린 적이 없다. 그러나 그는 위대한 선수이다.

그는 오른쪽 팔이 없었지만 야구 선수로 활약했다. 그가 그런 핸디캡
이 있음에도 불구하고 야구계의 명사가 된 것은 그의 욕망 때문이었다.
그는 자신의 약점과 부족함을 보지 않았다. 대신 자신의 장점과 주어진
여건을 알았던 것이다.

욕망을 가지면 자신의 실력을 최대로 발휘할 수 있으며 전속력으로 목
표를 향해 전진할 수 있다.

욕망이 당신의 수입을 좌우한다. 치열한 인생 경쟁에서 승리자가 되려
면 승리의 욕망을 가져야 한다.

"승리의 욕망을 가져라"

그대의 희망을 가로막는 장애물이 큰 것이 아니다. 그 희망을 실현하려는
의지가 약한 것이다. — 미상

'인생'이라는 게임에서 승자가 되려면 승리에 대한 욕망이 있어야 한다
고 말했다.

승리의 욕망은 당신을 승자로 만드는 데 절대로 필요한 요소이며 어떤
장애물도 겁내지 않게 만든다.

빌리 미스케는 학창시절부터 권투선수 생활을 했다. 세계 헤비급 챔피
언이 되는 것이 그의 꿈이었다.

그런데 그 당시 헤비급 챔피언이었던 뎀프시와 대전 날짜를 받아 놓고
갑자기 병원에 입원하게 되었다.

담당 의사는 그에게 권투를 포기하라고 말했다. 신장병으로 목숨이 위
태한 지경이었던 것이다.

그러나 그는 권투밖에 아는 것이 없었다. 다른 직장도 구할 수 없었다.
크리스마스가 가까워진 어느 날, 그는 매니저를 찾아가 그 사실을 말하
면서 딱 한 번만 시합을 성사시켜 달라고 졸랐다. 가족들이 크리스마스
를 즐겁게 보내도록 하기 위해서였다.

결국 미스케는 빌 브레넌과 권투 시합을 갖게 되었다. 브레넌은 강한
선수였다. 그러나 훈련할 기운조차 없었던 미스케는 시합날 수많은 관중
들 앞에서 혈전을 벌였다.

결국 죽어가는 미스케가 KO승을 거두었다. 그리고 그 수입금으로 가
족들은 크리스마스를 즐겁게 보낼 수 있었다. 필승의 욕망으로 승리했
던 것이다.

"승리자의 기질"

인간은 패배하도록 만들어지지 않았다. 파멸은 당할지언정 패배당할 수는 없다. ― 헤밍웨이

욕망이 성공의 한 계단이라는 사실을 아는가? 만일 우리가 어떤 일을 완성하기 위해서 진정 총력을 기울였다면 결과가 어떠하든 진정한 승리자라고 말할 수 있다.

어떤 목표를 향해 전력투구한다는 것, 그것이 바로 승리자에게 필요한 기질이다.

이와 반대로 패배자는 전력투구하지 않는다. 일을 하는지 놀고 있는지 알 수 없을 정도이다.

그것은 마음속에 욕망이 없기 때문이며, 욕망이 그의 열정에 불을 붙이지 않기 때문이다.

어떤 일이든 시작하면 끝내야 한다.

그것이 승리자의 자세이다. 어떤 일을 끝까지 해내면 승리감이 생기는 법이다.

그리고 그 승리감에서 더욱 큰 욕망이 생긴다.

경쟁의 상대는 남이 아니라 자기 자신임을 명심해야 한다. 진정한 노력을 기울이는 것, 이것이 승리자의 기질이다.

"욕망과 용기"

당신이 당신으로써 이 세상에서 지니고 있는 것을 잘 이용하라! 맞지 않는
욕망을 향해 달리는 것은 치수가 안 맞는 남의 옷을 빌려 입고 싶어하는
것과 다름이 없다. 당신에게는 당신의 노래가 있다. ― 엔게르 팔트

욕망은 슈퍼맨을 창조하고, 슈퍼맨은 불가능을 겁내지 않는다.

어느 분야의 신참에게서 초인적인 소질을 발견할 때가 있다. 그들은 두
려움이 없이 덤벼들어 불가능을 가능으로 전환시킨다. 예컨대 흔히 신참
세일즈맨은 판매의 경험이나 상식도 없으면서 열심히 노력하여 판매 실적
을 많이 올린다. 그는 불가능을 모르기 때문에 겁 없이 노력한다. 이런 세
일즈맨은 단순한 신참 세일즈맨이 아니다. 슈퍼 세일즈맨이다. 사실 우리
가 흔히 말하는 '불가능'은 잘못된 사고방식에서 비롯된다.

예를 들면 땅벌은 날 수 없다고 한다. 과학적으로는 그렇다. 그의 몸
은 너무 무겁고 날개는 너무 연약하게 보인다. 그러나 땅벌은 잘도 날아
다닌다.

우리 주위에는 '할 수 없다'는 말을 믿고 실제로 어떤 일을 해내지 못하
며 또 어떤 사람은 '할 수 있다'는 말만 하기 때문에 실제로 어떤 일을 해
내기도 한다. 할 수 있다는 확신과 해내고야 말겠다는 욕망만 있다면 용
기는 저절로 생긴다.

"소극적인 상황에 대해 반격하라"

우리가 결코 잊어서는 안 될 사실이 있다. 즉 지금 우리가 처해 있는
환경이나 또는 꼼짝할 수 없는 곤란한 처지를 어떤 이들은 능히 이겨내고
있다는 사실이다. ― 노먼 필

제2차 세계 대전, 크레이톤 에이브람스 장군과 그의 부하들은 완전 포
위를 당하게 되었다. 적은 북쪽, 동쪽, 남쪽 그리고 서쪽에 있었다. 이 소
식을 접한 장군은 이런 말로써 부하들의 사기를 북돋아 주었다.

"제군들, 이 전쟁이 발발한 이후 처음으로 우리는 지금 사방으로 공격
을 할 수 있는 기회를 갖게 되었다."

상황이 문제가 아니다. 우리가 그 상황에 대해서 어떻게 대처하는가가
문제이다. 우리는 주어진 상황, 특히 소극적인 상황에 대해서 오히려 적극
적으로 반격을 가해야 한다.

소아마비에 걸린 두 사람이 있다. 한 사람은 워싱톤의 거지가 되었고,
또 한 사람은 미국의 대통령이 되었다. 바로 루스벨트 대통령이다.

승리의 욕망만 가진다면 어떤 상황에 처하더라도 그것을 타개할 수
가 있다.

당신에게 주어진 핸디캡이 문제가 아니라 불타는 욕망이 있느냐, 없느
냐가 문제인 것이다.

"주어진 자리를 빛낼 줄 아는 사람이 되라"

일어나라. 할 일에 전력을 다 하라. 그 누구라도 일하지 않으면 안 될 밤이
올 것이다. 오늘이라고 부르는 이 날 중에 일하라. — 칼라일

주어진 자리를 빛낼 줄 아는 사람이 되어야 한다. 주어진 사명을 완수하는 사람이 되어야 한다. 핸디캡이 문제가 아니다. 그것에 대한 반응이 문제이다.

자제력과 헌신, 결심과 불타는 욕망이 있다면 당신은 어떤 환경이나 상황에서라도 적극적인 반응을 보이게 될 것이다. 그렇게 해야만 승리자가 될 것이다.

실패자는 '안 되는 이유'만을 나열하는 사람이다. 그들은 모든 사람이 각기의 핸디캡을 가지고 있다는 사실을 모른다. 자기 혼자만 핸디캡이 있다고 생각하고, 자기의 핸디캡이 제일 큰 것이라고 착각하고 있다.

또 실패자는 주어진 자리를 빛낼 생각을 하지 못한다. 주어진 상황을 탓하고, 자신의 운명을 저주한다.

당신은 당신에게 주어진 자리에 대해서 어떻게 생각하는가? 그 자리에 불만을 느끼는가? 아니면 그 자리에 감사함을 느끼는가? 당신에게 주어진 그 자리가 비록 보잘것 없다고 생각되어도 그 자리를 빛내야만 한다. 그러면 당신에게 더 좋은 자리가 주어질 것이다.

"해답 중심의 사람이 되라"

인간은 돈을 상대로 하여 사는 것이 아니다. 인간의 상대는 항상
인간이다. ― 푸시킨

인간에게는 누구나 문제가 있다. 그러나 고민한다고 그 문제가 처리되지는 않는다. 그것을 해결할 수 있는 계획을 세워야 한다.

어떻게 하여 문제를 해결할 수 있는가에 대해서 아이디어를 짜내야 하는 것이다.

여기에 뇌성마비에 걸린 아들을 둔 한 아버지의 이야기를 소개하겠다. 어느 날 그는 자기 아들이 정상이 아님을 알고 병원을 찾았다. 그 결과 뇌성마비임이 판명되었다. 의사는 아버지에게 문제 중심의 의사를 찾지 말고 해답 중심의 의사를 찾아가라고 충고하였다.

그래서 그 아버지는 20여 곳의 병원을 찾아다니다가 마침내 해답 중심의 의사를 만났다. 그 의사 역시 뇌성마비라는 진단을 내렸으나 그 해결 방법을 구체적으로 지시하면서, 그 지시대로 따르면 어느 정도 회복될 수 있다고 말해 주었다. 그 아버지는 다소 안도의 숨을 쉬며 지시대로 따랐다. 마침내 그 소년은 1974년에 10만 달러짜리 생명 보험에 가입하게 되었다. 뇌성마비 환자에게는 처음 있는 일이었다.

소년은 이제 정상적인 사람으로 성장하였다.

그것은 오로지 문제 중심이 아닌, 해답 중심의 의사를 만났기 때문이다.

"소극적 태도와 적극적 태도"

위업을 고안하는 일은 천재들이 하지만 이를 성취하는 것은 다만 근로일 뿐이다. — 주베트

어떤 일을 하든 그 성공의 열쇠는 자신의 태도에 달렸다. 능력이 부족하기 때문에 승진이나 성공이 늦어진다기보다 인간이 충실치 못하여 그렇게 되는 것이다.

일이 잘 풀리지 않는 데는 여러 가지 이유가 있으나 다음의 5가지의 결함이 그 대표가 될 것이다.

첫째, 동기가 부족하다.

둘째, 야심이 결여되어 있다.

셋째, 협력의 정신이 없다.

넷째, 부주의하다.

다섯째, 게으르다.

이들 결함들은 당신의 성공을 가로막는 장애가 된다. 당신 자신만이 당신의 성격을 좌우하는 자동 조절 장치를 조절할 수 있기 때문이다.

당신의 태도에 따라 어려운 문제도 일어나며 잘 되기도 한다. 다행히 이러한 소극적인 태도를 치료하는 것은 가능하다. 그것은 유전성도 아니며, 선천적인 것도 아니다. 따라서 반드시 그 장애 요인들을 몰아낼 수 있다.

당신이 만일 소극적인 태도를 가지고 있다면, 그것을 버리고 적극적인 생활 방법을 취해야 한다. 마음을 크게 먹고 자신을 둘러싼 세계를 변화시켜 보자.

"생명의 대기를 호흡하라"

아무리 많은 반대가 있어도 양심에 옳다고 느껴지거든 단연코 그렇게
하라. 남이 반대한다고 자기의 신념을 꺾지는 말라! — 채근담

신념은 당신이 정상인가 아닌가의 지표이며 부정적이고 냉소적인 태도
는 정서적 질병의 표시이다.

새들은 날도록 되어 있다. 새의 두 날개 밑에 있는 대기는 날짐승들의
자연적인 서식처이다.

물은 물고기의 서식처이다.

정서적으로 건강한 곳이 신념의 서식처이다.

신념을 갖는 것은 정상적인 일이다. 냉소적인 것은 비정상적인 일이다.
그러므로 당신에게 믿음을 갖도록 고취시켜 주는 모든 요소들을 환영하
라. 그리고 신념을 파괴하고 불신을 가져다주는 부정적인 힘이라면 모
두 거부하라.

적극적인 신념을 가질 때 당신은 적극적인 정서, 즉 사랑, 기쁨, 용기에
더 많이 지배를 받는다.

이러한 것들은 정서적으로 건강한 사람의 자질이다. 신념이라는 자연
적인 대기를 호흡하지 않고 의심과 불신의 오염된 대기를 호흡하게 되면
결국 도덕적인 타락에 빠져 버린다. 부정적인 정서에 의해 쉽사리 탈진해
버린다.

당신은 신념을 가진 사람으로 만들어졌다.

"더 많은 것을 바라라"

인내가 약한 사람은 삶에 있어서도 약한 사람이다. 한 줄기의 샘이 굳은
땅을 헤치고 솟아나오듯 참고 견디는 힘이 없으면 광명을 얻기 힘들다.
— 버트런트 러셀

신념은 논쟁이 아니고 선택이며, 토론이 아니고 결정이다.

신념은 당신 마음속의 어떤 욕구를 채워 준다. 그것은 인생에서 더 많
은 것을 바라는 것이라고 정의할 수 있다.

큰 부자는 신념에 끌린다. 그들은 자신의 재산이나 사회적 지위가 신
념으로 얻은 것임을 알기 때문이다.

당신이 바라는 것을 열망하라. 그것을 이루게 될 것이다. 소망은 곧 신
념이다. 그리고 신념은 결과를 가져다준다.

강한 신념은 깊은 욕구의 표현이다. 마찬가지로 의심은 욕구의 결핍이
다. 수많은 잠재적, 또는 현재적 의식의 힘은 신념을 거부할 수도 있다. 또
당신 마음속에 뿌리깊이 박혀 있는 부정적인 정서들로 말미암아 부정적인
의심의 성향만이 남겨진 채 믿고 싶은 욕구가 쇠잔해 버릴 수도 있다. 그
러나 강한 욕망이 그 모든 것을 극복하게 하며 당신으로 하여금 굳센 신
념을 갖도록 할 것이다.

욕망과 신념은 동일하다. 욕망이 강하면 그만큼 신념도 두터워진다.
성공하겠다는 강한 욕망과 신념 앞에 성공의 문은 반드시 열리고 말 것
이다.

"적극적인 태도를 갖는 길"

인생에 있어서 모든 고난이 그 자취를 감췄을 때를 생각해 보라.
그 이상 삭막한 것은 없으리라! — 니체

인생에 대하여 적극적인 태도를 갖고 싶은가? 우선 인생이 재미없다고 생각해서는 안 된다. 그러므로 성격 개조에서부터 시작하자. 얼굴을 찡그리지 말라. 미소를 지어라. 하룻밤 사이에 다른 사람이 될 것이다.

당신의 자동 조절 장치를 어떻게 해야 적극적인 방향으로 조정할 수 있을까?

첫째, 즐거운 분위기를 갖자. 아침에 일어나면서 "오늘 하루를 즐거운 시간으로 채우자"고 결심한다. 작은 일로 마음을 조이지 않는다고 결심한다.

두 번째, 대범하게 인생을 산다. 아래를 보고 발을 질질 끌며 걷는 태도는 그만두자. 머리를 들고 크게, 당당히, 힘 있게 걷자.

세 번째, 결코 틀렸다고 말하지 않는다. 어떤 어려운 일을 맞게 되었을 때, 우물쭈물하지 말고, 그 해결 방법만 진지하게 생각해보자.

마지막으로 적극적인 생각을 가진 사람과 접촉하자. 다른 사람의 나쁜 성격이 그들과 접촉하는 과정에서 당신 안에 스며들어 큰 영향을 끼친다.

우물쭈물하는 사람을 피해야 한다.

친구는 골라서 사귀어야 한다. 언제나 적극적인 분위기 속에 있는 것이 중요하다.

"인간의 세 가지 유형"

지성은 육체와 함께 죽을 것이다. 그러나 자기의 죽음을 아는 것, 거기에
지성의 자유가 있다. ― 카뮈

인간을 분류할 때 기준에 따라서 여러 형태로 구분할 수 있으나 욕망을
기준으로 할 때는 다음과 같이 세 가지 유형으로 나눌 수 있다.

첫째, 승화형이다. 생활 속에 접촉하게 되는 모든 사물로부터 어떻게
해서든지 교훈적인 것을 찾아내면서 점차 성장해 가는 타입이다. 이런 사
람은 욕망이라는 인간 본능을 자기의 능력을 키우는 일에 집중시켜 생산
적으로 이용한다.

둘째, 전위轉位형이다. 어떻게 하면 인생을 보다 즐겁고 유쾌하게 지낼
수 있는가 하는 데만 정신을 집중하는, 생활을 즐기는 타입이다.

셋째는 억압형이다. 무엇을 보나 기뻐하지도 슬퍼하지도 않고 항상
우울하게 생활이라는 무거운 짐에 짓눌려서 사는 타입이다. 이들은 자신
의 욕망을 엉뚱한 곳에 쏟아 공격적이 된다. 범죄형의 인간들이 여기에 해
당된다.

어느 분야에서나 성공을 거둔 사람들은 자기의 일에 온갖 정열을 다
바친 사람들이다.

아침에는 일찍 일어나고, 출근하고, 귀갓길의 차 속에서도 일을 생각
하며, 식사 시간에도 머리에서는 일이 떠나지 않는다. 그들은 일 속에서
삶의 보람을 찾는다.

당신도 성공을 원하거든 승화형의 인간이 되도록 노력하라.

"지금 그 일이 좋아서 하고 있는가?"

오늘의 일이 아무리 작다 하더라도 그것은 신이 우리에게 명한 일이다.
현재 당신이 하고 있는 일이 마음에 들지 않을지라도 그 일에 최선을
다하라. — 에어브리

어떤 성공 전기나 입지전立志傳을 읽더라도 성공과 실패의 갈림길은
자기가 하고 있는 일을 정말로 좋아했는가, 그렇지 않았는가에 따라 결
정된다는 사실을 깨닫게 된다.

좋아하면 잘 하게 되는 법이다. 잘 하게 되면 더욱 재미가 있어 꿈속에
서도 그것만을 생각할 만큼 열중하게 된다.

무엇을 의식적으로 할 때보다 무의식중에 해낸 일이 때로는 보다 큰 성
공을 가져다주는 경우가 많다. 무엇을 해서든 기필코 많은 돈을 벌겠다
고 고심하는 것보다 '이것은 재미있다'고 생각하고 연구하는 동안에 기발
한 아이디어가 떠올라 많은 돈을 벌게 되는 경우가 많다.

또 수익에 급급하기보다 봉사한다고 생각하며 한 일이 큰 성공을 가져
온 경우가 많다. 돈벌이에 혈안이 되면 오히려 돈을 벌지 못한다. 즐거워
하면서 일을 할 때는 분명히 최상의 능률이 발휘된다. 그러나 꼭 취미와
직업이 일치되어야 한다는 말은 아니다. 일치하면 더욱 좋겠지만 자기가
하고 있는 일에서 몰두할 수 있을 만한 즐거움을 찾아야 한다.

"자기 발견으로 자기 변혁을 시작하라"

**현명한 사람은 정열의 주인이 될 수 있으나 어리석은 사람은 그 노예가
되어 버리고 만다. — 시루스**

나폴레옹은 세인트헬레나에 귀양을 간 뒤 이렇게 말했다.

"나의 몰락은 오직 나의 탓이다. 내가 나 자신의 최대의 적이었고, 나
자신의 비참한 운명의 원인이었다."

그는 과거를 돌이켜보면서 조금만 일찍 자신을 되돌아보고, 조금만 더
일찍 자신을 컨트롤할 수 있었더라면 그토록 비참한 최후를 맞지는 않았
으리라고 한탄했다.

이것은 우리 모두에게 시사하는 바가 크다. 인간에게 있어 가장 모를
존재는 바로 자기 자신이며, 반드시 알아야만 할 존재도 자기 자신이다.

어떻게 살아야 할 것인가, 왜 이렇게 의지가 박약한가. 정말로 나에게
는 아무런 재능도 없는 것일까 하고 자신을 살펴보았는가?

아마 한번쯤은 이러한 문제를 생각해 보았을 것이다. 사실 자신을 발
견하는 일은 쉽지 않다. 그러나 그것이 아무리 어려울지라도 반드시 그
과정을 거쳐야 한다. 그래야만 올바른 자기 변혁을 시도할 수가 있다. 자
기 발견 없이는 올바른 자기 변혁도 불가능하다.

"재능은 시험해 보아야 알 수 있다"

성공은 행복의 한 요소이다. 그러나 만약 다른 온갖 요소가 그 성공을
위하여 희생된다면 성공의 가치도 희생되고 만다. — 러슬

　자신에게 재능이 없다고 단정해 버린 나머지 비관 속에서 세월을 보내
고 있는 사람이 얼마나 많은가? 그들은 왜 자기에게는 재능이 없다고 단
정하는가? 결국 아무것도 해 보지 않고 그저 머릿속에서 하고 싶은 일을
할 수 없다고 생각한 다음, 이를 재능 때문이라고 생각해 버리는 것이다.

　계발해 보지 않고서는 자기에게 재능이 있는지 없는지 알 수 없다. 자
기가 하고 싶은 일을 열심히 하면서 재능을 창출해 내야 한다. 그러지 않
으면 자신의 재능이 어떠한 모습으로 숨어 있는지 알 수가 없기 때문이다.

　재능에는 큰 재능이 있는가 하면 작은 재능도 있다. 그 큰 재능을 자
각하지 못한 채 작은 재능에 쏠리어 여기에 몰두해 버린다면 그처럼 마이
너스의 인생이 또 있을까?

　당신이 계발해야 하는 것은 최대의 재능이다.

　과연 무엇이 자신을 크게 키워줄 수 있는 재능인가를 찾아내라.

　그리고 그 재능에 인생을 걸어 보자.

"자신만의 제품인 '성공'을 찾으라"

급히 서둘지 말라. 노래를 배우기 전에 말부터 배워야 한다. 순서를 밟지 않고 급히 서두르면 반드시 헛수고로 돌아간다. — 미상

링컨이나 포드, 또는 카네기 같은 위인의 전기를 읽으며 나도 그렇게 해보리라 결심한 사람이 있을 것이다. 그 위인과 똑같은 길을 걷고자 노력하다가 어쩔 수 없이 포기하고, 자기는 역시 범인凡人이며 재능이 없다고 비관하다가 인생의 낙오자가 되기도 한다.

그런 이는 근본적으로 중요한 것을 깨닫지 못한 것이다. 즉 사람의 얼굴이 전부 다르듯이 재능 역시 똑같지 않다는 것을 깨닫지 못했기 때문이다. 성공의 길은 기성품일 수가 없다. 그 길은 당신만의 제품이어야 한다.

옛날의 사고방식과 생활 방식에 얽매여서는 안 된다. 그 옛날의 성공 원칙을 오늘날의 현실에 맞게 수정시켜야 하는 것이다.

만일 지금 낡은 성공의 방식에 얽매여 있다면 지금 바로 그것을 버려라. 현재에는 현재에 알맞고, 보다 확실하고 보다 용이한 성공의 길이 있다. 그것은 곧 당신 자신의 지난날을 이용하는 것이다. 지난날을 돌이켜보면서 재능을 발견, 계발해 나가야 한다.

"당신 자신을 재평가하라"

세상에서 성공하고자 하는 사람은 대명사의 사용법에 현명해야 한다.
'나'를 한 번 말할 곳에 '너'를 20번 말하라. — 존 헤이

한 자동차 세일즈맨은 입사 1년 만에 엄청난 실적을 올렸다. 그래서 그의 상사는 그를 더 좋은 지역으로 전근시켰다. 그런데도 여전히 같은 수입이었다.

이상하게 생각한 상사는 아주 최악의 지역으로 그를 보냈다. 그런데 그 달에도 여전히 수입은 같았다.

그 이유를 궁금하게 생각한 상사는 오랫동안 조사한 결과, 그 원인이 그의 태도에 있음을 알았다. 그는 자신을 그 수입만큼의 세일즈맨으로 생각하고 있었던 것이다.

우리 주위에는 이 세일즈맨처럼 자신을 그 무엇에 묶어 놓고 사는 사람이 많다.

그러나 당신의 지위가 낮은 것은 능력이 모자라서가 아니라 당신 자신에 대한 평가가 낮기 때문이다.

당신 자신을 재평가해 보라. 당신은 얼마짜리 인생인가? 자신에 대한 새로운 인식과 함께 불타는 욕망으로 당신의 가슴을 가득 채워라.

당신의 인생은 완전히 바뀔 것이다.

"욕망과 자주"

그대는 위대한 것에 대한 소망을 가지고 있다. 위대한 업적, 위대한 명성!
그러나 팔짱을 끼고 앉아 있기만 해서는 결코 위대한 곳에 접근하지
못한다. 우선 손 닿는 곳에 있는 일부터 성의를 다해야 한다. — 칼라일

당신이 진정으로 어떤 것을 소망한다면 그것을 얻을 수 있는 힘을 갖게
된다. 진정으로 성공하기를 바란다면 당신은 성공하게 된다.

강력한 충동은 신비로운 힘을 발휘한다. 강력한 충동을 가졌다면 당
신은 의지를 가진 사람이며 성공이 보장된 사람이다.

성공을 뜨겁게 바랄 때 발휘되는 힘은 무엇보다도 강하며 두려울 것이
없다. 뜨거운 욕망은 평범한 사람을 비범하게 만들지만 뜨겁지도 않고 차
지도 않은 욕망은 실패를 가져올 뿐이다. 흔히 부모의 재산을 풍부하게
물려받은 소위 재벌 2세들은 더 높은 목표를 세우지 않고 현실에 안주하
거나 성공의 의지도 욕망도 없이 물려받은 재산을 탕진하는 경우를 종종
본다. 불타는 욕망이 있어야 큰일을 성취할 수 있다. 당신의 욕망을 키워
라. 큰 욕망을 가져라. 그리고 그 욕망에 전력투구하라.

인생의 목표가 무엇인가? 욕망을 키워라. 그리고 욕망의 불길을 늦추
지 말라. 강렬하게 희망하는 것은 소유할 수도 있다.

"욕망과 동기"

만약 이 세상에서 성공의 비결이란 것이 있다고 하면 그것은 타인의 관점을 잘 포착하여 자기 자신의 입장에서 사물을 볼 줄 아는 재능, 바로 그것이다. — 핸리 포드

흔히 경찰이 범인을 체포할 때는 그 범죄의 동기가 무엇인가부터 먼저 본다. 동기는 행동에 중요한 위치를 차지하기 때문이다.

모든 행동에는 동기가 있다. 동기는 계기가 된다. 당신의 인생에는 반드시 승리와 패배를 좌우할 중요한 계기가 있다. 이런 계기를 잘 포착하는 사람은 성공한다.

성공의 주된 요인은 동기라고 해도 과언이 아니다. 당신이 달려 나갈 때는 이유와 목표가 있다. 그것이 바로 동기가 된다. 당신을 자극시켜 온갖 고난을 무릅쓰고 전진하게 하는 것이 동기이다.

동기가 강하면 곧 욕망이 된다. 동기가 욕망을 자극한다. 그 자극은 고정 관념을 깨뜨린다. 자극은 고정 관념의 줄을 끊고 박차고 나오게 한다. 자극은 창조심을 북돋운다.

자극에는 두 가지가 있다. 하나는 다른 사람을 자극시키는 것이고, 다른 하나는 당신 자신을 자극시키는 것이다. 어떤 자극이든 올바른 방향으로 나아갈 때 그것은 촉진제가 된다.

산소가 없으면 불이 타오르지 못하는 것처럼 강력한 동기가 없으면 성공하지 못하며, 창의력이 발휘되지 못한다. 동기가 없으면 희망은 희미해지고 상상력은 소멸된다. 동기가 없으면 보람찬 결과를 찾기도 힘들다. 항상 동기가 있어야 한다.

"계속 전진하라"

행복과 불운은 인간이라는 돌을 갈기 위하여 자연(신)에게 고용되어 있는
두 사람의 조각가이다. — 페레스

인생에 있어 도전기는 어느 때인가?

생각에서 행동으로,

명상에서 행진으로,

교실에서 큰 거리로,

교회에서 당신 일상생활의 직무로,

책 읽는 일에서 다른 생활로 바뀔 때가 바로 당신 인생의 도전기이다.

인생의 도전기란 당신의 신념을 실현해야 할 때를 말한다. 말하기를 멈추고 실행하기를 시작할 때, 바로 그 때가 출발점이다.

해가 지고 지나간 하루를 되돌아보면서 "멋진 하루였어."라고 말할 수 있다면 그 날은 멋진 하루였으리라. 예기치 않은 좋은 일들이 일어났고 그 일들에 대해 당신은 적극적으로 대처한 것이다.

몇몇 다른 사람들도 비슷한 하루를 보냈다. 그러나 그들은 낙심한 채로 저녁을 맞이한다.

고된 임무와 어떤 얽매인 상태를 만났다. 그러나 당신은 계속 전진하였다. 즉시 성공이 찾아와 주지 않아도 계속 전진하라. 두 번, 세 번, 그리고 열 번 시도하면 벽은 허물어질 것이다.

"도전 의지가 무엇보다 중요하다"

이 세상의 어떤 위대한 것도 정열 없이는 성취되지 않았다는 사실을 절대적으로 확신해도 된다. — 헤겔

사람들은 보통 틀에 박힌 생활에 안주하려는 경향이 있다. 이것이 창의성을 발굴하는 데에 큰 걸림돌이 된다. 변화를 두려워한 나머지 새로운 것을 거부하며 자신을 스스로 억압하게 된다. 이러한 행동을 하게 되는 이유는 많지만 무엇보다 도전하려는 의지가 부족하기 때문이다.

당신이 자신감을 가지고 자신을 독려하며 도전하려는 의지를 계속 가지고 있다면 아무리 어려운 문제가 당신 앞에 놓일지라도 용기와 신념으로 결국 그 난관을 헤치고 목표를 달성할 수 있을 것이다.

1. 명확하고 구체적인 목표를 세우고 그것을 달성하겠다는 불타는 욕망을 가질 것.
2. 뚜렷한 목표와 계획을 세우고 끊임없이 실행하도록 할 것.
3. 부정적인 충고를 하는 사람에게는 무심할 것.
4. 계획이나 목표를 수행하는 데 있어서 그것을 격려해주는 사람들과 우호적인 관계를 맺도록 노력할 것.

이것이 카네기가 제시한 성공의 네 가지 원칙이다.

끈기와 인내심을 기르자

"집중력이 있어야 성공한다"

일이란 생계유지의 수단 이상의 것이다. 그것은 우리에게 멋진 삶을 제공해준다. ― 헨리 포드

발명왕 에디슨은 그의 일생 동안 보통 사람 10명 이상이 해낸 일보다 더 많은 일을 해냈다. 그가 현대 문명에 공헌한 업적은 실로 대단하다. 축음기, 전기 기관차, 마이크로폰, 활동사진, 전신 전화박스, 백열전구 등이 모두 그의 발명품이다.

그가 그토록 많은 공헌을 할 수 있었던 원동력은 무엇일까?

그가 천재였기 때문일까?

그가 기회를 잘 잡았기 때문일까?

그는 많은 노력을 기울였다. 그는 어떤 특별한 연구 과제를 놓고 결과가 만족스러울 때까지 혼신의 힘을 다 기울여서 전력투구하였다. 에디슨의 성공의 비결은 바로 '집중력'이었다.

그는 연구 과제를 결정하면 오로지 거기에만 몰두하였다. 다른 어떤 것에도 마음을 뺏기지 않고 오로지 그 일에만 전력투구하였다.

당신은 어떤가? 당신은 목표에 전심전력을 다하고 있는가? 그 일에 당신은 얼마나 집중하고 있는가?

"끈기와 소망을 잃지 말라"

매우 고되고 긴 여행을 끝내기 위해서 우리들에게 필요한 것은 한 번에 단
한 걸음씩 옮기는 것이다. 그러나 발걸음을 멈춰서는 절대로 안 된다.
— 지그 지글러

그는 8년간이나 여러 출판사에 글을 보냈지만 번번이 거절당했다. 8
년, 참으로 긴 세월이었다. 그러나 그는 결코 포기하지 않았다. 그 때마
다 자신의 글이 언젠가는 독자들에게 읽혀질 것이라는 소망을 불태웠다.

그는 해군 복무 당시 문서 담당관이었는데 제대한 후 작가가 되기 위
해 계속 노력해 왔다. 그러나 번번이 실패했다.

"의도는 매우 좋습니다."

출판사 편집장으로부터 온 거절의 편지에 실린 위로의 말이었다. 그 때
마다 그 젊은 작가는 입술을 깨물고 다시 글을 썼다.

그는 포기할 줄을 몰랐다. 마침내 그는 각고의 노력 끝에 그야말로 대
작을 완성하였다. 그 책이 바로 '뿌리'이다. 그렇다. 그는 수 년 동안의 인
내 끝에 금세기 최고의 걸작을 만들었으며, 많은 감동을 주는 작가가 되
었다. 그의 이름은 알렉스 헤일리이다.

바라는 것을 이루기 위해서는 끈기와 소망을 가지고 열심히 노력해야
한다. 끈기와 소망, 그리고 열심히 일하는 것, 매력이 없는 말이지만 당신
으로 하여금 비범한 인물이 되게 하는 필수적 요소이다.

"현재 위치에서 출발하라"

곤란은 나뿐만 아니라 남에게도 있었고, 그들은 그 곤란한 장벽에 굴하지
않고 힘차게 뚫고 나왔다는 것도 기억할 필요가 있다. — 노먼 V. 필

1960년 칼로스는 쿠바에서 가장 큰 은행에 근무하며 승진과 아름다운
미래를 바라보면서 벅찬 나날을 보내고 있었다. 그런데 어느 날 아침 출
근해 보니 모든 민간 은행들이 카스트로 공산당 치하로 들어가게 되었다.

그로부터 3주일 후 칼로스는 아내와 어린 자매를 데리고 낯선 땅 미
국으로 이주했다.

당시 그의 수중에는 42달러밖에 없었다. 그는 처음에 일을 구하지 못
해서 많은 어려움을 겪었다. 어느 은행에도 그가 일할 만한 자리는 없었
다. 할 수 없이 신발 공장 관리 사원으로 취직, 6개월을 일했다. 그로부터
얼마 후 그 공장과 거래하는 은행에 일자리를 구할 수 있게 되었다. 그리
고 그는 마침내 현재 미국에서 가장 성공한 은행원의 한 사람이 되었다.

쿠바에서 자유를 찾아 미국으로 망명한 한 쿠바인이 마이애미에서 가
장 큰 은행의 은행장이 된 것이다.

이는 출발점이야 어떻든 그곳에서 최선을 다할 때 성공할 수 있다는 증
거이다. 출발점이 중요한 것이 아니다. 중요한 것은 당신의 종착점이다.

"결심은 성공의 시작이다"

끝을 처음과 같이 하면 실패하는 일이 없다.

— 노자

패트리카 슬래글 여사는 5년 전, 그녀의 나이 50세가 되던 해에 일자리를 구했다. 다른 사람들은 정년퇴직할 나이에 그녀는 직장을 구했던 것이다.

그녀는 중년을 뉴욕의 시라쿠스 지방에서 보냈으나 생활이 매우 어려웠다. 피아노 교습으로 4형제를 키우며 살다가 결혼 생활이 파탄으로 끝나자 6년 동안 이것저것 닥치는 대로 일을 했다. 그러나 수입은 형편없었다.

한 친구가 그녀에게 금융계에서 일해 보라고 권유했지만 50세가 된 그녀를 어떤 직장에서도 받아 주려 하지 않았다.

면접을 하면서도 그녀는 스스로 자신을 타일렀다. "취직하기 위해서는 참아야 한다. 꼭 취직이 될 거야. 끝까지 찾아보자."고.

마침내 그녀는 보험 회사에 취직이 되었다. 그러나 낯선 직종에 적응하는 일이 그렇게 쉽지는 않았다. 그러나 그녀는 생활하기 위해 돈이 필요했고, 돈을 벌기 위해 열심히 일했다.

그녀는 자기에게 주어진 기회를 최대한으로 살리고자 열성과 끈기를 가지고 열심히 일을 했다. 현재, 그녀는 1년에 10만 달러 이상의 수입을 올리고 있다. 기회란 당신 손에 달려 있다.

August

5 Day

"준비하고 있는 자에게 기회가 온다"

자신이 하는 일에 신념을 갖지 않으면 안 된다. 그리고 누구나 자기가
하는 일이 좋다고 굳게 믿으면 힘이 생기는 법이다. ― 괴테

그의 아버지는 4남매를 남긴 채 세상을 떠났다. 그의 어머니는 그 때부터 사무실 청소원으로 일하면서 아버지가 하던 석탄 배달까지 떠맡았다. 또 고된 일과 중에도 가족들을 돌봐야 했다.

그녀의 아들 죠니는 피츠버그의 저스틴 고등학교의 미식축구 선수였다. 그런데 그의 소망인 노틀담 팀에 들어가지 못했다. 키가 작다는 것이 그 이유였다.

그래서 그는 어느 작은 대학의 팀에서 선수 생활을 해야 했다. 대학 졸업 후에는 피츠버그 댈러스 팀에 들어가고자 무척이나 애를 썼지만 결국 물거품이 되고 말았다.

그는 건축 공사장에서 일을 해가며 한 게임당 6달러씩 받는 아마추어 풋볼 팀에서 선수 생활을 했다. 그러나 그는 쿼터백의 꿈을 버리지 않고 축구 연맹에 가입한 모든 팀에게 편지를 썼다.

"저에게도 한 번 기회를 주십시오."

마침내 볼티모어 쿨츠 팀이 그에게 기회를 부여하였다. 그는 그 팀의 쿼터백이 되었다. 그리고 몇 번의 시즌을 통해서 최고의 쿼터백에게 수여하는 상을 받았고 그의 팀은 월드 챔피언 자리에 올랐다.

오늘 당신에게 부과된 특별한 과제에 대해 온 힘을 집중하여 꾸준히 노력하라.

234

"행동 단계를 작성한 다음 하나씩 실천하라"

결코 절망하지 말라! 절망한다면 남은 것은 자포자기밖에 없다.
— 에드먼트 버크

1975년, 회오리바람이 그녀의 집을 강타하는 동안 그녀는 9명의 자녀를 데리고 대피소에 대피하고 있었다. 악마의 바람이 한 바탕 휩쓸고 지나간 뒤 그녀는 폐허가 되다시피 한 집을 바라보면서 이렇게 말했다.

"우리는 이제 마음대로 어디로든지 갈 수 있구나. 이삿짐을 챙길 필요도 없게 되었어……."

그녀의 낙관적인 태도에 독자들은 놀랄 것이다. 그러나 그녀의 그런 낙관적인 태도 덕분에 9명의 자녀를 둔 42세의 가정주부가 저술 활동을 시작할 수 있었던 것이다.

그녀는 기회가 있을 때마다, 틈이 날 때마다 글을 썼다. 그녀의 작가 생활도 순탄치만은 않았다. 수많은 거절 딱지를 받았다. 그러나 그녀는 결코 포기하지 않았으며 마침내 한 작품이 10달러에 팔렸다. 그로부터 그녀의 저술 활동은 계속되어 1977년에 첫 단행본이 출판되었다.

또한 1982년부터는 〈맥콜〉지의 편집자로 일하게 되었다.

그녀는 최근에 〈더블데이〉지와 25만 달러라는 파격적인 가격으로 계약을 체결하였다. 그녀의 낙관적인 태도는 회오리바람도 어쩔 수가 없었던 것이다.

"마음속에 쌓아 놓은 한계를 무너뜨려라"

직접 노력하기 전까지는 자신이 무슨 일을 할 수 있는지를 결코 알 수가 없다. — 헨리 제임스

데이빗 하트만은 8세 때 장님이 되었다. 그의 꿈은 의사가 되는 것이었다. 그가 템플 대학 의학과에 입학하자 학교 당국에서는 다음과 같은 말을 하였다.

"단 한 사람도 맹인의 몸으로 의학부 전 과정을 이수한 사람은 없었습니다."

그러나 그는 의사가 되겠다는 의지를 굽히지 않았다. 그에게 제일 큰 장애는 의학 서적을 봐야만 한다는 사실이었다. 의학 분야에 맹인용 점자책이 없었던 것이다. 극소수의 맹인 학생을 위하여 여러 권의 의학책을 발간한다는 것은 불가능한 일이었다. 그래서 그는 맹인 점자 제작소에 의뢰하여 자신이 필요한 25권의 교재를 모두 점자책으로 만들었다. 마침내 데이빗 하트만은 27세의 맹인으로 의학부 전 과정을 마쳤다. 사상 처음의 학위 이수자였던 것이다.

당신의 목표가 너무나 하찮은 것은 아닌가, 혹은 당신의 생각이 부정적인 것은 아닌지 되돌아볼 필요가 있다.

어떤 삶을 살기를 원하는가? 그 꿈이 맹인인 데이빗 하트만이 의사가 되려는 꿈만큼이나 힘들고 장벽이 많은가? 그것과 비교해 볼 때 불가능한 꿈인가?

"끝까지 버텨야 한다"

그대가 열등감으로 주저앉는 동안 다른 사람은 시행착오를 거듭하며
점점 더 탁월해 간다. — 헨리 C. 링크

어떤 목표든 처음의 시도로 단번에 그 목표에 도달할 수는 없다. 또 아무리 뛰어난 명사수라 할지라도 단번에 과녁을 명중시킬 수는 없다. 사수는 과녁을 맞힐 가늠치를 맞추기 위해서 전방의 관측물들을 살필 것이며, 경험이 있는 사수라면 첫 발을 쏘아 본 다음, 풍향이나 풍압風壓을 알아보고 그 다음 발의 명중을 위해 가늠자를 맞추어 조정할 것이다. 무엇이든 한두 번의 시도로 성공을 한다는 것은 불가능하다.

조지아 주 아틀란타 출신의 스티브 브라운은 다음과 같이 말했다.

"할 만한 가치가 있는 일은 서툴더라도 계속해 나간다면 반드시 훌륭히 해낼 수가 있을 것이다."

모두가 단번에 유능한 선수나 의사가 되고, 훌륭한 연기자가 되어 아카데미 연기상을 수상할 수는 없다. 단번에 표적을 명중시키겠다는 생각을 버려라.

성공의 열쇠는 많은 실패에도 불구하고 불굴의 용기와 끈기를 갖고 매달리는 데 있다.

아무리 힘들지라도 먼저 시도하라. 실패로부터 배워라! 그러면 실제로 과녁을 명중시킬 기회가 더 많아질 것이다.

"실패에서 성공하는 법을 배운다"

불굴의 힘과 인내는 거의 모든 사람들에게 필요한 것이다.
― 데오도르 F. 머셀즈

당신의 운명은 스스로 지배해야 한다. 타인에게 자신의 운명을 맡겨서는 안 된다.

스스로 추구하는 것을 찾아내어 그것을 얻기 위하여 노력하라.

여기 자신의 인생을 자기 스스로 만들어 나가기 위해 필요한 몇 가지 조언을 해 본다.

첫째, 지금의 위치에서 체념하지 않는다. 한층 더 나은 것을 향해 나간다. 실패를 두려워하는 주저함을 버려야 한다.

둘째, 지금 하는 일에 정신을 집중시킨다. 손이 닿는 일이면 어느 것에나 최선을 다해야 한다. 오늘의 방법이, 오늘의 일이 내일의 열쇠가 된다는 것을 잊지 말라. 오늘 생각할 것, 오늘 행할 것, 이것이 내일의 위치를 결정짓는다.

세 번째, 자신의 힘과 능력을 정확히 평가해야 한다. 미래를 내다보기 전에 자신이 갖고 있는 힘을 충분히 알아야 한다. 자기의 일은 알고 있다고 모두들 말하지만 실제 자신의 능력을 제대로 파악하는 사람은 드물다.

우선 자신의 능력을 올바로 평가해야 한다.

이상의 세 가지 요소는 당신의 운명을 지배한다.

항상 음미하고 실천하기 바란다.

"자존심은 성공의 기반을 만든다"

너의 길을 걸어가라. 사람들이 무어라고 떠들든 내버려두어라.

— 단테

사람이란 일이 잘 되면 앞으로도 마냥 잘 될 것 같고, 무슨 일을 해도 성공할 것 같다. 이럴 때 기업들은 혁신적인 전망을 제시한다. 투자 유치도 한결 쉬워진다.

그러나 일이 한 번 안 되기 시작하면 모든 것이 안 풀릴 것 같고 기분이 처져버린다. 장기 침체된 경기가 회복되기 어렵고, 스포츠 팀이나 회사 등이 아무리 발버둥쳐도 계속된 슬럼프에서 헤어나지 못하는 것도 그 때문이다.

모든 개인이나 기업은 행운 또는 악운의 주기에 말려들 수 있다. 이때 일어서느냐 주저앉느냐는 대개 자신감에 달려 있다.

자신감은 기대치와 수행 결과, 투자의 성과를 잇는 연결고리이다.

자신감은 다양한 상황에서 전망을 제시해 주는 아주 익숙한 단어이다. 선수들의 자신감, 지도자에 대한 국민의 신뢰 등의 표현에 잘 녹아 있는 말이다.

"역경에 맞서서 나간다"

고통을 괴로워하지 말라. 고통과 고뇌는 우리의 육체를 유지하는 데
없어서는 안 될 조건이다. — 톨스토이

1972년 동경 올림픽 피겨 스케이팅 부문에서 동메달을 획득한 자네트
린은 1973년 여자 운동선수로서는 최고액인 145만 달러로 아이스 폴리
스 팀과 계약을 맺었다.

그러나 그녀는 호흡기 장애로 인해서 22세의 젊은 나이로 은퇴를 해
야만 했다. 29세가 되던 해에 그녀는 다시 팀에 복귀했다. 처음 빙판 위
에 서자 현기증으로 단 몇 분을 버티지 못했다. 그러나 그녀는 포기하지
않았다.

그녀는 체력을 회복하기 위한 치밀한 훈련 계획을 세웠다. 그리하여 마
침내 간단한 점프도 할 수 있게 되었고 점차적으로 더 높이, 더 복잡하게
세련된 점프를 하게 되었다.

다시 많은 관중들 앞에서 스케이팅을 할 수 있게 된 것이다. 그녀는 현
재 조스타버그 팀에서 활약하고 있다.

그녀는 포기할 수 있는 많은 이유를 가지고 있었음에도 불구하고 포
기하지 않았다.

"성공의 대가를 지불할 필요는 없다. 다만 성공으로 얻어진 유익을 마
음껏 누리기만 하면 된다."

당신 인생의 목표를 포기하지 말라.

"인내의 습성을 기른다"

사람이 사람답게 살 수 있는 힘은 오직 의지력에서 나온다. 물주걱이
있어야 물을 뜰 수 있다. 의지력이란 바로 그 물주걱인 것이다.
— 레오나르도 다 빈치

최근 한 연구 보고서에 의하면, 쉽게 포기하는 습관 역시도 학습에 의
해 습득된다고 한다.

당신의 포기도 습관화되었는가? 그렇다면 인내력과 결단력도 배우고
길들일 수 있을 것이다.

얼마 전 생물학자들과 심리학자들이 '인간의 사고방식이 일상생활에
미치는 영향'에 대하여 연구한 일이 있었다. 어느 대학의 과학자 팀은 실
험용 동물들이 포기하는 법을 배우게 된다는 사실을 알아내었다.

쥐를 손에 잡고 아무리 발버둥쳐도 못 빠져나갈 만큼 꽉 쥐고 있으면
쥐는 결국 상황이 불가능하다는 것을 알고 버둥거리는 걸 포기하고 만다.

그런 다음 그 쥐를 물 탱크 속에 집어넣으면 살려고 헤엄조차 치지 않
는다. 그 쥐는 포기하는 법을 배운 것이다.

인간도 쥐처럼 그런 습관을 선택할 수 있다. 반면 낙관론이나 희망을
선택할 수도 있다. 당신에게는 결코 포기하지 않는 습관을 기를 수 있는
능력이 있다. 그리고 의심과 두려움을 떨쳐버리고 앞으로 나아갈 수 있
는 능력도 있다.

"인스턴트 성공"

**당신의 원하는 바를 결정하라. 그리고 그것을 이루기 위해 당신이
기꺼이 바꿀 수 있는 것이 무엇인지를 결정하라. 그 다음에는 그 일들의
우선순위를 정하고 일에 착수하라.** — H. L. 린트

무려 9년 동안이나 자신의 책이 출판되고, 자신이 쓴 글이 잡지에 실리기를 기다린 사람이 있다.

바로 조지 버나드 쇼이다.

끈질긴 노력 끝에 그는 세계에서 가장 위대한 작가 중의 한 사람이 된 것이다.

성공 요소 중 무엇보다도 중요한 것은 인내이다. 오늘날 우리 사회는 모든 것이 다 인스턴트화 되어가고 있다. 인스턴트 음료, 인스턴트 식품과 각종 인스턴트 제품을 쉽게 이용하고 있다. 그리고 자연스럽게 이에 맞추어 '인스턴트 성공'을 바라게 되었다.

그러나 성공만은 그렇게 될 수가 없다. 다만 진정으로 성공을 원한다면 끈기를 개발해야 한다.

그러면 그 끈기는 어떻게 개발하는가?

그 비결은 간단하다. 자신이 가야 할 곳과, 왜 가야 하는지를 알고 부단히 실패를 딛고 일어서서 또 다시 시작하는 것이다. 버나드 쇼가 기나긴 9년의 세월을 기다릴 수 있었던 것은 그에게 뚜렷한 목표가 있었기 때문이다.

"결코 포기하지 말라"

인생에서 고난을 극복하고 성공을 향해 힘찬 발걸음을 내딛으며, 새로운 소망과 함께 그것을 성취하려고 애쓰는 것보다 더 고상한 즐거움은 없다.

— 사무엘 존슨

이 세상에서 희망이 전혀 없는 상황이란 있을 수 없다. 다만 사람들이 절망을 느껴 희망을 포기할 따름이다.

캐빈 폴란드가 태어났을 때 의사는 그의 부모에게 "앞으로 24시간을 넘기지 못할 겁니다."라는 절망적인 선언을 하였다.

그로부터 한 달이 지나자 의사는 또 "한 살을 넘기지 못할 거예요."라고 말하였다.

그는 소년 시절에도 '단념하라', '포기하라'는 말을 수없이 들었다. 그러나 차츰 부모와 그의 입에서는 단념한다, 포기한다는 말이 사라져 갔다.

캐빈은 12세 때에도 기저귀를 차야만 했고 그의 등 뒤에는 스테인레스 보조대를 대어 그것에 의지하고 다녀야만 했다. 그러나 그에게는 훌륭하고 사랑이 넘치는 부모가 있었다.

17세 때부터는 휠체어를 타고 돌아다닐 수 있게 되었다. 최근에는 그를 위해 특별한 장치를 부착한 1979년형 밴 자동차를 타고 운전면허 시험에 합격했다. 그는 그에게 '포기하라'고 했던 사람들을 무색케 했다.

"포기하지 않는 자가 승리자이다."

"건강을 위해서 운동하라"

영혼을 위해 기도하듯이 육체를 위해 운동을 하라.
― 지그 지글러

"강의와 저술로 그렇게 바쁜 생활을 하면서 조깅을 할 시간이 있습니까?"

이것은 지글러가 많은 사람들로부터 자주 받는 질문이다. 사실 지글러는 조깅을 할 시간이 없을 정도로 무척 바쁘다. 그렇지만 매일 적어도 25분씩 1주일 계속 조깅을 하고 나면 신기할 정도로 몸에 원기가 솟는다.

그리고 매일 25분간의 조깅으로 2시간 이상의 더 생산적인 일을 할 수 있게 되는 것이다. 그는 해야 할 일들이 굉장히 많지만 그것을 기쁘게 생각하며, 많은 일을 해 내기 위해서 25분씩을 투자하고 있다.

퍼튜 대학교에서 4년간에 걸쳐 연구한 어느 보고서에 의하면 실제로 조깅을 한 사람이 지출한 의료비가 조깅을 하지 않은 사람보다 훨씬 적을 뿐만 아니라, 남녀 모두 운동을 함으로써 정서적으로 더 건강하며 긴장감이 적다는 것이다. 또한 운동 후에는 항상 최고의 창의력이 발휘되며 신체의 활동도 강화된다는 사실을 기억해 두어야 한다.

"당신의 일에 마음을 쏟아라"

천재란 단지 계속적인 노력을 하고 있을 뿐이다.

— 노먼 v. 필

보스턴 출신의 피아니스트이며 젊은 작곡가인 헨리 암스트롱은 오랫동안 그의 머릿속에 흐르고 있던 곡을 하나 만들었다. 그 곡은 아름다운 멜로디로 가득 채워져 있었다.

그는 7년 동안이나 뉴욕에 있는 음악 출판사에 그의 곡들을 보냈지만 모두 퇴짜를 맞았다. 그러던 어느 날, 시내를 거닐다가 유명한 이탈리아 가수 아들리느 패티의 공연을 알리는 포스터를 보게 되었다.

순간적으로 그는 그의 노래에 아들리느라는 이름을 넣어 보기로 했다. 긴 노래 제목을 줄여서 간단하게 〈사랑스런 아들리느〉로 고쳤다. 그리하여 그 곡은 암스트롱의 가장 유명한 4부 발라드 곡이 되었다.

이 단순한 교훈을 통해서 우리는 조그마한 변화로도 상황이 극적으로 바뀔 수 있다는 사실을 알 수 있다. 그리고 또 한 가지 무엇보다 중요한 것이 있다.

"침착하라! 항상 당신의 일에 마음을 쏟아라. 그리하면 분명히 성공할 것이다."

"자신을 강하게 훈련시킨다"

자기 스스로를 통제할 줄 알고, 감정과 욕구와 두려움을 다스릴 줄 아는
자는 왕보다 더한 존재이다. ― 로버트 슐러

삶은 결코 수월하지 않다. 산다는 것이 쉽다고 생각해서는 안 된다.

그러나 우리가 그 삶에 최선을 다하기만 한다면 산다는 것만큼 쉬운
일도 아마 없을 것이다.

"삶이란 즐겁고 흥미로우며 보람된 것이다."

뉴욕 시 행정 연구원 스튜어트 배더가 조사한 바에 의하면 유능한 리
더는 자신의 후계자상을 말할 때 무엇보다도 '자기훈련'을 든다고 한다.
150개 주요 회사들의 중역 중 80%가 "자기훈련이 필요하다."고 말했던
것이다.

실제 어떤 일을 끈기있게 추진해 나가기 위해서는 자기를 연마할 수 있
는 의지와 능력이 가장 중요하다. 당신이 자신을 스스로 강인하게 만들
수 있을 때에야 비로소 삶이 수월하게 느껴질 것이다.

그리고 자신을 강인하게 훈련시킬 때 기회의 문도 더욱 넓게 열려질 것
이다.

"온 마음으로 일하라"

오늘 회피한다고 해서 내일 그 일에 대한 책임을 피할 수는 없는 것이다.

— 아브라함 링컨

어느 소년이 친구들과 함께 시냇가에서 졸고 있었다. 그의 친구들은 시냇가의 나무에 올라가서 다이빙을 하며 재주를 마음껏 자랑해 보였다.

그러나 그 소년은 다이빙을 하지 못해 그들이 뽐내는 묘기를 바라보기만 하고 있었다.

전신 운동인 이 다이빙의 원리는 거의 모든 삶의 영역에 적용된다. 마음에 내키지 않아 억지로 하는 일은 매우 어렵다. 일을 시작하여 조금 하다가 그만두거나 또는 그 일에 대해 떠벌리기만 하며 일의 주변만 빙빙 돌게 된다. 그 결과는 보나마나 뻔하다.

성공과 행복이란 게임에서는 그 결과가 항상 흑백 논리와 같다. 성공이 아니면 실패인 것이다. 오직 전심전력을 다해 일하는 것이 성공을 위한 열쇠이다. 다이빙처럼 전신으로 뛰어들어야 하는 것이다.

성공과 실패의 차이는 마지못해 하느냐 열심히 노력하느냐의 차이일 뿐이다.

"승패는 약간의 차이에서"

행운이란 기회를 포착하는 감각이며, 그것을 활용해 유익을 취할 줄 아는 능력이다. — 지그 지글러

몇 년 전 티 콥은 경기를 마치고 나서 야구장 출입 기자들로부터 "왜 1루에만 나가면 그렇게 신경질적이 되는가?"라는 질문을 받았다. 그는 이렇게 대답했다.

"나는 결코 신경질을 부린 일이 없습니다."

기자는 또 물었다.

"당신이 1루에 나갔을 때는 항상 투수가 투구를 하기 전까지 베이스를 계속해서 발로 차던데 신경질을 부리는 것이 아닙니까?"

티 콥은 기자를 보고 웃으면서 이렇게 말했다.

"제가 설명해 드리지요. 나는 1루에 나갔을 때 분명히 신경질을 부리지 않아요. 선수 생활 초기에 발견한 사실이지만 1루 베이스에서 베이스를 여러 번 툭툭 차면 2루 쪽으로 5㎝ 정도는 충분히 움직이게 되죠. 그렇게 되면 2루까지 도루하기가 훨씬 수월해집니다."

어떻게 티 콥이 거의 반세기 동안 최대의 도루 주자로 군림했는지를 이해할 수 있을 것이다. 그렇다! 이 같은 사소한 차이가 야구에서 뿐만 아니라 인생에서도 커다란 차이를 만든다.

"최선의 능력을 발휘할 때"

커다란 성과는 조그마한 가치 있는 것들이 모아져 이룩되는 것이다. 살찐
성과를 얻으려면 한 걸음 한 걸음이 충실하고 힘차지 않으면 안 된다.

— 단테

에드윈 밀러의 저서 〈인적 자원의 경영〉에 의하면 창조적인 활동이 가장
저조한 때는 21세이고, 50세 이상에서 창조적 활동은 상승된다고 한다.

이것은 우리가 일반적으로 생각하고 있던 관념, 즉 50세가 되면 창조
능력이 떨어지리라는 사고방식과 판이하게 다르다.

예를 들어서 세일즈맨의 경우 최고의 판매 실적을 올릴 때가 바로 55
세라는 것이다.

나이가 든 판매원일수록 경력이 풍부하므로 세일즈에 능력을 발휘한
다는 것이다.

경영자라면 이러한 경험을 살 줄 알아야 한다. 혹시 독자 중에 50세
이상의 사람이 있다면 당신 앞에도 가장 창조적인 활동 시기가 기다리고
있음을 깨닫고 현직에 최선을 다해야 한다. 나이에 관계없이 바로 지금
이 당신의 인생을 보다 값있게 보낼 수 있는 때라고 여기며 현재 일에 최
선을 다해야 한다.

무엇인가 최선의 것을 이룰 때는 이제부터 시작되고 있음을 기억하라.

"자각은 성공의 출발점이다"

인간의 참된 인격은 남에게 보여지지 않을 때 하는 행동에 의해 나타난다.
— 지그 지글러

오우티스 2세의 저서 〈승리자의 여유〉에는 승리와 패배의 차이점이 여러 가지로 묘사되어 있다. 그 중에서 우리에게 참으로 중요한 교훈이 한 가지 있다.

"승리자가 되기 위해 요구되는 특징이 있다. 그 특징을 한마디로 표현한다면 그것은 자각이다."

유명한 프로 축구 선수인 단 디어도르즈도 이 말에 동의했다.

"자기 자신을 알아야 한다는 말에 저도 동의합니다. 그래야만 다른 선수들을 두려워하지 않고 제 기술을 옳게 사용할 수 있어 거침없이 앞으로 돌진해 나갈 수 있습니다."

로저 수도배취도 이렇게 말했다.

"어떤 일을 할 때든 좋은 태도를 만드는 것은 준비의 결과에서 생기는 자신감입니다."

"결승 마지막 2분 전에 갖게 되는 자신감은 매분, 매주, 매달, 그리고 매년 꾸준히 피나는 연습을 한 결과로 생기는 것입니다."

이것은 운동 경기에서 뿐만 아니라 사업과 개인적인 생활에도 적용될 수 있다.

그것을 어떻게 적용하느냐, 얼마나 깊게 적용하느냐에 따라서 당신도 위대한 승리자가 될 수 있을 것이다.

"목표를 향해 계속 나아가라"

실패는 때때로 인내의 결핍으로 인해 발생된다.

— 지그 지글러

판매나 행복한 가정생활에서나 인내는 성공의 핵심 요소이다.

세일즈맨은 상품을 판매할 때까지 인내해야 하며, 축구 경기에서 이기기 위해서는 90분이 다 되어 종이 울릴 때까지 쉬지 않고 뛰어야 한다.

프랑스의 유명한 작가인 스탕달은 이렇게 말했다.

"당신의 목적을 성취하려면 목표 달성을 위한 시도를 계속해야 한다."

다비라는 사람은 금광에 미쳐 있었다. 그러던 어느 날 빛나는 황금맥을 발견했다. 그 소식을 들은 많은 사람들이 돈을 투자했고, 그는 채굴기를 사가지고 금광으로 들어갔다. 금은 자꾸만 쏟아져 나왔다. 그런데 어느 날 금맥이 끊어지더니 흙덩이만 나왔다. 채굴을 단념한 그는 채굴기를 고철상에 팔아치우고 고향으로 가 버렸다.

그런데 다비로부터 채굴기를 산 고철상의 주인은 좋은 금맥이 그처럼 허망하게 사라진 것에 의아해하며 광산 기사를 초빙하여 다시 조사해 본 결과 금맥은 다비가 포기했던 바로 그 지점에서 1m도 안 되는 곳에서 다시 시작되고 있었다. 고철상은 그 광산에서 나온 금으로 거부가 되었다.

다비가 좌절의 순간에 좀더 인내를 갖고 새로운 시도를 계속했다면 그는 분명 성공한 사람이 되었을 것이다. 목표를 향해 인내하며 꾸준히 나아가라. 승리의 면류관은 당신의 것이 될 것이다.

"자신을 높은 값으로 팔아라"

이 세상 최고의 파산자는 열정을 상실한 사람이다. 이 세상 모든 것을
상실하고도 열정만 상실하지 않는다면 그는 다시 성공에 이를 수가 있다.
— H. W. 아놀드

엄밀히 따진다면 우리 모두 판매인이다. 꼭 어떤 특정한 물건이 아니
라도 끊임없이 자신의 생각이나 새로운 아이디어를 팔기 위해 우리 모두
노력한다.

직업적인 세일즈맨은 고객에게 물건을 권할 때 세 번 정도의 설명으로
판매가 이루어진다고 한다. 자신을 팔려고 할 때는 다음의 세 가지 원리
를 명심해야 한다.

첫째, 사전 준비를 하자. 당신의 사장이 될 사람이나 희망 직종에 대해
서 가능한 한 많은 정보를 알아두어야 한다.

두 번째, 의문을 갖고 질문을 하라. 무엇에나 관심을 갖고 의문을 풀어
가는 태도는 어느 분야에서나 바람직하다.

세 번째, 열정을 간직하라. 열정이란 영어로 'Enthusiasm'인데, 맨 마
지막 4글자는 '나는 자신을 팔았다.(I Am Sold Myself)'의 첫 글자로 이루
어져 있다.

위의 세 가지 원리를 잊지 않으면 당신 자신을 성공적으로 판매할 수
있을 것이다.

"성공한 사람은 목표를 안다"

비교는 잔혹한 여교사와 같다. 그러나 사실은 최선의 교사이다.
— 스마일트

성공한 사람들의 결정 방법을 살펴보자. 그들을 자세히 살펴보면 실패한 사람들과는 다른 무엇을 발견하게 된다. 즉 그들에게는 목표가 있었다.

경험에 의해 어디로 갈 것인가를 알면 오차가 없다는 당연한 사실이 몸에 배어 있는 것이다.

성공한 사람은 목표를 놓치는 일이 없다. 머릿속에 목표가 깊이 심어져 있는 것이다. 그러므로 중요한 일을 결정할 때 "목표에 가능한 한 빨리 도착하려면 어떻게 해야 하는가?"하고 스스로에게 자문하는 것만으로는 부족하다.

행선지만 안다면 실로 빠르고 또 정확하게 판단을 내릴 수 있다. 당신이 마음 속 깊이 소망하고 있는 바, 옳건 그르건 그것을 얻으려고 마음을 부수는 것, 즉 목표를 조리있게 설명하는 일이 선결 문제인 것이다.

"끈기의 커다란 힘"

고뇌가 이 세상에서의 가장 큰 악이라고 생각하고 있는 사람은 용감하지 못하다. 만족 속에 가장 높은 행복을 느끼는 사람이 절제할 수 없는 것과 같다. ― 키케로

페니 허스트는 1915년 작가의 꿈을 안고 뉴욕으로 왔다. 넉 달 동안이나 뉴욕의 뒷골목을 답사하여 소재를 모아 작품을 썼다. 매일 판에 박은 듯이 낮에는 일을 하고 밤에는 펜을 잡았다. 희망이 꺼져갈 즈음에도 그녀는 자포자기하지 않았다.

〈새터데이 이브닝 포스트〉지는 그녀의 작품을 36회나 거절했으나 그녀는 마침내 그 벽을 뚫고 말았다. 보통 이렇게 거절당하면 붓을 꺾고 말겠지만 그녀는 4년 동안이나 출판사를 끈기 있게 찾아다녔다.

거절당할 때마다 그녀는 반드시 승리하고야 만다는 결의를 굳게 다졌다.

결국 보람의 날이 왔다. 보이지 않는 손이 그녀를 테스트했는지도 모르겠지만 아무튼 찬스를 잡고야 말았다. 그러자 이번에는 출판사 쪽에서 그녀의 아파트 문을 두드리게 되었다. 돈이 쏟아져 들어왔다.

끈기는 이처럼 중요하다.

허스트, 그녀에게만 중요한 것이 아니다.

당신도 끈기가 있으면 성공할 수 있다.

"끈기는 발전시킬 수 있다"

이상은 영원을 향한 끊임없는 갈망이며 신을 향한 동경이다. 우리들이
가진 것 중에 가장 고귀한 것이다. ― 폰 슐레겔

끈기란 마음의 상태이다. 따라서 그것은 발전시킬 수 있다. 모든 우리의 마음과 마찬가지로 끈기는 몇 가지 확고한 기반에 의하여 밑받침되어 있다.

첫 번째, 목적이 명확해야 한다. 우선 자기가 무엇을 희구하고 있는가를 알아야 한다. 그것이 끈기를 키우는 가장 중요한 요소인 것이다.

두 번째, 욕망이 있어야 한다. 목표를 향한 욕망이 강할수록 끈기를 발휘하는 일도 비교적 용이해진다.

세 번째, 자신을 신뢰해야 한다. 계획을 수행할 수 있다는 자신만 있다면 끈기를 가지고 계획대로 해낼 수가 있다.

네 번째, 의지력이 있어야 한다. 명확한 목적 달성을 향한 의지력이 있어야 하는 것이다.

다섯 번째, 습관이다. 끈기는 습관의 직접적인 결과이다. 정신집중이 일상의 경험에 의하여 인생의 일부가 되면 훌륭한 습관이 형성되는 것이다.

이상의 다섯 가지 요소가 구비되면 누구든지 끈기를 발전시켜 나갈 수 있다.

"끈기를 기르는 4단계"

목적이 멀면 멀수록 더욱더 앞으로 나아가야 한다. 성급히 행동하지 말라.
— 마치니

끈기를 습관화시켜 몸에 배도록 하자. 그러려면 대략 4가지의 단계를 밟아야 한다.

그 어느 단계도 지식이 풍부해야 한다거나 높은 교육을 받아야 하는 것은 아니다.

누구든지 노력만 따르면 가능하다.

첫 번째, 명확하고 구체적인 목표를 가지고 그 목표 달성을 위해 불타는 욕망을 품어야 한다.

두 번째, 뚜렷하고 구체적인 계획을 세우고 끊임없이 실천에 옮겨야 한다.

세 번째, 소극적이며 용기를 꺾는 그런 일에 대해서는 굳게 마음 문을 닫고 돌아보지 말아야 한다. 물론 여기에는 친구들이나 혈족의 반대나 충고도 포함되어 있다.

네 번째, 계획이나 목표를 수행하는 데 있어서 격려를 해 주는 사람들과 우호적인 인간관계를 가져야 한다.

이상의 4가지 단계를 착실하게 밟아 올라감으로써 당신은 성공한 사람의 대열에 설 수 있다.

그러나 각 단계마다 시련과 유혹, 그리고 장애가 따른다는 것을 명심하라.

"스스로 돌파구를 만든다"

사람은 누구나 자기 혼자의 생애를 살고 자기 혼자의 죽음을 맞는 법이다.
— 야콥센

미국의 대공황 시절, 코미디언 필즈는 거의 빈털터리가 되고 말았다. 게다가 일거리도 없었다. 모두 생존에 급급할 뿐 돈을 내고 웃음을 사려는 사람들이 드물었던 것이다. 그리고 그의 나이 역시도 60이 넘어 코미디언으로서는 과거의 사람으로 여겨지고 있었다. 그는 할 수 없이 영화계로 진출하려 하였다.

그런데 설상가상으로 몸에 병이 생겼다. 보통 사람이라면 여기서 모든 것을 단념하고 은퇴했으리라. 그러나 필즈는 끈기가 있었다. 그는 그럭저럭 버티어 나가면 언젠가 돌파구가 발견되리라고 믿었으며, 돌파구는 드디어 발견되었다. 그것은 결코 우연히 발견된 것은 아니었다.

또 마리 드레슬러도 일자리를 잃었을 때 이미 60의 노인이었다. 그럼에도 그녀는 돌파구를 발견하고야 말았다. 그녀의 끈기가 말년에 이르러 승리를 가져다 준 것이었다. 성공의 야망 따위는 포기하고 말 나이였으나 그녀는 오히려 꽃을 피웠던 것이다.

누구나 돌파구는 스스로 찾아서 열어 나가는 수밖에 없다. 그러므로 거기에는 끈기가 반드시 필요하다. 그리고 그것을 찾는 출발점의 발판이 되는 것이 뚜렷한 목적이다.

"정상을 향한 길로"

인생에서 모든 고난이 자취를 감추었을 때를 생각해 보라! 참으로 을씨년 스럽기 짝이 없지 않은가? — 니체

정상을 향한 길은 고난의 길임과 동시에 악전고투의 길이다. 또한 피눈물나는 칠전팔기의 길임과 동시에 가장 자랑스러운 승리의 길이기도 하다.

무슨 일에서나 정상에 도달하려면 뼈를 깎는, 눈물겨운 노력이 있어야 하며 몇 번씩 넘어져도 다시 일어나는 끈기가 있어야 한다.

기어이 정상에 도달하겠다는 집념과 전력투구하는 정신이 있어야 한다.

어느 세일즈맨의 성공담을 들어보자.

그는 한 고객을 찾아가서 상품을 설명했다. 그러나 그 고객은 깨끗이 거절했다. 그러면 그는 며칠 후 또 찾아간다. 또 거절을 당한다. 그러면 그는 "그래, 기어이 그에게 팔고야 말겠다."고 다짐하고 또 찾아간다. 그래도 거절을 당하면 며칠 있다가 다시 찾아간다. 결국 그는 그의 결심대로 성공하고야 만다.

그에게는 신념이 있었고 끈기가 있었다.

이것은 비단 세일즈맨에게만 해당되는 얘기가 아니다. 정상을 향해 가는 사람은 누구나 이런 끈기가 있어야 한다. 또한 신념이 있어야 한다.

신념과 끈기는 불가능을 가능으로 바꾼다. 무에서 유를 창조한다.

"자존심에 속박당하지 말라"

최후의 승리는 출발점에서 멀어지는 것이 아니다. 결승점에 이르기까지의
과정과 노력이다. — 워너메이커

"자존심과 실천력은 같은 그릇에 들어 있다. 자존심이 강하면 그만큼
실천력이 적어진다."

이것은 일본의 속담이다. 자존심과 실천력은 반비례하며, 자존심이 강
한 사람은 실천력이 결여되어 있고, 이와 반대로 실천력이 있는 사람일수
록 자존심에 구애받지 않는다는 것이다.

참으로 씹어 볼 만한 말이다. 틀림없이 실천력이 있는 사람은 부끄러움
이나 남의 이목 따위에 집착하지 않으며, 목적 달성을 위해서는 자존심 같
은 것은 주저없이 내버린다.

볼테르는 "형편없이 큰 자존심은 보잘것없는 인색한 인간이 갖고 있
다."라고 말했다. 겁이 많고 무기력하며 무능한 인간일수록 체면이나 소
문에 구애를 받는 것이다.

"허세를 부리지 말고 우산을 펴라."는 일본 속담이 있다. 정말 옳은 말
이다. 자존심에 집착하여 구속받다 보면 실천력은 위축될 뿐이다.

당신도 자존심 같은 것은 집어던지고 실천력을 배양하라. 그래야만 성
공할 수 있다.

오늘 하루 자존심을 내세워 실천하지 못한 일은 없는지 반성해 보자.

"끊임없는 도전은 우리를 강하게 한다"

행동으로 옮겨지지 않는 생각은 아무것도 아니며, 생각에서 비롯되지 않은 행동 역시 아무것도 아니다. ― G. 베르나노스

인생은 넘어야만 하는 높은 산이다. 인생이라는 산이 "어서 도전해 봐!"라고 말하며 우리에게 손짓하고 있다. 삶을 의미 있고 가치 있게, 그리고 멋지게 살아가려면 잠들어 있는 도전 의지를 깨워야 한다.

월리엄 제임스는 다음과 같이 말했다.

"용사의 기분을 맛보고 싶다면 있는 기력을 다해 용사답게 행동하라. 그러면 용기가 넘쳐나 두려운 감정이 가만히 있을 수 없는 기분으로 대치될 것이다."

이것은 행동이 그 사람의 기분도 바꿀 수 있다는 말이다. 두려움 때문에 도전하지 못하던 일이 있다면 용기를 가지고 도전해 보자. 사람은 정신력과 열정을 제대로 쏟을 때 자신도 놀랄 정도로 경이로운 힘을 발휘한다.

열정적인 삶은 도전이 있는 삶을 말한다. 용기를 내어 한 번만 더 도전하는 것이다. 도전하면 할수록 강하고 담대하게 될 것이다. 열심히 운동하면 건강하고 탄탄한 몸이 만들어지는 것처럼, 끊임없는 도전이 정신을 건강하고 강하게 만들어준다.

9 September 〈실천력〉

실천력을 기르자

"성공한 사람은 실천력이 있다"

곤란은 나뿐 아니라 남에게도 있었고, 그들은 다만 곤란의 장벽을
이겼다는 것을 기억할 필요가 있다.

— 노먼 V. 필

오늘날과 같이 행동력이 요구되는 시대도 드물다. 현대는 무엇보다도
실천력을 요구하고 있다. 실천력이야말로 성공의 필요조건이다.

실제로 성공한 사람은 예외 없이 실천한 사람이다. 지극히 단순한 논
리이지만 이는 과거나 현재나 마찬가지다. 위대한 성공을 한 사람들은 뛰
어난 실천력을 가지고 있으며, 나폴레옹이나 시저가 사람들 위에 서게 된
것도 실천력이 남달리 뛰어났기 때문이다.

일본의 토요토미 히데요시, 도쿠카와 이에야스 등도 실천력으로 뭉쳐
진 사람들이다.

세계적인 위스키를 만들어낸 토리 신타로도 그 중 한 사람으로 와인으
로 성공하자 이것을 바탕으로 위스키 제조를 시작했다. 그것은 대단한 모
험이었다. 당시 위스키는 영국이나 스코틀랜드 등 유럽에서만 만들 수 있
는 것으로 생각되었기 때문이다. 그래서 회사의 중역들은 반대했다. 그러
나 토리는 세계의 산토리로서의 제일보를 내딛고야 만다.

카네기나 록펠러 같은 이들에게도 실천력이 성공의 요인으로 작용했다.

실천력이 얼마나 중요한가는 이 정도의 실례만으로도 충분히 알 수 있
을 것이다.

"박차고 일어나는 용기를"

남보다 뛰어나려면 아직 남이 손대지 못한 일을 시작할 수 있어야 한다.
— 동양 금언

실천력이 뛰어난 사람들에게는 한 가지 공통적인 요소가 있다.

그 첫 번째는 박차고 일어서는 결단력의 용기이다.

미국의 유명한 장군이 이런 말을 했다.

"전의戰意가 솟아나지 않으면 싸워라. 적을 벨 용기가 안 날 때는 적을 향해 우선 총을 쏘고 보라."

이는 실천력을 가장 함축성 있게 표현한 말이다. '먼저 하고 보는 것', 이것이 바로 실천력을 기르는 가장 좋은 방법이다.

로스앤젤레스 시에 한 활동적이고 유능한 부인이 있었다. 지역사회를 위해서 많은 활동을 하는 부인이다.

그녀는 한때 요양 생활을 한 일이 있었다. 먹어야만 하는데, 입맛이 당기지 않았던 것이다. 그러나 그녀는 먹기로 했다. 먹기 싫어도 입에 넣고 계속 씹었고 뱃속으로 삼켜 넣었다. 그것이 도움이 되었다.

그녀는 죽을병과의 싸움에서 하나의 신념을 얻었다.

"먹으면 먹고 싶어진다. 하면 하고 싶어진다. 중요한 것은 먼저 하는 것이다."

실천력은 천부적으로 타고나는 것이 아니다. 첫째, 과감하게 해보려는 마음을 갖고 둘째 '하는'것에 의해 실천력은 발휘되는 것이다.

"오늘 하루에 충실하라"

성공은 결과이지 목적이 아니다

— 플로베르

실천력을 가진 사람들의 공통점 한 가지를 들어보자. 바로 "오늘 하루를 충실하게 지낸다."는 것이다.

오늘 하루에 충실하지 않으면서 실천력이 생길 리가 없다. 우리에게 주어진 하루를 충실하게 사는 것이 곧 실천력을 갖는 비결이다. 인생 승패의 갈림길은 오늘 하루에 있다. 인생은 오늘 처음 시작되는 경주는 아니다. 그러나 최후로 최선을 다해야 하는 경주이다. 오늘 하루가 당신의 최후의 하루인 것처럼 선善을 찾으며, 그 순간에 만나는 모든 것을 쫓아가며 살아야 한다.

미국의 저명한 자기 관리 철학자 노먼 V. 필 박사는 이렇게 말했다.

"성공하는 가장 확실한 방법은 당신의 최고의 순간을 오늘 하루에 집결시키는 것이다. 인생이란 긴 여정도 하루하루로 쌓여져 있다. 인생은 작은 기쁨들로 이루어진다. 큰 성공은 쉽게 이루어지지 않는다. 큰 것은 별의미가 없다. 하루하루 충실하게 이루어지는 성공이 참으로 위대한 성공이다."

진정한 승리자는 그들의 총체적인 인격을 오늘 하루라는 도면에 그린다. 그들은 자신을 찾아내는 법을 배운다. 그들은 시간을 아는 것을 배우고, 그래서 과거로부터 교훈을 얻고 가까운 미래를 설계하며 가능한 한 오늘 하루에 충실한다. 이것이 바로 실천력을 배양하는 길임을 그들은 안다.

"실천력만이 믿을 수 있는 희망이다"

오늘 할 수 있는 일, 해야 할 일을 하는 것이 오늘의 과제이다.

— 그로위트

시저나 나폴레옹, 혹은 카네기, 포드 같은 위인들에게는 실천력 외에도 여러 가지 뛰어난 역량이 있었다. 기획력, 통솔력, 발상력에 있어서도 뛰어났으며, 앞을 내다보는 선견력, 결단력도 뛰어났다. 그들의 위업에는 이 같은 여러 가지 성공의 요인이 서로 상승 작용을 했다. 확실히 단순한 실천력만의 문제는 아니다.

그러나 발상력이라든지 통솔력, 선견력 같은 것은 훈련이나 자기개발로 손쉽게 얻을 수 있는 것이 아니다. 천부적인 자질이 영향을 미치기 때문이다.

거기에 비하면 실천력은 후천적인 요소가 강하며 또한 실천력은 그렇게 힘든 것도 아니다. 하고자 하는 마음만 있으면 누구나 할 수 있으며, 보통 사람이 성공할 수 있는 가장 핵심적인 요소가 된다.

미국을 대표하는 산업 자본가로 성장한 앤드류 카네기에게도 천재적인 재능은 한 조각도 없었다. 다만 근면했을 뿐이었는데 그런 그의 성공의 요인은 실천력이 있었기 때문이다.

바로 그런 점에서 카네기는 "보통 사람이 성공하는 데는 근면과 실천력밖에는 없다."고 말했다. 실제로 실천력만이 성공의 유일한 열쇠인 것이다.

"필요하면 실천력도 생긴다"

청년을 위해 간직해 둔 운명의 사전에는 '실패'라는 말이 없다.
— E. B. 리튼

"나는 실천력이 없다."고 탄식하는 사람이 있다.

이 실천력의 부족에는 여러 가지 이유가 있다. 무기력하고 소극적인 사고, 모든 것을 귀찮아하는 성격, 끈기의 부족 등과 같은 성격적인 것에서부터 목표에 비해 모자라는 능력, 방법의 잘못 등이 그것이다.

그러나 기본적으로 다음의 세 가지 점을 지적할 수 있다.

첫째는 필요성의 자각이 부족한 것이다. 원래 인간은 강렬한 목적의식을 갖고, 사물의 필요성을 자각하면 아무리 괴롭고 곤란한 일이라도 해치울 수 있다. 반대로 필요성을 자각하지 못하면 실천을 할 수가 없다.

"금년에는 꼭 일기를 쓰겠다."고 결심한다. 그러나 며칠이 못 가서 흐지부지되고 만다. 이처럼 실천력은 필요성의 자각에 깊이 관계되는 문제이다.

실천력이 결핍되면 비관하기도 쉽다. 지금 자기가 하고 있는 일 속에서 그 필요성을 발견하는 것이 중요하다.

실천력 결핍의 두 번째 이유는 '실패에 대한 공포감'이다.

실패하면 어떻게 하지, 나의 무기력함이 폭로되어 모든 사람에게 조소의 대상이 되는 것은 아닌가 하고 생각하기 시작하면 아무것도 할 수 없게 된다.

"실패는 일종의 비료이다"

행운이 재산을 주는 자에게는 걱정도 또한 준다.

— 페릭스 바이제

실패를 두려워하면 실천력이 떨어지게 마련이다. 실패를 두려워하지 않아야 과감하게 도전할 수 있다.

실패하면 어떻게 하지, 결국 지금 가진 것조차 잃게 되는 것은 아닌가 하고 걱정을 하기 시작하면 아무것도 할 수 없게 된다.

실패가 두렵고, 지는 것이 무서워서 싸움을 피하다간 당신의 인생은 뒷걸음질만 하게 된다. 대체로 성공한 사람이란 실패를 하지 않은 사람이 아니라 역으로 수많은 실패를 경험하고, 자기가 걸려 넘어진 그 실패를 도약의 디딤돌로 삼은 사람들이다.

실패한 사람은 같은 실패를 두 번 되풀이하지 않는다. 한 번 고통을 당했으니 전철을 밟지 않는다. 그런 의미에서 실패자는 안전하다. 발에 걸려 쓰러지게 한 그 돌을 도약을 위한 발판으로 삼을 수 있으므로 실패의 경험이 없는 자보다 유리하며 성공의 확률이 높아지는 것이다.

성공한 사람은 모두가 실패의 경험을 가지고 있다. 역으로 말하면 실패가 없는 인간은 성공하기가 어렵다. 따라서 될 수 있으면 젊었을 때 실패의 경험을 갖는 것도 좋은 일이다.

그런 마음가짐으로 실천하면 실천력이 생기며, 무엇을 하든 못할 일이 없다.

"남의 눈이나 입에서 자기를 해방시켜라"

성공하려면 마음의 평화, 그리고 자존심까지도 포기해야 할 것이다.
— 힐티

에디슨에게 이런 우화가 있다.

어느 날, 삼중고三重苦에 있는 헬렌 켈러가 집으로 찾아왔다. 에디슨은 헬렌 켈러에게 이렇게 말했다.

"귀가 들리지 않는 것은 좋은 일이요. 이를테면 높은 성벽을 주위에 둘러쌓은 것과 같아서 누구에게도 방해를 받지 않고 자기만의 세계에 살 수 있으니까요."

이 말을 들은 헬렌 켈러는 정색을 하고 이렇게 말했다.

"만약 제가 당신 같은 위대한 발명가라면 전 세계의 귀먹은 사람들을 위해 들을 수 있는 기계를 발명하겠습니다……."

사실 에디슨은 자기 마음의 소리에만 충실했고, 남이 어떻게 자기를 보든, 무엇이라고 하든 전혀 신경을 쓰지 않았다. 그래서 그는 위대한 발명가가 되었는지도 모른다.

남의 눈이나 입을 염려하면 실천력은 위축된다.

"이상하게 보이는 것이 아닐까?"

"웃음거리가 되는 것은 아닐까?"

이렇게 두려워하다가는 앞으로 내딛지 못하고 만다. 마음먹고 행동하려면 제일 먼저 남의 이목이나 입에서 자기를 해방시켜야만 한다. 실천력을 기르기 위해서는 그렇게 해야만 한다.

"뛰면서 생각하라"

일은 생각함으로써 생기고, 노력함으로써 이루어진다.

— 중국 금언

"먼저 뛰어라."

"뛰면서 생각하라."

확실히 행동 그 자체의 유효성을 생각한다면, 이러한 처신은 변칙적이고, 그 행동에 소기의 성과를 기대하기가 힘들다. 대체로 사람이 행동을 시도할 때는 일정한 목적이 있다. 그 목적이 달성되었을 때 비로소 행동은 유효하며 목적을 달성하지 못했을 때 그 행동은 아무 가치도 없는 것이 된다.

그러나 실천력, 행동력이 부족한 사람에게는 이렇게 하는 것이 제일의 묘약이다.

뛰면서 생각하는 습관을 붙이면 실천력, 행동력이 몸에 붙으며, 그 나름대로 잠재 능력을 발휘하게 하는 효과도 있다. 나태하고 소극적이며 적극성이 없는 성격을 교정할 수도 있다.

돌다리를 두들기는 것만이 능사는 아니다. 생각만 되풀이하는 이런 자세가 습관이 되어 버리면 돌다리를 두들겨 보고도 다리를 건너가지 못하게 된다. 우선 시작하고 그리고 달리면서 생각하는 것이 좋다.

필사적으로 생각하면 어딘가에서 해결의 실마리를 포착하게 된다. 소극적으로 생각만 하는 이성적인 타입의 인간에게는 이것은 참으로 바람직한 방법이다.

뛰면서 생각하라.

"가능한 목표에 도전하라"

성공은 많은 공포와 불쾌함 후에 따라온다.
— 베이컨

자신의 힘으로 달성이 가능한 목표를 세울 때에 실천력이 솟아난다. 자신의 능력에 비해 목표를 정했을 때는 자연히 실천력이 떨어진다. 중국에 이런 설화가 있다.

어느 한 젊은이가 신선이 되어서 하늘을 날고 싶었다. 그래서 그는 신선이 하계로 내려오는 장소 근처에 오두막을 짓고 수업에 열중했다. 21일간 술과 밥을 끊고 훈련을 쌓으면 신선이 될 수 있다고 들었으므로 젊은이는 단식을 계속했다.

그러다가 공포와 피로로 쓰러져 깊은 잠에 빠졌다. 며칠 동안이나 잤는지 눈을 뜬 젊은이는 예정된 수업이 끝났다고 생각하고 오두막집에서 기어 나와 절벽 끝에 서서 양팔을 벌리고 크게 숨을 들이마시고는 공중으로 몸을 던졌다. 보기 좋게 날았다고 생각하는 순간 젊은이는 벼랑 아래로 떨어져 즉사하고 말았다.

자기의 능력을 파악하지 못하고 지나치게 높은 소망을 가졌을 때 그 결과는 비참할 수밖에 없다.

무엇보다도 자신의 능력이나 힘에 맞는 목표를 세울 때 실천력이 솟아난다. 불가능한 목표를 세웠다가 실패하게 되면 패배감과 무력감에 빠진다.

또 이러한 좌절과 실패를 되풀이하다 보면 지독한 패배 심리에 물들게 되고 급기야는 무능력의 포로가 된다.

오늘 자신의 목표가 과연 달성할 수 있는 목표인지를 확인해 보도록 하자.

"실패를 두려워하지 않는 용기"

**영웅은 보통 사람들보다 용기가 큰 것이 아니다. 그들보다 5분 정도
용기가 지속될 뿐이다.** — 랄프 왈도 에머슨

새로운 일에 도전하기 위해서는 무엇보다도 용기가 있어야 한다. 사람들이 행동을 많이 하면서도 실제 행동으로 옮기지 못하는 것은 용기가 없기 때문이며, 용기를 갖지 못하는 것은 실패할까 봐 두려워하기 때문이다. 그러나 실수나 실패를 두려워하면 한 발자국도 나아갈 수 없다. 또한 실패를 두려워하면 우리의 배움도 한계가 있다. 왜냐하면 우리는 실패와 실수를 통해서 많이 배우고 성장하기 때문이다.

우리는 실패자를 거론할 때 에디슨을 든다. 에디슨은 자신의 성공을 위해 수천 번의 실패를 반복했다. 이렇게 많은 실패에도 불구하고 용기를 잃지 않았다. 왜냐하면 실패는 그에게 성공을 향한 밑거름이었기 때문이다. 그는 그런 많은 실패 속에서도 용기를 잃지 않고 계속 도전하여 당시 어느 누구도 상상할 수 없는, 수천 개의 특허를 따냈다.

"상賞과 지위를 그려보라"

성공하기를 바라거든 고난을 견디어야 한다.
— 매난드로스

생각은 같은 종류의 것을 창조한다는 말이 있다.

인간이 가진 잠재의식의 문제는 최근 각 방면에서 논의되고 있으며, 그에 대한 연구서도 많고, 그 위대한 힘과 성질, 특징이 낱낱이 밝혀지고 있다. 자기 암시법의 창시자인 쿠에는 잠재의식이 질병의 치료에 어떻게 기여하는지 많은 증거를 들어 설명하고 있다.

조셉 머피는 잠재의식을 '만능의 배'에 비유했으며, 그것이 인간을 살리기도 죽이기도 한다는 것을 구체적으로 예시했다.

잠재의식을 이용하려면 먼저 자기 소망을 시각적인 이미지로 만들어 마음 깊은 곳에 집어넣어야 한다.

선명한 이미지일수록 잠재의식에 받아들여지기가 쉽다. 잠재의식에는 의식하는 마음으로부터 보내지는 것을 취사선택한다든지 판단하는 능력이 없으며, 그것이 최대의 장점이기도 하다. 따라서 해석이 필요한 말보다는 자기의 염원을 '그림'으로 만들어 자기 마음속에 심는 것이 제일 좋은 방법이다.

어떤 일에서든지 "이 계획이 달성되면, 이렇게 된다."는 구체적인 이미지를 마음속에 그리고 그 그림을 변함없이 계속 갖고 있어야 한다. 잠재의식이 그 그림을 받아들이면 계획의 달성은 틀림없이 이루어진다. 당신이 바라고 있는 것이 무엇이든 그것을 마음속에 그림으로 집어넣어라.

"사물을 밝게 생각하라"

분발하라! 분발하지 않고는 아무도 높이 될 수 없다.
— 알랭

실천력을 배양하고 또 실천 효과를 높이기 위해서는 마음의 자세를 전향적으로 갖는 것이 중요하다.

그리고 사물을 항상 밝게 생각하는 것이 필요하다. 불길하고 어두운 생각은 떨쳐버리고 대신 밝고 건강한 생각으로 마음을 가득 채워야 한다.

일본의 히데요시에게 이런 에피소드가 있다. 그는 점쟁이에게 손금을 보여 주었다.

"좋지 않은 상이야. 도저히 출세는 바랄 수 없는데……."

점쟁이가 눈썹을 모으면서 말하자 그는 출세하려면 손금이 어떠해야 되느냐고 물었다. 점쟁이가 이런 저런 선이 있어야 한다고 말하자, 그는 조그마한 칼로 점쟁이가 말한 선을 손에다 팠다.

"그러면 이렇게 하면 되겠군. 내 출세는 이제 의심할 여지가 없지."라고 호언하여 점쟁이를 경악시켰다.

뭐라고 형언할 수 없는 과감성, 적극성이 그에게는 있었다. 그는 "그래, 나는 그런 팔자군." 하고 돌아서지 않았던 것이다.

역시 성공한 인간은 다르다.

불행한 일이 있더라도, 어둠과 불행한 예감이 있더라도 그 어두움에 눌려 눈물을 흘려서는 안 된다.

273

"일단 발을 내디뎠으면 뒤를 돌아보지 말라"

신념이 강하면 회의에 빠질 수 없다.

— 니체

살다 보면 할 것인가, 안 할 것인가 망설이게 되는 때가 있다.

두 갈래 길이 있는데, 어느 쪽으로 갈 것인지 망설여질 때도 있다. 판단이 어려워 갈피를 못잡게 되고 아무리 생각해도 결론이 나오지 않을 때는 도대체 어떻게 할 것인가.

유명한 피에르 가르뎅의 예를 들어 보자.

그는 고등학교를 졸업하고 양복점에서 일하고 있었다. 제2차 세계대전이 시작되어 프랑스는 나치 독일의 점령 하에 있었다. 프랑스가 해방되자 그는 징용에서는 풀려났으나 방향을 잡지 못하고 헤매고 있었다. 이대로 월급쟁이를 계속할 것인가, 디자이너가 될 것인가 결정을 내리지 못했다. 어쨌든 파리로 가기로 결심하고 파리에 도착했다.

그의 주머니에는 두 장의 서류가 들어 있었다. 하나는 파리 적십자사로의 전근 발령장이었고 다른 한 장은 디자이너 왈드나에게 보내는 소개장이었다. 파리 거리를 걸으면서도 그는 망설였다. 결국 주머니에서 동전을 꺼내었다.

"겉이 나오면 왈드나, 뒤쪽이 나오면 적십자!"

그는 동전을 던졌다.

비록 주사위에 의한 결정이라도 일단 발을 들어 놓았으면 다시는 뒤를 돌아보지 말아야 한다.

"일에 지배당하지 말고 지배하라"

끝을 처음과 같이 하면 실패하지 않는다.

— 노자

카네기에게는 이런 에피소드가 있다. 펜실베니아 철도에서 전신 기사로 일하고 있을 때의 일이다.

어느 날 아침 출근을 해보니 열차 사고로 대혼란이 일어나 여러 곳의 기능이 마비되어 있었다. 상사인 토머스 스코트는 아직 사무실에 나오지 않았다. 아무리 찾아도 연락이 되지 않았다. 결국 그는 모든 책임을 지고 사태 처리를 해야겠다고 결심했다.

"죽느냐 사느냐 운명의 갈림길이라고 나는 나 자신에게 타일렀다. 직위를 파면당하고 책임을 지게 될지도 모른다. 나는 기계 앞에 앉아서 냉철하게 역에서 역으로의 진행을 주시하면서 신중하게 일을 처리했다."

참으로 훌륭한 일이었다. 파면은 물론 일이 크게 잘못되었다가는 형무소행도 각오해야 할 일이었다. 보통 사람이라면 "권한이 없으니까", "내 일이 아니니까"라고 기피했을 것이다.

그는 13세 때 스코틀랜드에서 미국으로 건너갔다. 그리고 힘든 노동을 했다. 그러나 그는 괴로운 일이나 역경에 지배당해 불평하지도 타락하지도 않았다.

일이나 환경에 지배되어서는 안 된다. 일이나 환경을 지배해야 한다. 그런 정신적인 자세로 임하는 것이 중요하다. 일에 대한 실천력은 이런 곳에서 싹트게 되는 것이다.

"안목과 선견력을 길러라"

인생에 있어서 기회가 적은 것은 아니다. 그것을 볼 줄 아는 눈과 붙잡을 수
있는 의지가 부족한 것이다.
— 스탕달

이런 우화가 있다.

북쪽 나라의 호수 근처에 있는 수풀에 작은 새들이 살고 있었다. 새들
은 가지에서 가지로 날아다니며 노래했다.

그곳으로 돌연 물새 떼가 날아왔다. 포악한 무법자들로 수풀 속에 들
어와 작은 새들을 못 살게 굴었다. 작은 새들은 겁이 나서 떨었으며 "어디
론가 이사를 가자."고 결정했다.

그러나 한 마리만은 태연스러웠다. 물새들이 오면 고목의 구멍 속으
로 숨었다가 돌아가면 얼굴을 내밀고 다음엔 가지에서 가지로 즐겁게 날
아다녔다.

"너는 이사 안 갈래? 저 무법자들과 함께 있을 거야?"

다른 작은 새들이 이상하게 여기며 물어보니 그 작은 새는 웃으며 대
답했다.

"저 새들은 머지않아 다른 데로 갈 거야."

"어째서?"

다른 새들이 놀라서 묻자, 그 새는 이렇게 대답했다.

"이 호수는 머지않아 얼어붙는다. 얼어붙으면 물새들은 살아 갈 수가
없게 되지. 그러니 다른 호수로 갈 거야."

그 새의 말대로 호수가 얼어붙자 물새들은 다른 호수로 날아갔다. 사
람은 행동을 하기 전에 우선 눈을 닦아야 한다. 즉 앞을 내다보는 선견력
을 갖고 있어야 하는 것이다.

"방향을 바르게 잡아라"

근면은 행운의 어머니다.
— 세르반테스

중국에 이런 우화가 있다. 마차로 여행하는 사람이 있었다. 도중에 잠깐 쉬고 있는데, 부근의 농부가 지나가다가 물었다.

"어디로 가십니까?"

"초楚나라로 가오."

"초나라라구요?"

농부는 놀라면서 마차를 봤다. 초나라는 남쪽에 있는데, 마차는 북쪽을 향해 있지 않은가.

"그렇다면 길이 반대 아닙니까? 초나라는 반대쪽인 남쪽으로 가야지요."

그러나 여행자는 가슴을 내밀면서 대답했다.

"상관없소. 내 말은 보통 말이 아니오. 굉장히 빠른 말이라오."

"아무리 말이 빨라도 이 방향으로만 간다면, 아무리 가도 초나라에는 도착하지 못합니다."

"아니, 얼마나 걸리든 상관없소. 여비는 얼마든지 가지고 있으니까."

"정신 나간 사람아, 아무리 노자가 많다 해도 그 길로는 초나라에 못 가요."

여행자는 고집을 꺾지 않고 그대로 마차를 달렸다.

사람이 행동을 시작할 때에는 일정한 목적이 있어야 하며, 그 목적을 달성해야 비로소 행동은 유효하게 된다.

"'하루쯤이야'하는 생각을 버려라"

고난과 눈물이 나를 높은 지혜로 이끌었다.
— 페스탈로치

무릇 계획이란 무리가 없고, 확실하게 실현할 수 있는 것이어야 한다. 자기 능력의 한계를 초월한 것이면, 십중팔구 중도에 좌절한다.

그러나 아무리 여유있는 계획이라도 매일매일의 노력을 게을리 하거나 여유를 부리다가 한꺼번에 회복하려는 안일한 방법으로는 달성할 수가 없다. 매일매일을 착실하게 살아가는 습관을 붙여야 한다.

계획이란 합리적이며 무리 없이 실천될 수 있는 것, 그리고 하나하나 빠짐없이 착실하게 쌓아갈 때만 의미가 있으며, '하루쯤이야'하는 생각으로 태만하면, 그 하루가 365일로 이어진다. 이것은 지극히 평범하나 또한 지극히 중요한 법칙이다.

미국의 32대 대통령 프랭클린 루스벨트는 소아마비로 걷는 데 장애가 있었으나 일광욕과 마사지, 그리고 꾸준한 보행 연습으로 결국 목발에서 해방되었다. 그는 '오늘은 마음이 내키지 않으니' 라고 하루라도 태만하면 그 시점에서 계획은 좌절된다고 강조했다.

그 하루가 365일이 되지 않기 위해서는 뭐니뭐니해도 하루하루를 쌓아올려야 한다. 이 점을 명심하지 않으면 실천력은 몸에 붙지 않는다.

오늘 하루에 최선을 다하자.

"실천력은 목적의식의 강도에 비례한다"

노동은 그 자신의 쾌락이다.

— 서양 금언

계획을 세우고 실천한다. 그러나 곧바로 좌절하고 "나는 실천력이 없다."며 탄식하는 사람이 적지 않다. 어떤 일을 오래 지속하지 못하고 금방 좌절하는 이유 중의 하나로 목적의식의 희박함을 들 수 있다.

선명하지 못한 목표로 실천을 지속할 수는 없는 것이다.

피스톤을 개발한 일본의 혼다 부네이치로를 예로 보자. 피스톤링의 연구 개발에 온 정신을 쏟던 시기는 그 자체가 고난, 좌절, 실망의 연속이었다. 수리공 시절에 저축한 돈은 바닥이 났고, 막바지로 몰리면서도 그래도 그는 계획을 포기하지 않았다. 자기에게 과학적 지식이 없음을 통감하고 한편으로는 일을 하면서 기술 전문학교에 나가 새벽 2시까지 공부를 했다.

이렇게 해서 시판할 수 있는 피스톤 링을 만드는 데는 성공했으나 링을 만들어 그 중에서 50개 정도를 골라서 갖고 가면 검사에 합격하는 것은 고작 3, 4개에 불과했다고 한다. 그래도 피나는 노력을 계속해서 결국 피스톤 링의 생산은 궤도에 올랐다.

요는 인생에 선명한 목표를 부여해야 한다. 태만하고 성격이 약한 사람도 목적의식이 있으면 실천은 지속된다. 목적이 강렬하면 할수록 과감하게 시작하고 그래서 굴복하지 않고 돌진하게 될 것이다.

"냉정한 판단력을 가져라"

일하는 것을 인간에게 부과된 운명이라고 생각하라.
— 톨스토이

　　행동을 시작할 때, 가장 요구되는 것은 뛰어난 판단력이다. 냉정한 판단이야말로 일의 성패를 결정하는 중요한 요소이다.

　　성공한 사람이라고 불리는 사람들은 예외없이 냉정한 판단력을 갖고 있었으며, 더욱이 위기에 직면할수록 냉정한 판단을 기초로 하여 행동을 시작하고 있다. 결코 도박과 같은 기분으로 출발을 해서는 안 된다.

　　"주사위는 던져졌다."고 외치며 루비콘 강을 건넌 시이저도 그랬다.

　　그는 갈리아 지사였으며 그의 군단은 알프스 저쪽에 있었다. 부하들이 오기로 했으나 그 때까지 기다리자니 형세는 날로 악화되었다. 라이벌인 폼페이우스는 국가방위의 전권을 원로원으로부터 위임받고 있었으며 정부의 군기를 높이 들고 전 로마 군대를 동원할 기세였다. 그런 뒤에 거사를 해봐야 국가 반역죄의 오명이나 쓰게 될 뿐 사기는 떨어지고 전투의 승리는 의심스러워진다.

　　그렇게 되기보다는 적은 수의 군대이지만 신속하게 행동하여 결정적인 기회를 포착하는 편이 낫다고 판단하고 주저없이 진군했다. 시이저가 던진 주사위는 흥하느냐와 망하느냐의 도박이 아니었다. 혈기에 차 부리는 만용도 아니었다. 냉정한 판단과 치밀한 계산에 의한 것이었다.

　　성공하려면 냉정한 판단과 치밀한 계획이 있어야 한다.

"수단에 속임수를 쓰지 말라"

고통의 감각을 괴로워 말라. 고통과 고뇌는 우리의 육체를 유지하는 데
없어서는 안 될 조건이다.
— 톨스토이

어떤 사람이 병에 걸려 의사에게 갔다. 자세히 진찰을 한 의사는 이렇
게 말했다.

"걱정할 필요는 없어요. 약을 먹으면 곧 회복됩니다."

그래서 그는 약방으로 가 처방대로 약을 지어 의사가 시킨 대로 복용
했으나 병이 낫기는커녕 점점 더 악화되었다.

화가 난 그 사람은 다시 진찰을 했으나 달라진 부분이라곤 없었다. 그
래서 의사는 그 사내의 집으로 가 약봉지를 조사해 보니 자기의 처방과 전
혀 다른 약이 들어 있었다. 의사는 탄식하면서 말했다.

"이거 참, 아무리 진찰을 잘 해도 약방이 엉터리라면 나을 병도 안 낫
지요."

이것은 중국의 우화이다.

아무리 진찰을 잘 해도 어딘가 속임수가 있으면 고칠 수 있는 병도 못
고치게 된다. 목적이 정당해도 수단에 잘못이 있으면 목적을 달성할 수
없다.

사람은 목표를 정하는 것도 어려우나 막상 목적이나 목표가 뚜렷해도
수단에 잘못이나 속임수가 있으면 달성할 수가 없게 된다. 좋은 목적에
는 좋은 수단이 따라야 한다는 사실을 오늘 다시 한 번 마음에 새기자.

"자기의 리듬을 최고로 유지하라"

언제 일어나 집으로 가야 하는가를 아는 사람이야말로 행운아이다.
— 존 헤이

인생에는 각자 나름대로의 리듬이 있다. 또 사물의 성패에는 리듬이 큰 영향을 미친다.

장사에도 거부가 될 때와 파산할 때의 리듬이 있는 법이다. 그러므로 발전할 때의 리듬과 쇠퇴할 때의 리듬을 잘 분간해야 한다.

생활 그 자체에도 리듬이 있다. 리듬을 갖도록 노력해야 한다. 이때 가장 중요한 것은 서두르지 않는 것이다. 초조해 하면 할수록 진흙탕에 빠지게 되며 구제 불능이 된다.

리듬을 회복하기 위해 노력하라.

하루에 최선을 다하라. 그러나 초조하게 하지는 말라.

이것이 인생 철학의 기본이다.

보통 사람은 리듬이 깨어지면 초조해서 더욱더 리듬이 흐트러지며, 끝내는 악이 올라서 자기 자신을 멸망케 한다. 이래서야 만사가 잘 될 리 없다.

항상 리듬을 염두에 두고 최상의 리듬을 유지해야 한다.

이것이 성패의 결정적인 요인이며, 실천 효율을 높이는 최대의 비결이다.

"계획은 시계추처럼 탄력성 있게"

자신을 가지라는 것은 인생을 적극적인 면에서 포착하라는 의미이다.
— 노먼 V. 필

심리학에 '시계추 운동'이라는 용어가 있다. 자기는 이 정도면 성공하리라, 이 정도는 하고 싶다고 자기 자신에게 기대하고 분발하는 높이를 요구 수준이라고 하는데, 일반 사람들은 처음에는 높은 레벨의 요구를 하다가 자기 능력이 미치지 못하는 것을 보고는 레벨을 낮추었다가 또 조금 올리고, 또 조금 낮추는 시계추 운동을 되풀이하면서 적절한 레벨을 선택하게 된다는 얘기이다. 이 시계추 운동을 계획에 도입한 것을 시계추 계획이라고 하며 중기 계획을 수립할 때에 하나의 참고가 된다.

'시계추 계획'에 의해서 계획을 세울 때에는 홀수 달에는 높은 비중을 두고 짝수 달에는 낮게 한다. 즉 '시계추 운동'을 이용하여 균형을 취함으로써 계획을 보다 쉽게 실천할 수 있도록 하는 것이다. 실제로 1년의 계획을 너무 타이트하게 결정할 경우 도중에서 움직일 수 없게 되어 좌절하기가 쉽다.

좌절은 곧 자신의 상실을 부른다.

그러나 지나치게 천천히, 완만하게 계획을 정하면 마음의 자세가 하향적이 되며 매사를 소극적으로 처리하게 되고 끝내는 나태한 습관까지 만들게 된다.

중기 계획은 '시계추 운동'과 같은 계획으로 만들어야 한다.

"조직의 목표를 내 계획으로"

천재는 노력을 하기 때문에 어떤 일에도 탁월하다
— 윌리엄 레즐리

샐러리맨은 항상 기업의 의사에 따라 움직인다. 회사의 경영, 경영 방침, 경영 목표가 자기 의사에 맞지 않는다고 해서 거부할 수는 없다.

그러면 회사의 경영 목표 또는 부분 목표가 자기 의사와 어긋날 때는 어떻게 해야 하는가?

가장 좋은 방법은 그 일을 자기 목표 속에 받아들여 목표를 적극적으로 끌어 나가는 것이다.

샐러리맨 생활을 계속하는 이상 조직 목표를 자신의 장기 목표 속에 받아들여 조직이 원하는 일을 자기 전략에 짜 넣을 수밖에 없다. 조직의 계획을 자기 계획 속에 끌어넣어 자기 나름의 계획으로 다시 세워야 한다.

인간의 심리에는 그렇게 되고 싶다고 생각하고 또 생각하면 실제로 그렇게 되는 경향이 있다. 무리하게라도 재미있다고 생각하면 점점 흥미가 생기게 된다.

따라서 곤란한 일이라 하여 도피하지 말고 그 일을 직시해 볼 필요가 있다. 그리고 그 일이 자기에게 도움이 되는 점을 열거해 본다. 그러면 지금까지 생각하고 있던 것과는 딴판으로 새로운 매력이 있음을 발견하게 될 것이다.

회사가 맡긴 일을 자기의 전략 속으로 끌어들여 이에 몰두하면, 자연히 그에 필요한 적성과 능력도 개발된다.

"지위와 실천력은 반비례한다"

몸에 밴 결점은 파리와 같다. 아무리 쫓아도 반드시 되날아와
한층 더 괴롭힌다. — 셰퍼

미국에서 남다른 재능을 가진 사람으로 불린 경영자는 모두가 훌륭한 실천가였다. 강인한 의지력과 활력이 있었고.

그러나 그들이 스스로 실천력을 최대한 발휘한 것은 일정한 시기에 불과했다. 솔선수범하여 부하를 분발케 하고 같이 행동할 수 있었던 것은 소규모의 기업 집단을 형성하고 있었던 시기뿐이었던 것이다.

기업 조직이 확대됨에 따라 그들은 스스로 직접적인 실행을 억제하고 조직 전체를 지휘하는 사령관으로서 제일선에 서는 것을 포기하지 않을 수 없었다. 기업 집단의 힘을 유효하게 발휘시키기 위해서는 그 기업 전체를 통제하는 자리에 앉아 전체를 보는 눈이 되고, 두뇌가 되지 않을 수 없게 된다.

따라서 사람 위에 서는 사람은 자기 행동을 억제하고 부하의 실천력을 최대한으로 끌어낼 수 있어야 한다.

그러면 최고 자리에 있는 자는 어떻게 집단의 실행 효과를 높일 수 있는가?

자기의 행동을 억제하면서 조직의 각 구성원의 실천 에너지를 높이려면 어떻게 해야 하는가?

무엇보다도 확신에 찬 태도를 보여야 한다. 사람 위에 서려면 무엇보다도 확신 있는 태도를 가져야 한다. 그래야 부하들도 믿고 움직일 수 있다.

September

25 Day

"마법의 지팡이를 사용하라"

가난뱅이에게 아첨하는 인간은 없다.
— 셰익스피어

오늘은 독자 중에 사람을 부리는 위치에 있는 사람들을 위해 이 글을 쓴다.

행동 과학 조직 이론의 대표적인 학자인 R. 리카아도는 〈경영의 행동 과학〉이란 책에서 이렇게 말하고 있다.

"종업원은 상사의 언동이 호의적이고, 자신의 가치를 높이 평가하고 있다고 느낄 때 비로소 호의적으로 반응하고, 집단의 목표를 향해 행동할 수 있는 동기를 갖게 된다."

즉 부하는 상사가 자기의 가치를 인정하고 자기의 행동을 칭찬하는 것으로 더 한층 분발하여 집단을 위해 적극적으로 행동한다는 얘기이다.

철강왕인 앤드류 카네기의 한쪽 팔 역할을 한 찰스 슈워브도 그랬다. 그는 사람을 잘 쓰기로 이름이 높았다.

"나는 결코 사람을 비난하지 않는다. 마음에 드는 일을 하면 충분히 칭찬한다. 누구나 잔소리를 들으며 일하기보다는 칭찬을 들으며 일하기를 즐기며 열심히 하게 된다."

이 슈워브를 마음 깊이 신뢰한 카네기도, 자동차 왕인 포드도, 그리고 록펠러도 예외는 아니다.

옛날부터 칭찬은 마법의 지팡이라고 불렀다. 이 마법의 지팡이야말로 사람을 움직이게 하는 원리다. 자존심과 우월감을 만족시키고, 부하의 실천력을 도출시키는 열쇠가 바로 이것이다.

"본질적인 욕망을 자극하라"

가난뱅이는 자부심은 가질 것조차 금지당한다.
— 톨스토이

하느님이 욕심이 없는 인간을 찾으려고 이 세상에 내려왔다. 처음 만난 사람 앞에서 하느님은 조그마한 돌멩이를 금으로 변하게 하고 물었다.

"이게 갖고 싶지?"

그랬더니 그 남자는 눈빛을 바꾸며 대답했다.

"갖고 싶지요. 그런데 기왕이면 좀더 큰 것으로 주십시오."

다른 사람과 만났을 때, 하느님은 큰 돌을 금으로 변하게 했다. 그러나 그 남자도 더 큰 것을 원해 하느님을 실망시켰다.

세 번째 사내를 만났을 때, 하느님은 더 큰 돌을 금으로 바꿔놓았다.

"어때? 이게 갖고 싶지?"

그랬더니 사내는 고개를 흔들며 필요 없다고 대답했다. 하느님은 더 큰 돌을 금으로 바꿨다. 사내는 그래도 고개를 좌우로 흔들었다. 하느님은 기뻐서 그 사람을 선인으로 만들려고 하는데 사내가 말했다.

"저… 하느님, 돌을 금으로 만드는 그 손재간을 주세요."

이것은 중국의 우화이다.

인간은 본질적으로는 이기적인 존재이며, 욕망의 동물이다. 다시 말해 그것이 행동의 동기이며 활동의 원천인 것이다.

따라서 사람을 움직이는 데는 그 욕망을 자극하는 것이 포인트가 된다.

"리더십을 유효하게 사용하라"

가난뱅이는 부자에게 모조리 남이다

— 푸시킨

부하를 움직여 조직의 실천 효율을 높이자면 자연히 리더십의 문제가 부각된다. 물론 조직이라 해도, 그 곳에는 무수한 변수가 있어 좋은 리더의 조건도 이에 따라 달라진다.

리더와 조직 구성원의 관계가 극히 양호하든지, 아니면 극히 불량한 때, 또는 권한이 강대하든지 아니면 미약한 경우에는 권위주의적인 리더가 업적을 올리며, 공식 권한이 중간이고, 리더와 조직 구성원과의 관계가 보통인 때는, 민주주의적인 리더가 실천 효율을 올릴 수 있다.

또 부하가 무능하고 관리자가 유능한 때는 실천 효율을 높이기 위해서는 권위적으로 되지 않을 수 없으며, 반대로 관리자도 부하도 유능한 때에는 민주주의적으로 되지 않으면 업적을 올릴 수 없다.

즉 효과적인 리더십은 조직의 구조, 궤도, 일의 성질 등 종합적인 상황에 따라 결정된다.

"'이것 쯤이야'하는 마음을 가져라"

옷은 새것일 때부터, 명예는 젊었을 때부터 소중히 하라.

― 푸시킨

어떤 사람이 마을에서 멀리 떨어져 있는 황무지의 개간을 위해 땀을 흘렸다.

그 땅은 돌멩이가 아주 많은 박토였다. 부근 농사꾼들은 그를 보고,

"바보 같은 사람이군. 저런 황무지에서 곡식이 어떻게 자라겠다고!" 하고 비웃었다.

그런데 몇 년 후 개간지의 곡물은 풍요롭게 익어갔으며 다음해에는 그 동네에서 가장 높은 수확을 거두었다. 동네 사람들은 놀라서 그 사람에게 물었다.

"당신은 도대체 어떤 비료를 썼지요?"

그랬더니 그 사나이는 웃으면서 대답했다.

"특별히 비료 같은 건 안 주었어요. 당신들과 다른 것이 있다면 '이것쯤이야.'하는 비료를 많이 주었을 뿐이지요."

누구든지, 무엇을 하든지 "이것쯤이야."하는 자신감이 있어야 성공할 수 있다. 일에 압도되어 겁을 먹는다면 성공할 수 없다.

'이것쯤이야.'라는 말이 실천력을 육성하는 가장 좋은 비료이다.

"밑져 봐야 본전이라는 배짱을 가져라"

불의함으로 얻은 부귀는 내게 있어서는 뜬 구름과 같다.
— 보덴 슈데르

우리 모두 강한 실천력을 갖기를 원한다. 그러나 막상 실천하려고 해도 좀처럼 첫발을 내디디지 못한다. 못할 바가 없다고 생각하면서도 주저하게 된다.

왜 그럴까?

가장 큰 원인은 실패하여 좌절을 겪고 치명상을 입지 않을까 두려워하기 때문이다.

그러나 만일 실패를 해도 '밑져 봐야 본전'이라는 생각을 하고, 실패 자체를 대수롭지 않게 생각한다면, 어려운 도전에도 도전할 수 있으며, 무슨 일이든 용이하게 시작할 수 있다.

속된 말로 "죽기 아니면 살기."라는 배짱이 없으면 위험에 도전할 수 없다.

실천력의 뒷받침은 원래 '밑져 봐야 본전'이라는 정신이다. 그런 정신에서 실천력이 생기게 되는 것이다.

사람은 누구나 위험에 직면하여 도망갈 수 없다고 판단되면 몸을 던진다. 이러한 마음을 가져야 무슨 일이든지 두려워하지 않고 도전하게 된다.

실천력을 갖고 싶으면 우선 밑져 봐야 본전이라는 배짱을 가져라. 이런 배짱 없이는 실천력이 생기지 않는다.

"자기암시법으로 의지력을 강화하라"

진실로 정신이 가난하다는 것은 화도 내지 못하는 것을 말한다.
— 데르나우

September
30 Day

실천력이 있느냐 없느냐 하는 것은 의지력의 유무와 깊은 관계가 있다. 실천력과 의지력은 동전의 앞뒤처럼 동일한 것이라고 할 수 있다. 따라서 실천력을 기르기 위해서는 의지력을 기르면 된다.

그러면 의지력을 기르려면 어떻게 해야 하는가?

가장 좋은 방법은 자기암시다.

자기암시의 과정은 무엇보다도 자신이 생각하고 있는 것을 받아들이고, 그것을 현실로 바꾸는 것이다. 그런데 이 과정을 담당하는 것은 우리의 잠재의식이다.

의지의 강약은 자기 암시로 결정된다고 말하는 심리학자도 있으나, 실제로 의지가 약한 사람은 '나는 의지가 약하다'라는 자기 최면에 걸려 실제로 의지가 약해진 것이다.

오랫동안 뒷걸음질만 하는 소극적인 사고로 인하여 그것이 습관화되어 의지가 약해졌다고 말할 수 있다. 따라서 지금까지의 그런 소극적인 사고방식을 바꾸고, "나는 의지가 강하다. 실천력이 있다."라는 긍정적인 사고방식을 형성하면 적극적이고 낙천적인 성격의 소유자가 될 것이다. 그러면 의지가 강한 인간으로 변화될 것이다.

사랑으로 충만한 인생을 살자

"비판보다는 격려를 하라"

사람들의 약점이 아니라 장점을, 약한 면이 아니라 강한 면을 찾아야
한다. 우리는 결국 찾고자 하는 것을 발견하게 된다.

— J. 월머 채프먼

딘 크롬웰은 36년 동안이나 남 캘리포니아 대학교의 육상 코치로 선수
들을 지도했다. 코치 때 그로부터 배운 선수들 중에는 세계 신기록 보유
자가 무려 13명이나 나왔고, 올림픽 금메달을 딴 선수도 있었다.

그렇게 제자들을 훌륭하게 키울 수 있었던 비결은 무엇일까?

그는 제자들의 장점을 발굴하는 데에 뛰어난 능력의 소유자였으며, 격
려를 할 줄 아는 코치였다.

크롬웰이 지도하는 선수들이 태평양 연안 육상대회 1마일 릴레이에 참
석하였다. 그런데 그 선수들 중에 그전에 치러진 500미터 달리기 대회에
참석하여 탈락한 선수가 있었다. 그들은 실의에 빠져 있었다. 크롬웰은
그 4명을 모아 놓고 이렇게 말했다.

"너희는 강하다. 어느 누구도 너희를 이길 수 없다."

그 팀은 결국 우승을 차지했다. 격려는 확실히 비판보다 강한 힘이 있
다. 우리는 이 사실을 크롬웰 코치로부터 확인할 수 있었다.

다른 사람들에 대해 장점을 발견하는 사람이 되라. 그러면 당신 주위
에 사람들이 모일 것이다.

"평생 동안 만나는 사람이 얼마나 될까?"

참다운 우정은 애정과 마찬가지로 극히 드물다. 만약 일생 동안 변치 않는
우정이 있다면 그것은 요행이라고 할 수 있다.
— 샤르돈느

미조리 주 시바나에 살고 있는 로렐 데이비스는 자신이 만나는 사람들
을 기억하기 위하여 한 가지 특별한 생각을 해냈다. 예를 들어서 그의 인
명부에는 '레오나르드 맥나이트—닭고기 수프를 좋아한다.'는 식으로 70
페이지에 걸쳐 약 3,400명이나 되는 인물을 기록하였다.

그런 그가 만나는 사람에게 한 가지씩 좋은 일을 해보자고 결심한다
면, 그는 일생 동안 3,400 건의 좋은 일을 할 수 있다.

그가 그렇게 함으로써 받는 호의는 아마도 10배 이상은 될 것이다.

우리는 모두 나이와 관계없이 매일 수많은 사람을 만나고 있다. 그리
고 당신은 아무리 바빠도 누군가를 위해 적어도 한 건씩 좋은 일을 할 수
없을 정도로 바쁘지는 않을 것이다.

하루에 한 가지도 좋다.

당신의 이웃이나 만나는 사람들을 위해서 좋은 일을 하라. 그러면 10
배 이상의 보상이 따를 것이다.

"사랑하는 법을 배운다"

너그럽고 상냥한 태도, 그리고 사랑을 지닌 마음은 사람의 외모를
아름답게 하는 가장 큰 힘이다.

— 파스칼

이 세상에는 참으로 많은 노래가 사람들의 입을 통해서 불리어졌고, 그것으로 인해서 많은 사람들이 상처를 받기도 했다. 그 노래의 주제는 바로 '사랑'이다.

사랑은 배울 수 있는 것이다. 사랑을 배우는 것과 자전거를 배우는 것과는 다른 것이지만, 아무튼 사랑은 배울 수 있는 것이다.

사랑하는 법에는 몇 가지 원칙이 있다.

매일 즐거운 시간을 함께 나눈다. 당신이 그와 함께 있는 것만으로도 즐겁다는 사실을 사람들로 하여금 알게 하라.

함께 즐길 수 있는 활동을 찾아라. 함께 산보를 하거나 테니스를 하는 등 함께 할 수 있는 취미나 즐거움을 만들어라.

또한 사랑하는 상대에 대해서 최대한 많이 알아야 한다. 두 사람이 단지 함께 있는 것만으로도 만족을 느낀다면 그 사랑은 절정에 도달한 것이다.

사랑은 배울 수 있고, 끊임없이 개선할 수도 있는 것이다. 상대에 대한 당신의 적극적인 태도는 꺼져 가는 심지도 다시 타오르게 할 수 있고, 인생을 더 유쾌하고 즐겁게 보낼 수 있게 한다.

"사랑이란 무엇인가?"

사랑은 아무런 무기도 갖고 있지 않은 것처럼 꾸미고 있지만, 실은 화살과 화살통으로 남모르게 몸을 단속하고 있는 것이다.

— 타소

사랑은 두 사람 혹은 그 이상의 사람들이 서로 독립된 인격임을 느끼고 이해하는, 비길 데 없는 깊은 상호관계를 말한다.

우리는 사랑할 때마다 사랑이 무엇인지 느낀다.

사랑을 얻는다는 것은 뛰어난 관용을 경험하고 봉사를 경험하는 것이다.

우리는 사람함으로써 사랑의 의미를 깨닫게 된다. 마치 수영을 함으로써 수영을 배우는 것과 마찬가지다.

사랑이 있는 환경에서 사랑은 서서히 발전한다. 사랑은 성장을 요구한다.

사랑은 단숨에 만개하지 않으며, 그 사랑의 행위로써 더욱 가꿀 수 있다.

사랑은 좋은 점을 보며, 결점을 적게 만들어 과오를 용서한다.

단, 사랑은 무조건 오래 지속할 수 없다. 사랑은 서로의 관계이기 때문이다.

사랑은 돈, 사회적 지위, 힘, 또는 명예와는 관계가 없으나 행복과는 밀접한 관계가 있다.

인간은 음악, 예술, 과학에 헌신하지만, 인간만을 사랑한다. 인간만이 그 사랑의 대상이 되는 것이다.

"사랑은 영원히 새로워지는 관계이다"

사랑을 깨닫기까지는 여자는 아직 여자가 아니며, 남자도 아직 남자가 아니다. 연애는 남녀 다 같이 완숙해지기 위해서 필요한 것이다.

— 스마일트

사랑의 표현에는 여러 가지가 있다.

사랑은 부드러운 손길로, 어린아이와 같은 감미로운 표정으로, 하루 일과 중 마음에 떠오르는, 잠시 동안의 생각 중 제일 좋은 생각 등으로 표현할 수 있다.

남편과 아내 사이, 그들의 사랑은 새로운 생명을 탄생시킴으로써 최고의 순간을 맞는다.

사랑은 음식을 맛있게 하고, 유쾌한 대화를 귀중히 여기도록 하며, 가을 태양 아래서 활기찬 걸음걸이를 내딛도록 한다.

사랑은 또한 우리 주위 여러 곳에서 우리에게 행복을 부여한다. 남편, 아내, 부모, 친구, 신을 통해서 사랑은 영원히 새로워지는 관계이다.

사랑은 사랑을 낳는다. 사랑은 우리에게 풍부한 삶을 경험할 수 있는 능력을 준다.

"어머니에게 진 빚은 얼마일까?"

만약 당신이 친절한 행동을 하는 기쁨을 느끼지 못한다면 당신은 당신
자신을 소홀히 해온 셈이다.
— A. 닐슨

당신을 위한 경호원, 가정교사, 간호원, 요리사들을 채용했다고 하자.
그 비용은 얼마나 될까? 그런데 그런 여러 가지 역할을 한꺼번에 해낸, 헌
신적이며, 사랑 그 자체인 이가 있다. 당신의 어머니다.

마조리 쿠니가 그의 어머니에게 바친 찬사는 참으로 감동적이다. 여기
소개하고자 한다.

"어머니! 저는 줄곧 어머니를 생각해 왔어요. 오늘날까지 어머니에게
지불해야 할 여러 가지 차용증서들이 제게 쌓여 있어요. 어머니! 지금 그
것을 지불할 때가 왔어요. 경호원의 역할을 해주신 어머니, 우리의 간호
사가 되어 주신 어머니, 우리를 치료하기 위해 밤을 지새웠던 날들을 잊
지 않고 있어요. 저를 재우신 후 선한 목자와 대화하시는 어머니 모습을
또한 기억합니다.

어머니께서 우리에게 소망, 꿈, 자신감을 심어주시기 위해 힘써 일하셨
지요. 어머니는 우리에게 신뢰성을 심어주고 타인과 잘 어울리는 데 필요
한 능력을 심어주셨습니다. 어머니께서 저희들에게 봉사하신 차용증서를
어찌 갚을 수가 있겠습니까? 이 모든 차용증서에 대해서 '나는 너를 사랑
한다'라는 말로 완전히 전부 지불하였다고 말씀해주셨지요."

"인간 신용기금을 세워라"

신은 자신이 창조한 생명에 하나의 기둥을 세워주셨다. 그것은 사랑이다.

— 카르멘 실바

오늘날 많은 사람들이 '가난' 속에 살고 있다. 여기서 말하는 가난은 경제적인 것이 아니라 관계의 빈곤을 말한다.

타인들과 잘 어울릴 수 없는 사람, 즉 친밀하고 즐겁게 대할 수 있는 가까운 친구나 가족을 갖고 있지 않은 사람은 가난한 사람들이다. 친구들이나 동료, 그리고 가까운 지인들과 마음을 털어놓고 대하지 못하고 또 함께 생각을 나누지 못하는 그들은 참으로 불쌍한 사람들이다.

우리는 물질적인 빈곤에 대해서는 민감하게 반응한다. 그러나 관계의 빈곤에 대해서는 심각하게 생각하지 않는다. 여기에 큰 문제가 있다.

한편 스스로 가난하다고 생각하는 사람들이 있다. 이런 사람들 역시 빈곤한 사람들이다. 또한 우리들 마음속에 웃음을 묻어두고 나타내지 못하는 사람들도 있다.

이러한 모든 빈곤에서 벗어나기 위해서는 스스로를 재인식한 다음 타인의 가치와 조화를 이루어야 한다. 새로운 기쁨을 늘리고, 관계의 빈곤을 막아줄 "인간 신용기금'을 세워 놓아야 한다.

"타인에게 영예를 돌릴 줄도 알아야 한다"

신용을 얻은 사람은 누구의 도움이 없어도 무슨 일이든지 잘해낸다.
— 존 우든

삶을 살면서 우리는 잘못을 범할 때는 물론 옳은 일을 했을 때도 고통을 느낄 경우가 있다.

피터 마샬 목사는 이렇게 기도한다고 한다.

"주여, 우리가 잘못했을 때에는 기꺼이 변화시켜 주시고, 우리가 올바른 일을 하였을 때는 겸손하게 하소서."

그러나 피터 마샬 목사의 기도처럼 우리가 옳은 일을 했을 때 겸손하기가 쉽지만은 않다.

올바른 패자가 되는 것도 중요하지만, 올바른 승자가 되는 것은 더욱 힘든 일이다.

겸손은 인생에 있어서 무엇보다도 중요하다. 대부분 겸손에 대해서 많이 들어왔기 때문에 비교적 쉽게 생각한다. 진실로 겸손한 사람은 어떤 분야에 성공을 거두었을 때, 그 성공에는 누군가의 도움이 있었다는 것을 깨닫는다. 또한 다른 사람의 가치를 깨닫기 때문에 결코 그 누구와도 관계를 맺지 않은 채 외로운 존재로서 살아가기를 거부한다. 결코 외로운 존재는 세상에 남지 않을 것이다.

"가장 지고한 사랑의 표현은 무엇일까?"

하늘은 여자의 사랑과 같고, 바다는 남자의 사랑과 같다. 각각 아래와
위의 구별이 있고, 한계가 있음을 깨닫지 못한다.
— 톰프슨

최고의 행복은 어느 누군가로부터 사랑받는 때가 아니고, 자신이 자유
롭게 완전하게 누군가를 사랑하는 순간임을 알고 있을 것이다.

사랑의 최고 표현은 자기 자신을 자유롭게 온전히 주는 것이다. 그러
나 간혹 사랑은 옳지 못한 것을 탐낸다. 하지만 오래 가지 않아 그런 사
랑은 사랑으로써 귀중한 능력을 잃어버렸기 때문에 빛을 상실하고 만다.

환경은 사랑을 불가능하게 만들기도 한다.

불쾌한 일이 사람 사이에 일어나기 마련이며, 특히 가까운 사이에 더욱
일어날 가능성이 크다.

일상생활에서 우리가 미워할 수밖에 없는 사람이 있다. 또한 싫은 경
험을 하게 될 때도 많다.

하지만 우리는 다른 사람을 미워해야 하는 그 상황을 미워해야 한다.

우리는 우리를 분노케 하는 사람을 싫어한다. 다만 우리가 무엇에 상
처받기 쉬운가를 알고 그것에 현명하게 대처한다면 놀라울 정도로 관대
해질 것이다.

October

10 Day

"다른 사람의 자식도 적극적으로 가르치자"

사랑에 비극이란 없다. 사랑이 없는 곳에만 비극이 있다.
— 테스카

시카고 교도소장인 앨리스 블레어 박사는 다음과 같은 말을 했다.

"10대의 죄수 중 90%가 읽기 수준이 초등학교 3학년 학생들보다도 못합니다."

읽지 못하는 학생들은 자신에 대한 신뢰감을 가지지 못한다고 한다. 블레어 박사는 한 때 시카고 시에 있는 죠지 매니아 초등학교 교장을 역임한 바 있다. 그 당시 10살도 안 된 초등학교 학생들이 복도에서 도박을 하고, 휴게실에서 술을 몰래 마시는 것을 보고 큰 충격을 받았다고 한다. 그런데 당시 그런 학생들 중 읽을 줄 아는 학생은 3%에 불과했다고 한다.

블레어 박사는 자신의 철학에 대해서 이렇게 말했다.

"만약 하나님께서 자유방임을 승인하셨다면, 10가지 제약도 주셨을 겁니다."

범죄가 이 세상에서 감소되기를 바라는가? 그러면 그들에게 읽는 법을 가르쳐야 한다. 무엇보다도 먼저 문맹자의 수를 감소시켜야 한다.

"당신은 많은 사람으로부터 빚을 지고 있다"

**우리가 가진 것에 감사하면서 살고 있다면 적어도 우리는 삶의 절반은
참된 생활을 하고 있는 것이다.**

— 지그 지글러

우리 인간은 서로의 협조와 도움으로 생활하고 있다. 아침 식사 때 달걀을 예로 들어보자. 그것을 판매하는 상인이 있고, 생산하는 농부가 있고, 포장하는 농부가 있었기에 우리가 아침에 먹을 수 있는 것이다. 이와 같이 우리가 쉽게 먹는 달걀도 많은 이들의 수고가 들어 있는 것이다.

또 암탉이 먹는 사료도 많은 일꾼들을 고용하고 있는 농기구 제조회사에서 만든 농기구를 통해서 만들어진 것이다.

달걀을 운송한 자동차 역시 많은 사람들에 의해서 정제되고 운송된 휘발유에 의해서 움직인다. 이렇게 설명하려면 끝이 없겠으나, 하찮은 달걀도 많은 사람들의 수고에 의해서 생산되고 운반되었다.

우리는 많은 사람들로부터 빚을 지고 있다. 우리를 낳아주시고 길러주신 부모님으로부터 스승, 친구 등 그 상대는 참으로 많다.

우리는 어느 누구도 홀로 떨어져서 살 수 없다. 오늘 구입한 그 식료품에 대해 다시 한 번 생각해 보자.

"젊은이들의 장점을 찾아내라"

한 국가의 젊은이들은 그 국가의 매력이다.
— 벤저민 디즈레일리

오늘날 젊은이들에 대한 부정적인 견해가 지배적이다. 오늘날 젊은이들이 마약, 음주, 범죄 등으로 사회를 혼탁하게 만들고 있기 때문에 부정적으로 볼 수밖에 없는 것이다.

예전부터 자신이 살고 있는 시대가 역사적으로 가장 혼탁하고 나쁜 시대라고 생각하는 사람들은 항상 있어 왔다.

그리고 지금도 젊은이들을 바라보고 희망이 없는 시대라고 생각하는 사람들도 있다. 1960년대, 1970년대에 살고 있던 사람들도 그 때 젊은이들의 모습을 보고 종말이 왔다고 생각하는 사람들이 많았다.

그러나 많은 사람들은 젊은이들의 좋은 점을 보고, 적극적으로 살려고 노력한다.

사랑으로 젊은이들을 대하고 가르칠 때 젊은이들도 생산적이고 긍정적인 삶을 살아갈 수 있다.

"친절과 동정을 베풀라"

친절이란 사람들이 받을 자격 이상으로 그들을 사랑하는 것이다.

— 지그 지글러

18세기에 일어난 일이다. 슈비누는 죄를 짓지 않았음에도 불구하고 억울하게 감옥에 끌려가고 있었다. 그런데 그는 이미 몇 주 전에 자포자기한 상태였다.

감옥으로 끌려가는 죄수들을 바라보는 사람들의 눈에는 경멸과 멸시가 가득 들어 있었다. 슈비누를 끌고 가는 죄수 호송마차가 어느 집 앞을 지나갈 때, 외과 의사인 필립은 우연히 슈비누를 보고 그를 돕기로 결심했다. 그는 슈비누가 갇혀 있는 감옥으로 가서 감옥소장에게 석방시켜줄 것을 요구했다. 그리하여 슈비누는 자유로운 몸이 되었다.

그로부터 몇 년 후 필립은 자신이 개발한 새로운 치료법으로 인하여 폭도들에 휩싸여 생명이 위태로울 지경에 이르렀다. 그 때 마침 폭도들 중에 한 사람이 나타나서 그를 안전하게 대피시켜서 생명을 구할 수 있었다.

"감사합니다. 선생님이 제 목숨을 구해주셨습니다."

필립 박사가 인사를 하자 그 사람은 웃으면서 이렇게 대답했다.

"감사를 드려야 할 사람은 바로 저입니다. 저는 억울하게 감옥에 갇혀 있던 슈비누입니다. 그 때 박사님께서 저를 구해주시지 않았으면 오늘 제가 이렇게 살아 있을 수가 없습니다. 감사합니다."

즉시 은혜를 보답할 수 없는 사람을 위해서 생활하는 것이 참된 사랑이다.

"증오는 파멸을 부른다"

현재에 사는 것은 어렵고, 미래에 사는 것은 우스운 일이며,
과거에 사는 것은 불가능한 일이다.
— 짐 비숍

조지아 주 오거스타에 있는 요한 감리 교회의 루시 베이커 목사는 어느
주일날 설교 시간에 다음과 같은 설교를 하였다.

미친개에 물려서 미쳐버린 한 여인이 화가 나서 종이에 무엇을 갈겨쓰
고 있었다. 그 때 한 의사는 부드러운 눈빛으로 그녀를 바라보고 있었다.
그리고 그 의사는 그녀에게 곧 병이 나아질 것이니 유언장까지 쓸 필요는
없다고 말하였다.

그러자 그 여자는 앙칼진 목소리로 소리 지르듯이 말하였다.

"저는 죽는 것이 두렵지 않아요. 저는 지금 당신이 나에게 주사를 놓기
전에 내가 물어뜯어줄 사람들의 명단을 작성하고 있는 거예요."

이 이야기 속에는 다른 사람에게 증오를 품을 때 그것은 오히려 자기자
신을 파멸시킨다는 교훈이 들어 있다.

성경은 원수를 용서하라고 하였다. 이것은 심리적으로도 맞는 말이다.
남을 용서할 때 자신의 마음도 편안해진다.

당신의 마음이 자유롭고 또 증오로부터 해방될 때 당신이 해야 할 어
떤 일이든 이전보다 더 잘할 수 있다.

"서로 격려하고 성원하자"

인간이 사는 곳은 어디든지 친절을 베풀 기회가 있는 법이다.

— 로버트 슐러

홈 그라운드가 선수들에게 결정적으로 유리하게 작용한다는 것은 운동선수뿐만 아니라 누구나 다 아는 사실이다. 운동장에 모인 관중들은 운동 규칙에 대해서 상세하게 모를지라도 어느 순간에 자기 팀을 향해서 응원해야 하는지 알고 있다. 감독들은 각 지역 팬들의 성원과 격려, 그리고 환호가 선수들에게 어느 정도 유리하게 작용하는지 알고 있다.

그런데 우리는 일상생활에서 이런 격려를 제대로 활용하지 못하고 있다. 우리는 직장 동료 사이에, 부모자식 간에, 그리고 이웃들 간에 이런 격려를 해주고 있는가?

또한 노사관계는 어떤가? 이런 격려를 통해서 사업은 날로 번창할 것이며, 고객들에게 더 많은 서비스를 제공할 수 있다는 것을 모르고 있다.

이런 논리는 매우 분명하고 단순하다.

우리 모두가 우리의 친구들, 친척들, 그리고 동료들을 격려하고 성원한다면 이전보다도 더욱 발전할 것이다.

"서로의 인격을 존중하자"

이기심은 많은 것을 가지고도 작은 일밖에 할 수 없게 하지만, 사랑은
적은 것을 가지고도 많은 일을 할 수 있게 만든다.
— 노먼 V. 필 박사

한 매력적인 여인이 영국의 유명한 정치인 윌리엄 글레스톤의 만찬에 참
석하였다.

그 다음날 그 여인은 글레스톤의 정적인 벤자민 디즈레일리 옆에 앉게
되었다.

그리고 얼마의 세월이 지난 후 어떤 사람이 그녀에게 두 사람에 대해서
묻자, 그녀는 이렇게 대답했다.

"글레스톤의 만찬에 참석한 후 그가 영국의 위대한 정치인임을 확인했
습니다. 그런데 디즈레일리의 옆에 앉자 그가 나에게 영국에서 가장 훌륭
한 여인이라고 말했습니다."

이 이야기는 우리에게 참으로 귀중한 교훈을 준다. 만약 당신이 사람
들을 설득하여 그들을 당신이 원하는 대로 움직이기 원한다면, 그들이 관
심을 갖고 있는 것에 대해서 주의를 기울여야 한다.

상대방에게 자신이 어떤 일을 해낼 수 있는 능력을 갖춘 사람임을 느낄
수 있도록 할 때, 그들은 당신의 뜻대로 움직여 줄 것이다.

당신이 그들에게 친절하게 대한다면 당신을 대단히 좋은 사람으로 여
길 것이다.

"서로 돕고 살아야 한다"

의무는 우리로 하여금 일을 잘 하게 하지만, 사랑은 우리로 하여금 일을
아름답게 만들도록 한다.

— 지그 지글러

에드먼드 힐러리는 에베레스트 산을 최초로 정복한 등산인이다. 그는 당시 현지 안내원인 텐싱의 도움과 안내로 역사상 최초로 에베레스트 산 정복자가 되었다.

텐싱은 앞서 가며 도끼로 얼음을 파헤쳐서 에드먼드 경을 에베레스트 산 정상까지 무사히 오르게 하였다.

그런데 텐싱은 그런 훌륭한 일을 하고도 그 공로를 사양했다. 그는 단지 자신이 해야 할 일을 했을 뿐이라고 겸손하게 말하면서 이렇게 말했다.

"등산가들은 서로 돕습니다."

우리에게 많은 교훈을 주는 말이었다.

그렇다!

등산가 뿐만 아니라 우리사회가 모두 이런 정신으로 살아야 한다. 그렇게만 할 수 있다면 이 세상은 참으로 아름답고 살기 좋은 세상이 될 것이다.

아마도 지금까지 당신은 한 번도 남을 도운 일이 없는지도 모른다. 그러나 앞으로 텐싱처럼 살아가도록 노력하자. 그러면 당신은 놀라운 능력을 발휘할 것이며, 다른 사람들에게 큰 영향을 미치는 사람이 될 것이다.

"도움을 필요로 하는 사람을 도우라"

내가 진실로 너희에게 이르노니 너희가 여기 내 형제 중에서 지극히 작은 자에게 한 것이 곧 내게 한 것이니라.
— 성서

쬬디는 어린이를 구하는 일이라면 세계 어디든지 달려간다. 그녀는 아름답고 동정심이 많은 여성이다. 한 남편의 아내이자 세 자식의 어머니인 그녀는 융자를 얻어 장만한 집에서 남편과 세 자녀와 함께 살고 있다.

이렇게 평범한 한 가정을 거느리고 사는 사람들이 〈미국국제자원봉사기구〉를 운영하고 있다. 그들은 죽음과 질병, 기근으로부터 많은 어린이들을 구해냈다. 힘들고 고된 일을 그들은 즐겁게 해내고 있다.

그들은 매일같이 전화로, 편지로, 또는 가정방문으로 수많은 자원봉사자들을 격려하여 입양단체를 돕고, 가정의 불행으로부터 아이들을 돌보게 한다. 그녀의 집에는 늘 웃음과 환호가 전화로 들려온다.

쬬디와 딕은 무보수로 일하고 있다. 그리고 딕이 힘들여 번 수익 중에서 20%를 그 기구에 기부하여 어린이들을 돌보게 한다. 그러나 그들은 한 마디의 불평도 없이 이렇게 말한다.

"하나님이 시키는 대로 할 뿐입니다."

당신도 이들 부부처럼 당신의 도움을 필요로 하는 사람들을 도와주어라. 그러면 당신도 정상에 오를 것이다.

"배우자에게 관심을 보여라"

남편들아! 아내를 사랑하기를 그리스도께서 교회를 사랑하시고 우리를
위하여 자신을 주심과 같이 하라.

— 성서

대개 함께 신앙생활을 하는 부부들은 거의가 화목하게 생활하며 백년
해로를 하고 있다. 그런데 결혼식 때 교회에 참석한 이후 3~4년이 지나도
록 교회를 찾지 않다가 결혼생활에 파탄이 왔을 때 교회를 다시 찾는 부
부들이 있다.

그러면 부부생활에 교회가 어떤 영향을 미치는 것일까?

첫째, 파탄을 막아준다. 부부가 교회에 함께 가는 것은 고장난 자동차
를 자동차 수리 센터에 맡기는 것과 같다.

둘째, 결혼생활을 귀중하게 여기는 사람들은 거의가 함께 교회에 다니
기 마련이므로 당신도 부부생활을 중하게 여기게 된다.

셋째, 교회는 우리로 하여금 사랑으로 헌신하도록 한다.

예수 그리스도는 늘 최고의 사랑에 대하여 말씀하셨다.

우리는 자기 자신에 대한 관심보다 상대에 대한 관심을 중히 여겨야
한다.

대부분의 사람들이 절망과 상처로 괴로움에 처하게 될 때 도움을 청하
고 매달리게 되는 것은 하나님이다.

결혼 생활을 활기차게 영위하려면 파국이 오기 전에 하나님을 찾는 것
이 현명하다.

"문제 속에는 목적이 있다"

사랑이란 상실이며 단념이다. 모든 것을 주었을 때 사랑은 더욱
풍부해진다. ― 보덴슈데트

한 대장장이가 있었다. 그는 자기 작업장 화로 위에 이런 글을 써서 붙여 놓았다.

'파편 더미가 아니라 불길을!'

그 의미가 궁금하여 어느 누가 묻자 그는 이렇게 대답했다.

"이곳에서 편자를 만들어내는 데, 석탄은 뜨거우면 뜨거울수록 좋습니다. 화로 속에 편자를 꺼내어 철이 강한 지 알기 위해서 두들깁니다. 철이 강하면 불길에 다시 집어넣었다가 꺼내어 두들겨 완성된 편자를 만듭니다. 그러나 강하지 못하면 고철 파편 더미 속으로 던져 버립니다."

우리에게는 시험이나 문제가 많다. 그러나 그것은 우리를 강하게 하기 위해 존재한다. 시련이 없는 사람들은 고철더미 속의 파편일 뿐이다. 문제가 있음으로 우리는 더욱 강해진다.

어느 누구도 닥쳐올 여러 가지 문제들을 예기치 못한다. 실업, 가정파탄, 실연, 배신 등…. 그런 문제를 좋아하는 사람은 없다. 따라서 그런 문제가 없기를 바라지만, 그러나 신이 그런 문제를 허락했을 때는 목적한 바가 있다. 그 점을 찾아야 한다.

우리는 새롭게 출발하기 위해서 그런 문제가 생겼다는 것을 깨달아야 한다. 신은 우리를 중단시키지 않는다.

"여성은 남성에게 영향을 준다"

남자와 여자는 두 개의 악보이다. 그것이 없이는 인류와 영혼의 악기는
빠르고 충분한 곡을 연주할 수 없다. ― 아드지니

남성을 움직이게 하는 최대의 원동력은 여성을 기쁘게 해주려는 욕망이다. 원시시대에도 훌륭한 사냥꾼들은 무엇보다도 여자의 눈에 위대한 남자로 보이고 싶다는 욕망으로 타인을 능가할 수 있는 사냥솜씨를 길렀던 것이다. 이 점에서는 문명이 발달한 오늘날에도 변함이 없다.

현대의 사냥꾼인 남성들은 동물의 가죽 같은 것은 가져오지 않지만, 멋이 있는 의상, 자동차, 돈 등 여자가 좋아하는 물건들을 구해온다. 이런 면에서 남성의 욕망을 볼 수 있다.

남성은 자신이 택한 여성으로부터 영향을 받는다. 이런 의견을 부인하는 남성들도 있겠지만 그것은 오로지 자존심의 문제이다.

남성중에는 자신이 택한 여성으로부터 영향을 받고 있다는 것을 자각하고 있는 사람도 있다. 그들은 그 사실을 부인하지 않는다.

올바른 애정과 올바른 영향 없이 남성은 행복할 수 없는 존재라는 사실을 알기 때문이다. 이런 중요한 진리를 인정하려고 하지 않는 사람은 다른 많은 요소를 결합한 것보다도 더 큰 힘을 스스로 잘라버리는 것이나 다름없다.

"신은 당신의 후원자이다"

하나님은 이 세상을 이처럼 사랑하사 독생자를 주셨으니 누구든지 그를
믿는 자마다 영생을 얻게 하심이라. ― 성서

독자들 중에 비기독교인은 이 글에 대하여 거부감을 느낄 것이다. 그
러나 필자는 50년 넘게 살아오면서 이것이 진리임을 믿기에 이런 글을 쓴
것이다.

성서에 나오는 여러 가지 이야기들 중에서 필자가 가장 감동 있게 읽은
글은 다음과 같은 구절이다.

예수께서 말씀하시기를 부자가 하늘나라에 가는 것은 낙타가 바늘구
멍을 통과하기보다 더 힘드니라 하자 제자들이 심히 놀라 그러면 누가
구원을 얻을 수 있으리이까? 하고 묻자 예수께서 가라사대 사람으로서는
할 수 없으나 하나님은 다 할 수 있느니라.

모든 인간은 스스로 하나님과 관계를 맺기가 불가능하다는 것을 이
글은 말하고 있다.

즉 낙타가 바늘구멍을 통과하지 못 하듯이 인간은 부자이든, 가난하
든 자기 자신을 구원하기가 불가능하다는 것이다. 만일 낙타가 바늘구
멍을 통과하려면 하나님의 힘을 빌려야 할 것이다. 그것이 바로 하나님
이 우리를 위해서 하신 일이다. 그럼에도 불구하고 많은 사람들은 스스로
노력하여 하나님과의 관계를 맺으려고 하기 때문에 비극이 생긴 것이다.

하나님과 우리와의 관계도 마찬가지다. 어떤 기적이 발생한다. 그 기
적은 오직 당신을 위해 일어난 것이다.

"당장 사용할 수 있는 것"

당신 친구가 할 수 있는 그 이상의 일을 할 수 있도록 도와주라. 그러면
당신의 일도 잘 될 것이다. — H. N. 센필드

노먼 빈센트 필 박사가 어느 날 가난한 집을 방문하였다.

남편 되는 사람은 침울한 표정으로 앉아 있었으나 그의 부인은 "하나님이 우리에게 기회를 반드시 주실 것"이라고 말하면서 벙어리장갑을 만들고 있었다.

필 박사가 그 부인에게 무엇에 사용하려고 만드냐고 물었다. 그러자 그 부인은 뜨거운 냄비 같은 것을 들 때 사용하려고 만든다고 대답하였다. 그 때 필 박사에게 한 가지 아이디어가 떠올랐다. 그래서 부인에게 말했다.

"이것을 가지고 백화점에 한 번 찾아가 보세요."

남편은 필 박사의 말에 동의하여 백화점을 찾아갔다가 많은 주문을 받아가지고 왔다. 그리하여 그들 부부는 주문받은 것을 만들기 위하여 사람을 채용하게 되었다.

빌의 아내는 손에 단순히 헝겊을 가지고 장갑을 만들고 있었다. 그러나 그것이 그들 부부를 가난에서 벗어나게 하였다.

하나님은 모세에게 비슷한 질문을 하였다.

"그대는 손에 무엇을 가지고 있는가?"

"지팡이입니다."

"네 손에 있는 지팡이로 기적을 행하고 이스라엘 자손을 해방시킬 것이다."

하나님은 당신에게 질문하신다.

"당신 손에 있는 것은 무엇이냐?"

"조건과 대안을 비교하라"

무릎을 꿇고 예배하기에는 너무나도 아름답고, 사랑하기에는
너무나도 신성한 것. — 밀멘

인생은 상대적인 가치로 이루어져 있다.

"당신은 오늘 기분이 어때?" 하고 물으면, 우리는,

"언제와 비교해서?" 또는 "누구와 비교해서?"라고 되묻기 마련이다.

지금보다 더 고통스러운 때가 당신의 삶속에서 얼마나 많았는가? 만일
많지 않았다면 지금 행복하다고 말할 수 있지 않은가?

신념은 당신의 조건들을 비교해보는 것이다. 당신의 현재 상태와 시베
리아 노동자 수용소에 있는 사람들의 생활조건을 비교하면 당신은 참으
로 행복하다고 말할 수 있을 것이다.

조건들을 비교하는 이런 과정으로 당신의 조건을 보다 멋지게, 아니면
보다 나쁘게 만들 수 있으며, 또 그것을 승화시킬 수도 있다. 스스로의 태
도를 바꿈으로써 조건을 변경시킬 수도 있는 것이다.

신념은 또한 대안을 비교하는 과정이다. 당신이 취할 수 있는 선택권
은 무엇인가? 만약 당신이 적극적이고 진취적이라면 가능성의 신념을 실
행함으로써 앞으로 다가올 수 있는 모든 성공적인 대안들을 열거해 보라.

오늘 대안들을 비교해 보면서 당신이 사용할 수 있는 시간과 노력, 그
리고 재산 목록을 작성해 보라.

"내적 자아를 조화시켜라"

애교 있는 행동은 사람을 즐겁게 하고, 진실 있는 행동은 사람의 마음을
지배한다. ― 호프

우리들 각자 내부에는 다음과 같은 모습의 자아가 있다.

- 유감스러운 자아.

- 조심스러운 자아.

- 저돌적이며 모험을 좋아하는 자아.

- 고귀한 자아.

- 육체의 욕망에 빠져 버린 것 같은 자아.

- 야망을 가지고 앞날을 설계하는 자아.

- 성공의 쉬운 방법을 찾는 자아.

우리는 자신의 내부에 있는 것들과 조화를 이룰 때 완전함을 경험하
게 된다.

그런데 이 내부에 있는 자아는 마치 자전거 바퀴와 같다. 바퀴의 가
장자리 테와 바퀴 중심이 조화를 이루어야만 자전거는 넘어지지 않는다.

신은 바퀴의 중심이다. 그 신은 우리가 내부와 조화를 이룰 때까지 우
리 인생을 종합해준다.

우리의 믿음은 바퀴의 가장자리 테와 같다.

오늘날 당신의 영혼 속에 선과 악, 긍정적인 것과 부정적인 것, 절대자
와 사탄이 투쟁을 하고 있다는 마음이 드는가?

믿음은 신과 당신의 내적 자아가 일치되도록 노력하는 것이다.

"비판보다는 칭찬을"

버려진 동산에는 즉시 잡초가 자라듯이, 경솔하게 보호된 사람은 쉽사리
불쾌한 감정에 의해서 잠식되어 버린다.
— 앙드레 모로아

우리는 종종 친구들이 좋은 일을 하면 그것을 당연시 한다. 그러나 친
구가 잘못을 저지르면 충고나 비난을 하거나 심한 책망도 마다하지 않는
다. 당신 자신은 물론 연인이나 지인들이 좋은 일을 하면 당연시 하는 잘
못을 범하고 있는 것이다.

당신의 아이들이 학교에서 모든 면에서 잘하고 있고, 늘 책임감을 가지
고 운전해주는 기사가 있으며, 진실한 친구가 있다는 사실에 우리는 얼마
나 감사함을 느끼고 있는가?

종종 우리는 장점을 망각해 버리고 부정적인 것들에만 반응을 한다.

우리는 자매들이나 친구들에게 잘못을 저지르지 않도록 '예방적 사랑'
을 해야 한다.

당신의 아이들이 평소에 잘 하고 있는 부분들에 대해서 칭찬을 함으
로써 그들을 격려하라. 또 다른 가족에게도 늘 격려해주는 사랑을 실천
하라.

친구들이나 친지들에게 칭찬을 해주는 습관을 가져야 한다. 그들이 승
리자가 되도록 도움으로써 당신 자신도 승리자가 될 것이다.

"오만을 버려라"

희망이 없는 사랑을 하는 자만이 사랑을 알고 있다.

— 쉴러

겸손은 중요하다. 그런데 겸손이란 무엇을 말하는가? 그것은 오만의 반대이다. 그러면 오만은 무엇인가?

• 오만은 어떤 일의 미래가 불확실할 때, 그것은 무조건 불가능하다고 우기는 것이다.

• 오만은 자기 주장을 내세우며 다른 사람의 의견을 듣지 않는 것이다.

• 오만은 단지 다른 사람이 그것을 말했다는 이유로, 또는 이미 자신의 마음속으로 결정했다고 해서, 다른 사람의 신용을 얻기를 원치 않는다는 이유로 인해서 충고받기를 거절하는 것이다.

• 오만은 이익을 얻지 못한다고 하여 도움을 거절하는 것을 의미한다. 또 이익을 얻었을 때는 칭찬을 하지 않는 것이다.

• 오만은 믿음의 반대말이다.

• 오만은 어떤 일이 잘못된 것을 알고도 완고하게 마음을 바꾸지 않는 것을 의미한다.

이런 모든 오만을 겸손의 제단 위에서 믿음을 통해 버려라.

"끝까지 견디어 내라"

아내의 인내만큼 아내의 큰 명예는 없고, 아내만큼 명예롭지 못한 것은 없다. ─ 속담

사랑과 믿음은 동전의 양면이다. 믿음 없는 사랑이란 있을 수 없고, 사랑 없는 믿음도 불가능하다.

당신이 누군가를 믿고 있는데, 그가 당신을 실망시키면 어떤 기분이 들까?

믿음은 다른 사람이 아닌, 나 자신이 하는 것이다. 당신이 궁지에 빠져 있는 것을 보고도 짐을 함께 지지 않고 도망가 버리면 당신은 어떻게 하겠는가? 믿음만 있다면 당신은 지탱해 나갈 것이다.

당신이 행복한 시기에 약속할 때는 나중에 닥칠 불행을 예상치 못했을 것이다.

이제 어떻게 하겠는가?

믿음은 당신으로 하여금 계약에 충실하게 하여 고개를 높이 들게 하는 그런 긍정적인 태도이다. 그러면 당신은 믿음직하고 신용 있는 사람이 될 것이다.

믿음에 의해 지켜지고 강화된 인내는 당신에게 명성을 가져오고, 그 명성은 당신이 새로운 가능성에 도전할 때 커다란 도움이 될 것이다.

"사소한 것들을 양보하라"

기쁠 때나 절망을 느낄 때나 사랑이 무엇인지 아는 것은 여자뿐이다.
남자에게 있어서 사랑이란 일부는 공상이요, 거만이요, 탐욕이다.
— 카롤 입베르만

하와이 해변가에 두 원주민이 서 있다. 그들은 작은 채를 함께 들고 채질을 하고 있었다. 누군가가 그들에게 와서 물었다.

"당신은 지금 무엇을 찾고 계십니까?"

그들은 생소한 바다에 서식하는 생물의 이름을 대었다. 그들은 채에서 작은 딱정벌레 같은 것을 골라 내어 통에 담고는 예쁜 조개들은 버린다. 조금 전에 물었던 사람이 놀라서 다시 물었다.

"이 예쁜 조개들을 왜 버리십니까?"

그들은 묻는 사람이 이상하다는 듯이 한참 바라보더니 이렇게 말했다.

"조개로는 고기를 잡을 수가 없습니다. 그러나 이 작은 딱정벌레로는 큰 고기를 잡을 수가 있고, 그것은 우리 가족의 양식이 됩니다."

믿음이란 현명하게 타협하는 것이다. 조개는 사소한 것이다. 우리는 항상 사소한 것에 이끌려 가장 기본적인 것을 망각해 버리는 오류를 범한다.

믿음이란 본질적인 가치를 추구하고 지엽적이고 피상적인 가치를 버리는 것이다.

"갈등을 창조적으로 해결하라"

다른 사람과의 언쟁에서 화를 내기 시작하면 그 때는 벌써 진실을 위한
언쟁이 아니라 자신을 위한 언쟁이 되고 있다. — 칼라일

인간관계에서 문제와 갈등이 없을 수 없다. 여기서 중요한 것은 그런
갈등을 어떻게 해결하느냐 하는 것이다.

앞으로 그 인간관계가 발전하고자 한다면 이 갈등을 창조적으로 해결
해야 한다. 갈등을 만났을 때, 부정적으로 생각하는 사람과 긍정적으로
생각하는 사람과는 차이가 난다. 부정적인 사람은 갈등을 만났을 때 방
어적이 되지만, 긍정적인 사람은 조정자가 된다.

갈등의 해결은 마음의 결심에서부터 시작된다. 즉 당신이 그 갈등을 처
리할 것이며, 그 갈등이 당신을 처리하도록 내버려 두지 않겠다고 하는 결
심이다. 갈등으로 인해서 당신이 지금까지 쌓아온 인간관계를 분리시키
도록 내버려 두지 않겠다는 결심이다. 또한 더 많이 인내할 것을 결심하
면 그때야 비로소 갈등의 해결이 보이는 것이다.

모든 인간관계에서 의견의 일치가 안 될 때가 있다는 것을 알면 감소될
것이다. 부부관계에서는 그 갈등을 잠들기 전에 해소하도록 노력해야 한
다. 그렇지 않으면 단잠을 이룰 수 없을 것이다.

모든 인간관계에서 갈등은 필연적이지만, 그것에 대한 반응에 따라 행
복과 불행이 좌우된다.

"작은 것에서 큰 것을 생각하는 사람은 성공한다"

쉬운 일은 어려운 일처럼 하고, 어려운 일은 쉬운 일처럼 하라.

— B. 그라시안

작은 일에 최선을 다하는 사람이 큰일에도 최선을 다할 수 있고, 작은 일을 잘 하는 사람이 큰일도 잘한다. 옛 성인들도 무슨 거창하고 큰일만을 하면서 살지 않았다. 평소에 이웃을 사랑하고 작은 선들을 베풀며 살았다. 꿈은 클수록 좋지만 평소에는 작은 일에도 최선을 다하겠다는 마음으로 살아야 한다. 남들은 싫어하는 일, 사소한 일에도 최선을 다하여 살아야 한다. 그런 사람이 결국 성공하게 된다.

대부분의 사람들은 사소한 일에는 관심을 기울이지 않고 무심코 그냥 지나친다. 사소한 일이니까 중요하지 않을 것이라고 생각하기 때문이다. 그러나 이것이 대부분의 사람들이 저지르는 실수이다. 역사적으로 위대한 일을 한 사람들이나 성공적인 삶을 산 사람들은 지극히 사소한 일이라도 결코 무심히 지나치는 일이 없었다. 이것이 성공한 사람들의 공통점이었다.

성공한 사람들은 사소한 것에서 큰 것을 생각해냈다. 다시 말해서 그들은 진흙 속에서 진주를 발견하였던 것이다.

사회생활에서 가장 중요한 대인관계

"대인관계란 메아리와 같다"

'자기'라고 생각하고 있는 것이 자기가 아니다. 반성하고 사고思考하고,
노력하는 자신이 바로 참된 자기인 것이다.

— 노먼 V. 필 박사

한 어린 소년이 어머니로부터 꾸중을 듣고 화가 나서 "엄마 미워!" 하고
소리 지르고는 어머니가 야단을 칠까 봐 겁이 나서 산으로 도망을 갔다.
산에 가서도 화가 풀리지 않은 소년은 다시 소리를 질렀다.

"난 엄마가 미워!"

그 때 놀랍게도 "난 네가 미워!" 하는 소리가 들리는 게 아닌가?

놀란 소년은 당장 집으로 달려와서 어머니에게 그 산에는 자기를 미워
하는 나쁜 소년이 있다고 말하였다. 그 소리를 들은 어머니는 아이를 데
리고 산으로 왔다. 그리고는 이렇게 소리치라고 아들에게 말하였다.

"나는 너를 사랑한다! 나는 너를 사랑한다!"

그러자 산에서 "나는 너를 사랑한다."는 메아리가 들려왔다.

인생은 메아리와 같다. 즉 대인관계는 메아리와 같은 것이다. 우리는
심은 대로 거두게 된다. 당신 안에 다른 사람에게서 볼 수 있는 장점과 단
점이 들어 있다.

당신이 무엇을 하든, 어떤 일에 종사하든 대인관계는 당신이 한 만큼
대우를 받게 되는 것이 철칙이다.

"다른 사람의 도움이 필요하다"

언어도 그림이나 음악, 또는 문학 못지 않은 예술이며, 안전한
피난처이다.
— 제인 헤리스

성공에는 빼놓을 수 없는 한 가지 요소가 있다. 그것은 당신이 어떤 사람들을 알고 있으며, 또 어떤 사람들이 당신을 알아주는가 하는 것이다. 이것은 결국 대인관계의 문제이다.

대인관계에서 먼저 알아두어야 할 사항은, 자신의 재능이 어떠하든지 다른 사람의 도움을 받지 않으면 성공하지 못한다는 사실이다.

이것은 지금까지 살아온 당신의 과정이나 성공한 사람들의 삶의 방법을 보면 분명하게 알 수 있다.

따라서 당신의 아이디어나 능력을 인정해줄 수 있는 사람을 구하는 일이 무엇보다도 중요하다.

성공하고 싶은가? 대인관계를 중요시하지 않으면 성공할 수 없다.

흔히 '운이 트였다'고 하는 말도 대개의 경우 좋은 후원자가 생겼다는 의미이기도 하다.

'교제'는 자기라는 인간과 자기의 능력을 필요로 하는 일과의 교량역할을 한다. 다시 말하면 교제란 성공의 기회를 제공하는 것이라고 할 수 있다.

대인관계로 인해 당신의 인생이 바뀌어질 수도 있다.

"남을 멸시하지 말라"

남에게 대해서, 또 남의 일에 대해서 말을 삼가라.

— 헨리 필딩

몇 년 전 월터 헨리라는 사람이 유명 인사들을 자기회사로 초청하여 회사를 소개한 일이 있었다. 그는 맨 처음 창고로 사람들을 안내하였다. 그때 창고관리자가 인사를 하자 그는 이렇게 말했다.

"좋은 직장을 만드느라 수고가 많습니다."

그러자 창고관리인은 대답했다.

"그렇게 하려고 애쓰고 있습니다."

사장은 다시 사람들을 다른 부서로 데리고 가서 부서에서 일하고 있는 사람들을 바라보면서 이렇게 말했다.

"잘은 모르지만 여기 와서 보니 여러분들이 잘 하고 계시다는 것을 느낄 수 있습니다."

그러자 그 부서의 한 사람이 웃으면서 말했다.

"감사합니다. 최선을 다하고 있습니다."

다음에 2층으로 올라갔다.

그는 2층 사무실에서 일하고 있는 사람을 소개하면서 이렇게 말했다.

"나의 아내가 말하는데, 당신이 실력이 참 많다고 합니다."

월터 헨리는 모든 직원들을 진심으로 칭찬하였다.

"타인이 소원을 성취하도록 도와주라"

남의 잘못에 대해서 관용하라. 오늘 저지른 남의 잘못은 어제 내
잘못이라고 생각하라. 잘못이 없는 사람은 한 사람도 없다.
— 셰익스피어

노스 캐롤라이나에 사는 데이브드 슈트어트는 '재능은행'을 설립하였
다. 그는 새로운 신입사원이 입사하면 그들을 맞으며 "인간은 누구나 성
공할 수 있는 재능을 가졌다."라고 말한다.

그리고 각자가 자신의 재능을 발견하고 그것을 개발하도록 하라고
말한다. 그런데 놀랍게도 나이, 학력, 인종과 관계없이 이 방법이 효과
가 있었다.

데이브드는 남의 재능을 발견하고 그것을 개발하도록 도와줌으로써
자신의 재능도 함께 개발된다는 사실을 알았던 것이다. 남에게 웃음을 많
이 줄 때 그것은 곧 자신이 웃는 것과 같은 이치다.

그 후 그 회사는 놀라울 정도로 성장하였다. 성장 요인에는 무시하지
못할 두 가지가 있었다.

첫째는 사장이 남의 능력을 인정해주었다는 것이고, 두 번째는 어떤 목
표가 달성되면 그 즉시 더 큰 목표를 세우고 시작했다는 점이다.

진정으로 타인의 성취에 도움을 주면 당신의 소원도 성취될 것이다.

"타인에 대한 사고방식"

싸움을 삼가라. 아무도 강제로 설득하려고 하지 말라. 이견異見이란 못과 같은 것이다. 때리면 때릴수록 깊이 들어간다.

— 유베날그

하버드 대학의 로버트 로젠달 박사는 얼마 전에 한 가지 재미있는 실험을 하였다. 실험 대상인 학생들을 세 그룹으로 나누어 각 그룹에 쥐를 몇 마리씩 주면서, 첫 번째 그룹에는 이렇게 말했다.

"학생 여러분은 행운아입니다. 지금 여러분에게 주어진 쥐는 천재의 머리를 가진 쥐입니다."

그리고 두 번째 그룹 학생들에게는 "여러분은 보통 쥐를 다루게 되었습니다. 따라서 보통 정도의 기대를 걸 수 있을 겁니다."

마지막으로 세 번째 그룹의 학생들에게는 이렇게 말했다.

"여러분은 바보 쥐를 다루게 되었습니다. 그러므로 거의 기대를 할 수 없을 겁니다."

6주 동안 학생들은 똑같은 환경에서 쥐를 상대로 실험을 했다. 첫 번째 쥐들은 천재같이 행동했다. 두 번째 쥐들은 보통 정도의 실적을 올렸다. 그리고 세 번째 쥐들은 바보 같은 행동을 했다.

여기서 우리가 기억해야 할 것은 천재 쥐, 보통 쥐, 바보 쥐는 없다는 사실이다. 쥐는 다 똑같다. 문제는 실험에 참여하는 학생들의 자세인 것이다.

당신이 상대하는 사람들이 어떤 사람이든, 당신에 대한 그들의 태도는 바로 당신 자세에 달려 있는 것이다.

"필요를 알고 그것을 충족시켜라"

나쁜 이웃은, 좋은 이웃이 큰 축복인 것처럼 큰 불행이다.
— 헤시오도스

어떤 여행자가 천국과 지옥을 구경할 기회가 있었다. 먼저 악마의 인도로 지옥부터 구경하게 되었다.

그가 도착했을 때 지옥에 있는 사람들은 때마침 식사 시간이라 모두들 식탁에 모여 있었다. 식탁에는 온갖 맛있는 음식들로 진수성찬이 놓여 있었다.

그런데 식탁에 둘러앉아 있는 사람들의 얼굴은 하나같이 모두들 창백하고 몸은 뼈만 남아 있었다.

그들의 왼손에는 포크가, 오른손에는 나이프가 쥐어져 있었으나 그 길이가 120센티미터나 되었다.

그들은 그 긴 나이프와 포크로 서로의 입에 음식을 넣어 먹여줄 줄 모르고 자기 입에만 넣으려고 헛손질만 하고 있었다.

그 다음에 그 여행자는 천사의 친절한 안내를 받아 천국으로 구경을 갔다. 천국에 도착하자 마침 그때가 식사 시간이라 식탁에 모두들 둘러앉아 있었다. 그런데 모두들 지옥과 달리 얼굴에는 기름기가 가득했고, 몸에는 살이 통통하게 쪄 있었으며, 그들에게도 지옥과 같이 긴 나이프와 포크가 쥐어져 있었다. 그러나 그들은 서로 음식을 먹여 주면서 즐겁게 식사를 하고 있었다.

그들은 남에게 도움을 줌으로써 자기가 원하는 도움을 받고 있었다.

지옥의 사람들은 자기의 배만 채울 생각을 하고 있었지만, 천국의 사람들은 이웃의 배를 채울 생각을 하고 있었다.

"행복한 자가 되려면 타인을
행복하게 만들어라"

**남이 행복하지 않은 것은 극히 당연한 일처럼 여기지만 자기 자신이
행복하지 않은 것은 좀처럼 납득하지 못하는 법이다.** ─ 에센비하

미국 혁명전쟁 때 명성을 날렸던 엔더스 소령은 은퇴한 후 도서관을 설립하였다. 그는 도서관을 무료로 개방했다.

그런데 그 도서관에 매주 토요일마다 찾아오는 한 젊은이가 있었다. 그는 도서관을 이용하여 공부를 하면서 도서관을 설립하여 무료로 개방하여 자신과 같은 사람들에게 공부할 수 있는 장소를 마련해 준 데 대하여 항상 감사함을 느끼고 있었다.

그 젊은이가 바로 엔드류 카네기로, 후일에 43명의 대 부호를 배출시켰다.

카네기는 그 후 도서관을 설립한 엔더스에게 고마움을 표시하는 뜻으로 미국 전역에 수많은 도서관을 세워 공부하려는 많은 젊은이들에게 장소를 제공하였다.

당신이 타인의 능력을 발견하고, 그 능력을 개발하도록 도와주는 것은 놀라운 인류애의 한 부분이다. 우리는 여기서 중요한 교훈을 얻을 수 있다. 즉 '주면 줄수록 더 많은 것을 얻을 수 있고, 남을 행복하게 하면 우리는 더 큰 행복을 얻는다는 것'을.

November

8 Day

"자신이 먼저 정직하라"

행복한 사람은 남을 행복하게 만들어 줄 수 있다. 남을 복되게 해
주면 자기의 행복도 한층 더한 것이다. — 그림

어느 제과업자는 자신에게 버터를 제공하는 농부가 속인다고 생각
하였다. 그래서 며칠 동안 조사한 결과 사실임을 확인했다. 그는 고소
를 했다.

재판이 열리는 날 판사는 농부의 말을 듣고 놀라서 말을 하지 못했다.
농부에게는 저울이 없었다. 그래서 제과업자가 만들어 주는 1파운드 짜
리 빵을 기준으로 해서 버터의 양을 책정했다. 그 빵의 기준이 미달되었으
므로 자연히 버터의 양도 정량에서 미달되었던 것이다. 제과업자가 정직
하지 못했기 때문에 농부도 역시 속인 것이다.

남이 정직하기를 기다리지 말고 당신이 먼저 정직한 사람이 되어야 한
다. 그러면 다른 사람도 당신이 정직한 줄 알고 정직하게 대할 것이다.

당신은 남에게 좋은 영향을 줄 수도 있고, 나쁜 영향을 줄 수도 있다.
또 적극적인 영향을 줄 수도 있고, 소극적이고 나쁜 영향을 줄 수도 있다.
그러므로 당신은 항상 건전한 사고방식을 가져야 한다. 주위의 사람들에
게 항상 어떤 영향을 끼치고 있으므로 타인을 가치 있게 대하여 주면 그
는 더욱 노력하게 될 것이다.

"타인에게 필요한 열쇠가 당신에게"

우리는 재산을 생산하지 않으면 소모할 권리가 없는 것과 마찬가지로
행복을 생산하지 않으면 소모할 권리도 없는 것이다.

— 조지 버나드쇼

어떤 노인이 마을의 공연장에서 피아노를 치고 있었다. 그 노인은 능숙한 솜씨로 피아노를 연주했다. 그런데 그 날이 노인이 그 공연장에서 피아노를 치는 마지막 날이었다. 왜냐하면 젊은 사람에게 그 자리를 물려주어야 하기 때문이다.

한 젊은이가 공연장으로 들어왔다. 그 때 노인은 피아노의 열쇠를 자기 주머니에 넣고 공연장 뒤쪽으로 갔다. 젊은이는 노인과 마주치자 손을 내밀면서 "열쇠를 주세요."라고 말하였다.

그러자 노인은 아무 말 없이 주머니에서 열쇠를 꺼내어 젊은이에게 주었다.

젊은이는 열쇠를 가지고 피아노를 열고 의자에 앉아 피아노를 치기 시작했다. 젊은이는 천재적인 솜씨를 발휘하여 피아노를 연주했다. 연주한 곡은 바하의 곡이었다. 피아노 연주는 청중들의 심금을 울렸다. 젊은이의 피아노 연주를 듣고 있던 그 노인은 글썽이는 목소리로 중얼거렸다.

"내가 만일 열쇠를 주지 않았더라면 관중들이 저렇게 아름다운 선율의 소리를 듣지 못했겠지."

그렇다. 우리 모두 다른 사람이 필요로 하는 열쇠를 가지고 있다. 이 세상은 혼자 사는 것이 아니다. 우리의 모든 행동은 다른 사람에게 어떤 식으로 영향을 주고 있다. 평소 우리는 의무와 책임을 다해야 한다.

"교제는 성공의 기회이다"

남에게 선을 베푸는 자는 자기 자신에게도 선을 베푼다. 이 말은 남에게
선을 베푸는 선한 일에는 의미가 있다는 말이다. ― 세네카

인생에 있어서 교제는 종종 우리의 생의 방향을 바꾼다.

잔 톰프슨은 항공기 산업에 관계되는 저명한 인사들과 교제를 통하여
회사의 부사장이 되었다.

잔 폭스는 친구의 소개로 내셔널 리서치 사장 보좌관이 되었다.

성공한 사람에게 있어서 개인적인 교제는 매우 중요한 역할을 한다.

교제는 성공의 기회를 가져온다.

자신에게 도움의 손길을 내미는 사람은 누구인가? 그런 사람을 어디
서 만날 수 있는가?

그러나 그것은 누구도 예측할 수 없다. 전혀 생각지도 못한 사람이 구
원의 손길을 뻗칠 수 있다. 당신이 일하는 것과 관계되는 사람일 수도 있
고, 친구 등을 거쳐 당신이 알고 있는 사람인지도 모른다. 즉 교제의 범위
를 넓히면 그만큼 미래에 대한 기회도 많아진다는 것이다.

그런데 이런 교제에 있어서 주의할 점이 있다.

첫째는 막연히 다가서서는 도움이 되지 않는다는 점이다. 자신의 일을
열심히 하는 사이에 도움이 된다.

두 번째는 당신을 완전히 내려놓아야 한다는 점이다.

"교제를 넓히는 방법"

어리석은 자는 친절한 사람이 될 만한 인품을 가지지 못하는 것이
보통이다. 남에게 친절하다는 것은 즉 자신의 인품을 높이는 것이 된다.
— 라 로시푸코

방구석에 처박혀 있으면서 교제의 범위가 넓혀질 것이라는 생각은 하
지 말라.

끊임없이 활동하고 사람을 만나지 않는 한 당신은 혼자일 수밖에 없다.

활동에는 비즈니스와 일상생활 두 가지 면이 있다.

비즈니스를 위해서라면 자신의 전공적인 일과 관계되는 그룹의 사람들
을 만날 필요가 있다. 거기에서 가르치고 배우며, 연설을 하는 등의 활동
을 하려면 새로운 사람들과 교제를 넓히는 데에 도움이 된다.

그 다음으로 일상생활에서 활동을 많이 하기 위해서는 마음의 문을 열
어놓아야 한다.

기회는 얼마든지 있다. 여러 종류의 클럽에 가입하든지, 동창회 등 여
러 모임에 가입하면 된다.

많은 활동에 참가함으로써 그만큼 교제의 범위가 넓혀진다. 그렇게 교
제를 넓혀 가는 과정에 성공의 기회가 올 것이다.

"가장 중요한 타인"

집이 화염에 싸여 있지 않은 한 서로 큰 소리로 이야기하지 말라.
— H. 데브류 톰프스

우리에게 있어서 가장 중요한 타인은 결혼 상대자이다. 결혼 상대자는 남이지만 결혼한 후에는 우리와 한 몸이요, 일체이다. 그럼에도 불구하고 대부분의 기혼 남녀들은 배우자를 정중하게, 예의바르게 대하지 못하고 있다.

부부간에 서로 존중하고 예의를 지키지 않을 때 문제가 생긴다. 예를 들어서 친구와는 몇 시간씩 대화를 나누면서 아내와는 바쁘다는 핑계로 대화를 나누지 않는다.

반대로 아내도 남편에게 예의를 지키지 않는 일이 있다. 별로 중요하지 않은 일로 옆집 부인과 장시간 대화를 나누거나 전화를 거느라 집안일을 소홀히 한다.

아내의 행복은 남편이, 남편의 행복은 아내가 좌우한다. 아무리 친한 친구라도 남편보다, 아내보다 소중하지 않다는 사실을 잊어서는 안 된다.

부부관계는 인간관계에서 다른 어떤 관계보다도 우선하는, 중요한 관계라는 사실을 명심해야 한다. 서로 상대방에 대해서 예의를 지키고 존경심을 가지고 대할 때만 부부생활에서 행복을 기대할 수 있다. 부부는 타인임에는 틀림없지만, 행복과 불행에 밀접한 관계가 있는 중요한 타인임을 잊어서는 안 된다.

"남편과 아내에 대한 충고"

행복하게 되어서 노래를 부르는 것이 아니다. 노래를 부르는 것이 당신을 행복하게 하기 때문이다. — 윌리엄 제임스

행복한 결혼 생활을 위한 몇 가지 충고를 하려고 한다.

첫째, 당신 부부가 결혼하기 직전 데이트하던 시절을 회상해 보라. 서로 사랑해서 잘 보이려고 서로가 좋아하는 행동만 했고, 예의바르게 정중하게, 그리고 명랑하고 정직하게 행동했을 것이다. 이런 요소들이 당신의 부부생활을 안정시켜준다는 사실을 아는가? 혹은 부부 사이에 문제가 생겼을지라도 그 시절로 돌아간다면 문제는 저절로 풀어질 것이다.

둘째, 결혼이란 부부가 50대 50으로 노력할 때 이루어지는 것이 아니라 100대 100으로 노력할 때 이루어지는 것이다.

셋째, 매일 서로에게 사랑을 알리면서 하루를 시작하라. 가능하다면 낮에도 사랑의 전화를 하라.

넷째로, 예기치 않았던 선물로 인해서 상대를 놀라게 한다. 선물의 크기는 문제가 아니다. 상대에 대한 관심이 중요하다.

다섯째로, 부부가 자주 의미 있는 시간을 함께 보내어라. 정다운 시간을 가지도록 하라. 마치 서로가 가장 중요한 사람인 것처럼 느끼게 하라.

이상의 충고를 따른다면 원만한 부부관계는 이루어질 것이다.

"행복한 결혼의 조건"

사랑은 부분이다. 사랑은 전체이다. 사랑은 예복이며, 관포이다. 사랑은 심장, 머리, 그리고 영혼의 지배자이며, 모든 것의 주인이다.
— 맥도날도

행복한 결혼의 조건은 무엇일까? 각 개인의 결혼관과 인생관에 따라 다르겠지만, 다음이 기본 조건이라고 생각한다.

첫째, 사랑이다. 행복한 결혼의 첫째 조건으로 사랑을 말하는 것에 대해서 이의를 제기하는 사람은 없을 것이다.

두 번째는 충성심이다.

세 번째는 용서하는 마음이다. 서로의 잘못을 용서하는 마음이 참으로 중요하다.

네 번째는 우정이다. 우정은 서로를 하나의 인격체로 존중하게 하는 마음이다.

다섯 번째는 희망이다. 서로에게 희망이 되어주고 또 희망을 심어주는 것은 부부관계에서 무엇보다도 중요하다.

여섯 번째는 관용이다. 서로의 잘못에 대해서 용서를 할 줄 알고, 서로의 입장을 이해하는 너그러운 마음이 행복한 결혼에 있어서 필수조건이다.

일곱 번째는 믿음이다. 서로에 대한 믿음이 쌓일 때 갈등이나 오해는 사라지고 화목한 삶을 영위할 수 있다.

마지막으로 웃음이다. 늘 웃음이 끊이지 않을 때 그 가정은 언제나 행복하며, 원만한 부부생활이 지속된다.

"아내 사랑의 비결"

여자는 남자보다 더 쉽사리 운다. 뿐만 아니라 자기를 울린 일에 대해서는 남자보다 더 오래 기억한다. — 앙리 드 레니아

여자는 아주 작은 예의조차 소중하게 생각한다는 것을 알아야 한다. 그리고 그것을 아내에게 보여주어야 한다.

사업에서나 생활에서 즐거운 일이 있으면 그것을 늘 아내에게 돌려준다. 아내에게 유치한 농담이나 비난의 소리를 해서는 안 된다.

특히 타인 앞에서 아내에 대한 농담은 그녀로 하여금 상처를 입게 한다. 비난 대신 칭찬을 해야 한다.

여자는 안전을 매우 중요시한다. 당신은 그녀가 필요하다는 사실을 알려야 한다.

그리고 그녀에게 항상 고마움을 느끼고 있다는 증거를 보여야 한다.

집안에서 당신이 할 일과 아내가 할 일을 구분하라. 아내와 남편은 각각 다른 책임의 한계가 있다. 가정에서 힘든 일은 남자가 해야 한다.

가정은 당신의 성(城)이라는 사실을 명심하라. 그러나 왕이 없는 성은 존재할 수 없고, 여왕이 없다면 아무리 왕이라고 하더라도 외로울 것이다. 또한 당신이 아내를 여성으로 대우할 때 그녀는 당신의 여왕이 될 것이다.

"남편 사랑의 비결"

남자의 사명은 넓고 다양하며, 여자의 사명은 일률적이고 좁다. 그러나 더 깊은 데가 있다. — 톨스토이

남편에게 "나는 당신을 매우 사랑해요."라는 말을 하며 하루를 시작하고, 그 날이 끝났을 때에도 그렇게 하라. 남자와 여자는 다르다. 그 사실을 아내는 알아야 한다. 그리고 어떤 남자도 가정의 경제를 이끌어 가는 자신의 위치에 대해서 우쭐거리려고 한다. 그 사실도 잊어서는 안 된다. 항상 그의 자존심을 높여 주고 늘 칭찬을 해야 한다.

만일 당신이 집에 머물러 있으면서 사회활동을 하지 않는다면 남편이 돌아올 때를 기다리며 몸단장을 잊지 말라.

화목을 도모하라. 그리고 좋은 태도로 남편을 접대하라. 항상 아름다운 여성으로서 처신해야 한다. 오늘날 남자와 여자의 구별이 어려운 때이다. 그러나 남자는 남자답게 행동하고 말하고, 생각해야 하며, 여자는 여자답게 보여야 하고 행동해야 한다.

당신은 가정이라는 성에서 여왕이 되기를 바라는가? 그러면 남편을 왕처럼 대우하라.

남편이 바라는 것을 채워주라. 그러면 당신의 남편도 당신이 원하는 것을 안겨줄 것이다.

"말 속에 숨어 있는 좋은 뜻을 읽어라"

참된 웅변이란 필요한 말은 빼놓지 않고 다하는 것이고, 필요 없는 말은
한 마디도 하지 않는 것이다. ― 라 로시푸코

상대의 말 속에 숨은 뜻을 알아내는 것은 인간관계에 있어서 매우 중
요하다. 그런데 긍정적인 사고방식과 부정적으로 생각하는 사람의 차이
는 그 말 속에 숨은 좋은 뜻을 알아내는가 아닌가 하는 차이에서도 나
타난다.

두 마리의 새가 캘리포니아 상공을 날아가고 있다. 한 마리는 독수리이고,
또 한 마리는 벌새이다. 하나는 썩은 동물의 시체를 보았고, 하나는 향기
로운 꽃을 보았다. 각기 그들이 찾고 있는 것을 볼 뿐이다.

긍정적인 사고방식의 사람이라면 상대방의 말 속에서 긍정적인 면을
볼 것이다. 반대로 부정적인 생각을 하고 있는 사람은 부정적인 것을 볼
것이다.

사람의 말이나 글 속에는 긍정적인 면과 부정적인 면이 존재한다. 또
모든 계획에는 성공과 실패가 존재한다. 혹 양면을 모두 보았더라도 어
느 한쪽을 결정하게 된다. 상대방의 말 속에 또는 어떤 문제에서 그 어느
쪽을 택하느냐에 따라 당신의 인생도 바뀔 것이다. 그 선택은 오로지 당
신의 생각에 달려 있다.

"비난을 받아들여라"

그 사람과 같은 입장에 서 보지 않았거든 그 사람을 비난하지 말라. 남의
입장을 충분히 이해한다는 것은 사랑의 첫걸음이다. — 라마쿠리시니

당신이 손가락질을 받고, 집 앞까지 비난의 화살이 떨어질 때, 그리
고 무엇보다도 그 비난의 책임이 당신에게 있을 때 그 비난을 찬사로 받아
들여야 한다. 그러면 당신은 최선을 다했고, 기꺼이 책임을 지는 것이다.

책임을 흔쾌히 인정할 만큼 용기 있는 사람이 되는 것은 그리 쉬운 일
이 아니다. 실수에 대한 책임의 공포 때문에 많은 지도자들이 위치에서 낙
마하고 있다.

신념이란 비난을 받아들이는 것이다. 당신은 그 신념의 길을 걸으며 책
임을 진지하게 받아들여야 한다. 그런 당신은 실수를 할지도 모르는 현
실에 대해 대응할 능력이 있다. 그리고 긍정적인 사고방식과 신념을 위해
기꺼이 책임을 받아들이는 사람이 된 것이다. 비난의 공포를 받아들일 때
에 당신은 성공의 대열에 올라설 수 있게 된다.

당신은 위대한 지도자가 되고 싶은가? 그러면 긍정적인 사고방식과 낙
천적인 태도를 가지고 살라. 상대를 고무하고 격려함으로써 실패에 대한
두려움을 극복할 수 있는 것이다.

오늘 이러한 책임은 더욱 발전하기 위한 받침대라는 믿음을 가져야 한
다. 당신은 그로 인해서 더 큰 용기를 갖게 된다.

책임이 뒤따르는 비난과 비평을 두려워해서는 안 된다.

"유머의 힘"

인생에 있어서 모든 고난이 자취를 감추었을 때를 상상해 보라. 참으로
을씨년스럽기 짝이 없지 않은가? — 니체

인간만이 유머 감각이 있다. 인간만이 웃을 줄 아는 동물이다.

유머는 신념이 없이는 불가능하다. 신념이 없는 사람은 쉽게 화를 낸
다. 그들은 인생에서 어려움을 만나게 되면 쉽게 좌절하고, 누구로부터
충고를 받게 되면 화를 낸다.

유머는 인간에게 있어서 신념을 표시하는 가장 아름다운 것들 중의 하
나이다.

긍정적인 사람은 눈물 속에서도 웃을 수 있으며, 자기에게 화를 내는
사람에게도 미소를 지을 수 있다.

유머는 치유 과정의 한 부분이다. 유머는 머리를 맑게 하고, 두뇌의 화
학작용을 촉진시킨다는 것은 이미 널리 알려진 사실이다. 우크라 대학의
한 연구에 의하면, 뇌가 유머에 의해 자극을 받으면 화학적 분비물을 내
보낸다고 한다.

상대방이 나를 미워하고 화를 낼지라도 우리가 유머를 잃지 않는다면,
결국 상대방을 이겨 우리가 원하는 소기의 목적을 이룰 수가 있다.

무서운 적과 고통스러운 사회에서 우리에게 절박하게 필요한 것은 유
머이다.

"인간관계와 자기부정적인 삶"

사람들과 말하는 일이 적으면 적을수록 기쁨은 더 많아진다.
— 톨스토이

우리 인간이 갖고 있는 기본적인 마음자세 한 가지가 있다. 자신에 대해 어떻게 느끼는가 하는 것이다.

자기자신은 다른 사람으로부터 사랑을 받을 수 있는 가치가 없다고 느끼는 사람이 있다. 이런 사람은 기본적으로 마음가짐이 부정적이다. 자기 혐오, 소외감, 열등 의식, 무력감 등으로 괴로워하는 사람은 대부분 마음가짐이 부정적이다.

이런 사람들은 항상, 무슨 일을 하든 '나는 모자라는 사람이다.'라고 생각한다.

이와 같은 마음가짐을 가진 사람은 대인관계에서도 소극적이다. 그래서 타인과의 관계를 회피한다.

또 이런 사람들은 보상 심리로 권위적이고, 지배적인 사람을 주위에 두려고 한다. 그래서 의지가 되는 사람을 찾게 되면 그 사람 지시에 따라 움직이게 된다.

이렇게 자기 비하를 하거나 쉽게 우울해지는 사람, 즉 인생에 대해 부정적인 마음가짐을 지니고 있는 사람은 결국 타인에 대한 마음가짐도 마찬가지다. 무엇보다도 자기 자신에 대한 신뢰와 자신감을 갖는 것이 대인관계에서 시급한 과제이다.

"인간관계를 피해 살 수는 없다"

세상이 야속하다고 말하지 말고, 세상에 없어서는 안 될 사람이 되라.
세상이 찾는 사람이 되라. ― 에머슨

뱀이 무서우면 뱀으로부터 도망가면 된다. 수영이 싫으면 수영장에 가지 않으면 된다. 그러나 사람을 만나는 것이 싫다고 해서 사람을 피할 수는 없다.

사회적인 동물인 우리 인간은 사람이 싫다고 해서 피할 수는 없는 것이다. 우리는 친한 사람과 별로 친하지 않은 사람, 그리고 전혀 모르는 사람을 대하면서 살아가야만 한다.

특히 생면부지의 사람들을 대할 때에도 스스로에 대해 자신 있는 사람과 그렇지 못한 사람일 경우 상황은 완전히 달라진다. 스스로에게 자신 있는 사람은 낯선 사람을 만나도 즐겁고 유쾌하게 대하지만, 자신이 없는 사람은 마음 한 구석에서 웬지 두려움이 앞선다.

자기 자신을 비하시키는 사람은 타인이 자기를 경멸하지 않을까 두려워할 뿐만 아니라 그 두려움을 극복하기 위해 자기 쪽에서 먼저 타인을 경멸하기도 한다.

그리고 이런 사람들은 타인과의 관계에서도 그 시간을 즐겁게 보내려고 하기보다는 그 사람에게 자기가 부정적으로 평가받고 있지나 않을까 염려스러워 그 평가에 대해 예비 자세를 취한다.

먼저 자기가 자신을 공정하게 평가해야 한다. 그러면 타인의 자신에 대한 평가에 두려워하지 않게 되고, 그들과 함께 있는 시간이 즐거워질 것이다.

November

22 Day

"밖에 친한 친구가 있다는 것"

우리는 모두 남의 불행을 보고 있을 수 있을 정도로 마음이 꿋꿋하다.

— 라 로시푸코

밖에서 착한 사람이 된다는 것과 친한 친구가 생기는 것과는 별개의 문제이다. 착한 사람이 스스로에 대해서 자존심을 갖는 것은 자유다.

자존심을 갖고 있는 사람에게 친구가 생긴다. 자신에 대한 신뢰, 자신에 대한 존경심이 타인을 통하여 나타나기 때문이다. 즉 타인도 존경하고 신뢰하기 때문이다.

당신의 착한 행동에 대한 타인의 호의를 대하게 되면 당장 빚진 것처럼 느껴질 때가 있다. 그 이유는 무엇일까? 그 이유를 한 번쯤은 생각해 볼 필요가 있다.

이런 생각을 바꾸려면 우선 그렇게 느껴지고 있다는 것을 스스로 느껴야 한다. 그리고 그런 생각은 스스로 자신을 경멸하는 데서 비롯된다는 것을 알아야 한다.

당신에게는 존경하는 인물도 있고, 물론 미워하는 사람도 있을 것이다. 표면으로는 이상적인 자아상과 일치하려고 노력하지만 마음속으로는 자신이 스스로 경멸하고 있는 인간상과 일치하고 있음을 느낀다. 따라서 타인의 호의를 자선이나 동정으로 느끼게 되는 것이다.

"도둑에게도 까닭이 있다"

무슨 이야기를 할 때 생각할 여유가 있거든 그것이 말할 만한 가치가
있는지부터 생각하라. ― 앙리 드레니에

오래 전에 미국을 들썩거렸던 이야기다. 뉴욕시에 극악한 살인범이 쌍
권총을 들고 아파트에 숨어 있다는 정보를 입수한 뉴욕 경찰이 수색에 나
섰다. 겹겹이 싸인 포위망 속에 갇힌 그 살인범은 총을 들고 자신의 지난
행동에 대해서 변명하는 글을 썼다. 그 글 속에는 다음과 같은 글귀가 들
어 있었다.

"나는 원래 착한 마음을 가진 사람이며, 어느 누구도 상처를 주고 싶
지 않았다."

미국 전체는 물론 세계를 놀라게 한 그 살인범도 이유가 있었으며, 자
신을 변명할 줄 알았던 것이다.

우리는 여기서 인간의 본성에 대해서 참으로 중요한 교훈을 얻게 된다.
그토록 극악한 살인범에게도 할 말이 있고, 자신의 행동에 대해서 변명할
줄 아는데, 누구라도 정당성을 말하고 변명하지 않겠는가?

상대방의 이런 본성을 무시하기 때문에 갈등이 생기는 것이다.

인간관계에서는 상대의 행동을 이해하는 것이 무엇보다도 중요하다.

"왜 그 사람이 그런 행동을 했을까?" 그 이유를 충분히 알고 나면 동감
도 하게 되는 것이다.

"상대에게 중요성을 부여하라"

논쟁은 진리를 밝히는 것이 아니라 우리를 더욱 논란으로 끌어들인다.
진리가 있을 때에는 논쟁이 없어도 우리는 얼마든지 받아들일 수 있다.
— 톨스토이

사람을 움직이는 비법은 한 가지밖에 없다. 그런데 이 사실을 알고 있는 사람이 그리 많지 않다.

그러면 그 비결은 무엇인가? 그것은 스스로 움직이도록 하는 마음을 갖도록 하는 것이다.

물론 강제적으로 또는 돈을 주어서 사람을 움직이게 할 수 있다. 그러나 이런 방법은 항상 나중에 문제가 생긴다. 상대가 바라는 대로 해주는 것이 최고의 방법이다.

인간이 공통적으로 바라는 것은 무엇일까? 20세기 최고의 심리학자 프로이트는 성적 충동과 위대한 사람이 되고 싶다는 욕망이 사람을 움직인다고 하였다.

또 학자 존 듀이는 인간의 가장 중요한 충동은 중요한 인물이 되고 싶다는 욕망이라고 말했다.

그래서 상대방을 움직이려고 할 때 상대방의 중요성을 인정할 줄 알아야 한다. 상대방에게 중요성을 부여하면 그는 당신의 뜻대로 움직일 것이다.

상대방의 자기평가에 대한 알맞은 말을 하는 것, 이것은 인간관계에서 무엇보다 중요하다.

"타인의 입장에 자신을 둔다"

대개 사람들의 호감이란 먼저 남이 표시해준 것에 대한 반응으로
나타난다. 따라서 기다릴 것이 아니라 당신이 먼저 주어야 한다.
— 로렌스 굴드

낚시를 하러 갈 때, 우리가 좋아하는 음식보다 물고기가 좋아하는 지
렁이를 가지고 간다. 자기가 좋아하는 것을 생각지 않고 물고기가 좋아
하는 것을 먼저 생각한 것이다. 사람을 낚아야 하는 경우도 마찬가지다.

자신이 좋아하는 것만 문제로 하는 것은 참으로 어리석은 발상이다.

물론 우리는 자기가 좋아하는 것에 흥미를 가지며, 그것은 생명이 다
할 때까지 변함이 없다.

그러나 자기 외에는 아무것도 관심이 없다. 우리 모두는 자기 문제에
연연해 있기 때문이다.

사람을 움직이기 위해서는 그 사람이 좋아하는 것을 문제로 삼고 그 해
결 방법을 가르쳐 주어야 한다.

담배를 피우는 아들에게 담배를 끊게 하려면 긴 설교보다 담배를 계속
피우면 아들이 원하는 야구선수가 될 수 없다는 등의 이야기를 하는 것이
가장 효과적인 방법이다.

"이름을 기억하라"

친절한 벗의 선물은 아무리 작은 것일지라도 가치 있는 것으로 여긴다.
친절한 마음씨 그 자체가 이미 선물이 되기 때문이다.
— 데모크리토스

앤드류 카네기를 모르는 사람은 없을 것이다. 그러면 그의 성공 비결은 무엇일까?

카네기는 '강철왕'이라고 불리고 있지만, 그 자신은 강철에 대해서는 거의 백지다. 단지 강철에 대해서 자신보다 더 많이 아는 전문가를 부하로 거느리고 있었다. 그리고 그 부하들을 거느리는 방법을 알고 있었다.

그는 사람이 10살 때부터 자기 이름에 대해서 가장 관심을 가지고 있다는 사실을 알고 있었다.

그가 스코틀랜드에서 생활하고 있던 시절이었다. 어느 날 토끼 한 마리를 잡았다. 그 때 토끼는 뱃속에 새끼를 가지고 있었다. 새끼를 낳자 토끼집은 새끼로 가득했다.

먹이가 모자라자 동네 아이들에게 풀을 뜯어 오라고 하면서 토끼풀을 많이 뜯어 오면 그 아이의 이름을 새끼 토끼에게 붙여주겠다고 했다. 그러자 아이들은 경쟁을 하면서 토끼풀을 많이 뜯어 왔다.

그는 성장하여서 이 때의 일을 교훈으로 삼아 '강철왕'이 되었다.

"성의껏 듣는 사람이 되라"

사람은 체면 있는 신사로 술집에 들어갔다가 중죄인의 몸으로
술집에서 나온다. — 글룹스

사소한 일에도 화를 내고, 늘 불평만 하는 사람들이 있다. 그 중에는
도저히 어쩔 수가 없을 정도로 고질적인 사람도 있다. 그런데 이런 사람에
게도 참을성 있게 그들의 이야기를 들어주면 유순해진다.

몇년 전의 일이다. 모 전화국의 안내원을 못살게 괴롭히는 가입자 한
명이 있었다. 차마 들을 수 없을 정도로 온갖 욕설을 하고 음담패설로 괴
롭혔다. 참다 못한 전화국에서 한 상담원으로 하여금 그 가입자를 만나
보고 해결을 하도록 하였다. 이 상담원은 그 사람을 만나 무려 세 시간
동안 그의 말을 들으면서 이해간다는 표시를 하였다. 처음에는 큰 소리
로 말하고 소리를 지르던 그가 세 시간 까가이 되자 말이 없어지고 상담
원의 말에 귀를 기울이기 시작했다. 그리고는 머리를 숙여 자신의 잘못에
대해서 사과를 하였다.

누구든지 자신의 말을 성의껏 들어주면 그에게 호감을 갖게 되고 마침
내 그의 뜻에 따라 움직이게 된다. 자신의 이야기를 많이 하지 말고 상대
의 말에 귀를 기울이는 사람이 되라.

"미움이나 비웃음을 당하지 않으려면"

자신의 과실에서 배우지 못하는 사람은 제일 좋은 교사를 그 생활에서
물리치는 자이다. — 피쳐

사회생활을 하는 가운데 남의 미움을 받거나 경멸을 당하는 경우가
있다.

우리 다 함께 생각해 보자.

남의 미움을 받거나 경멸을 당하고 싶거든 다음 사항을 지키면 될 것
이다.

첫째, 상대의 이야기를 오래 듣지 않는다. 상대가 대화하는 도중에 잘
라 버린다.

둘째, 처음부터 끝까지 자기 말만 지껄인다.

셋째, 상대가 말을 하는 사이 어떤 이견이 있으면 지체 없이 상대의 말
을 가로막는다.

넷째, 상대는 나보다 머리가 좋지 못하다. 그런 인간의 시시한 말에 언
제까지 귀를 기울일 필요는 없다. 따라서 그의 말을 중도에 가차없이 꺾
는다.

세상에는 위의 사항을 참으로 열심히 엄수하는 사람이 많다. 혹 당신
도 그런 부류에 속해 있지는 않은지 반성해 볼 필요가 있다.

"인간관계 제일의 법칙"

쓸데없는 상상을 버려라. 사람은 실제의 고민보다는 상상에서 얻은 고민이
훨씬 크다. 불행한 상상으로 현실을 덮지 말라.   — 조지 쿠록

인간관계에 있어서 지켜야 할 가장 중요한 법칙은 여러 가지가 있다.
그 중에서 가장 중요한 것은 상대로 하여금 그 자신이 중요하다는 감정
을 느끼게 하는 것이다.

이 법칙을 지킴으로써 당신 주위에는 많은 친구가 생기고 행복한 인간
관계를 이룰 수 있다. 그러나 이 법칙을 어길 때에는 한 없는 분쟁에 말려
들게 된다.

실용주의 철학자인 존 듀이는 중요한 인물이 되고 싶은 욕망은 인간의
가장 뿌리깊은 욕망이라고 했다. 이 욕망이 인간과 동물을 구분하는 것임
에는 말할 것도 없으며, 인류의 발전도 이 욕망에 의해서 이루어진 것이다.

인간은 누구나 주위 사람들에게 인정을 받고 싶어한다. 자기의 가치
가 인정되기를 바라는 것이다. 작지만 자기의 세계에서 스스로 중요하다
고 느끼고 싶은 것이다. 뻔한 공치사는 듣고 싶지 않지만 진심에서 우러
나는 칭찬을 듣고 싶어한다.

따라서 타인이 당신에게 해주었으면 하는 일을 그들에게 해 주어야 한
다. 그러면 당신은 대인관계에서 반드시 성공한다.

"적극적으로 자기를 표현하라"

자기 자신의 결점을 반성하고자 하는 사람에게는 남의 결점을 보고 있을
틈이 없다. — 작자 미상

인생에 있어서 성공하기 위해서는 적극적으로 자기를 표현할 수 있어
야 한다. 여러 사람 중에서 가장 먼저 눈에 띄는 사람이 승자가 될 확률
이 높다.

각자 독특한 분위기를 풍길 수 있도록 노력해야 한다. 그 분위기는 사
람의 마음을 끌며, 거기에서 느끼는 따스한 빛은 그들의 내면으로부터 우
러나오는 것이며, 승자는 그 빛을 사람들에게 던져 준다.

무리하지 않고 자연스러운 행동에서 친밀감이 나온다.

미소는 세계 어디에서나 통하는 언어이다. 미소는 경계심을 풀게 하고,
많은 말보다 더 많은 것을 말한다.

미소는 마음의 창을 비추는 등불이다. 그 빛은 타인에게 기쁨을 주며,
희망과 안정감을 준다.

첫인상은 사람들의 마음속에 오래 남아 있다. 따라서 처음 만나서 나
눈 4분 대화가 그 후 교우관계를 결정하는 중요한 요소가 된다.

대인관계에서 적극적인 자기표현은 확신감과 자신감을 준다. 적극적
인 자기표현을 하고자 한다면 항상 최고의 것에 눈을 두고 최선을 다해
야 한다. 오늘 최선을 목표로 노력하며 살라. 그러면 그것이 적극적인 자
기표현으로 이어진다.

12 December 〈반성〉

반성하고 다시 시작하자

"인생은 도박이다"

사람은 성실하면 자신을 얻게 된다. 성실해질수록 태도는 안정을
되찾는다. 성실하면 성실할수록 정신을 자극하게 된다.
— 아우구스티누스

볼테르는 인생을 포커에 비유했다. 게임을 하는 사람은 나누어 주는
카드를 무조건 받아야 한다. 그리고 일단 카드를 받은 이상 그 게임에 이
기기 위한 술수를 생각해야 한다.

작가인 존 어스킨은 이렇게 말했다.

"그릇된 인생도 진지한 인생 못지 않게 힘들고 천신만고를 겪어야 하
며, 속박과 장애 역시 많이 있다. 이런 두 가지 선택 중에서 어느 것을 선
택하느냐 하는 것은 오로지 그 자신에게 달렸으며, 자신의 인생은 자신이
어떤 노력을 하느냐에 달려 있다."

당신의 현재 사회적 위치가 어떠하든 현재 당신에 대한 비판이나 칭찬
은 모두 당신의 것이다. 모든 인간은 스스로 선택한 행동의 결과에 따라
현재 자기가 있고, 현재의 위치가 있다는 것을 명심해야 한다.

당신의 인생은 당신 스스로가 만든 것이다. 그 기초가 되는 성격이나
환경은 태어나면서 주어지는 것이지만, 그 뒤의 인생은 형제라도 같을 수
없다. 자신의 결단이 인생이라는 게임에서 승패를 판가름한다.

"결정의 주체자는 누구인가?"

돈만이 재산은 아니다. 지식도 재산이고, 건강도 재산이다. 재능도
재산이다. 그리고 의지력은 다른 어느 것보다 큰 재산이다.

— 레오나르드 다빈치

당신은 자신이 타고 있는 배의 키를 단단히 쥐고 있는가? 아니면 운명
이라는 바람이 부는 대로 떠내려가고 있는 희생자인가?

당신은 혹시 DNA라는 형질과 환경이라는 끈에 의해서 조종당하고 있
지는 않은가?

하고 싶지 않은 일을 강요당하여 억지로 하고 있는 것은 아닌가? 일하
지 않으면 안 된다고 생각하는 이유는 무엇인가? 무엇인가 하지 않으면
안 된다는 절박감에 사로잡힌 사람은 이용이 가능한 도구나 그 밖의 좋
은 방법을 버리고 허둥지둥 뛰어다니게 된다. 그리하여 마침내 자기 인생
의 지배권마저 잃게 된다.

성공하는 사람은 세상의 모든 움직임을 의지의 눈으로 보며, 생존하고
있다는 사실조차도 의지의 문제로 파악한다. 그들에게는 무엇이든지 '내
가 결정하는 것이며', '하지 않으면 안 되는 것'은 없다. 무슨 일이든지 자
신이 선택하여 하는 것이다. 어떤 일도 자신에게 유익하므로 결정하는 것
이며, 자신의 목적을 이루기 위해서 필요하기 때문에 하는 것이다.

패자는 물결이 흐르는 대로 흘러간다. 그러나 승자는 자신의 의지대
로 결정하고 움직인다.

"책임과 굴레, 그리고 자기 컨트롤"

하늘과 땅 위에 자기가 엄연히 존재하고 있다는 생각을 하면 누구나
성실해진다. — 아우구스티누스

사람들은 평소에는 자기 발목을 채운 족쇄를 무관심하게, 아무런 생각
없이 바라보고 있다가 그것이 현실에서 장애가 되면 그때부터 그것으로부
터 벗어나려고 한다. 그러나 벗어날 수 없는 현실을 깨닫고 나면 그때부
터 자신의 위치를 한탄하고 남의 탓으로 돌린다. 그러나 책임감이 강하고
성실한 사람은 선택의 자유를 강력히 주장하면서 책임도 진다.

인류학자인 마가렛 미드는 이렇게 말했다.

"책임은 우리들 인간이 이룩한 최고의 가치규범이라고 할 수 있으며, 우
리 인간이 환경의 산물이라는 사고방식은 최대의 죄악이라고 할 수 있다."

자신에 대해서 책임을 진다는 것은 자기가 가지고 있는 것을 최대한 사
용하고 그에 대해서 책임을 지는 것을 말한다.

또한 당신이 사용할 귀중한 시간을 최대한으로 효과적으로 사용하는
것을 의미하기도 한다.

무엇을 선택하든 그것은 개인의 문제이지만, 자신에 대해서 정직하며
책임을 지는 것이 곧 인생이라는 게임에서 이기는 것이다.

"성실이란 최대의 가치규범이다"

굳센 의지의 힘으로 자신을 명령하고 자기를 통제해 나갈 때 운명은 절로
극복될 것이다.

— 레오나르도 다빈치

성공을 구성하는 자세 중에서 가장 중요한 것은 성실이다.

'성실'이란 인생이란 캠퍼스에서 한 걸음 물러나서 당신의 정신 자세를 살펴보는 것을 말한다.

성실은 당신 자신을 유일무이한 존재로 받아들이며, 불완전하지만 계속 발전, 성장하고 있는 존재로 받아들이는 능력이다.

성실은 당시의 한계뿐만 아니라 당신이 지니고 있는 방대한 잠재력도 받아들이는 것을 말한다.

성실은 적극적인 자기 컨트롤이다. 적극적으로 자신을 컨트롤 하는 사람은 자신에게 성실하며, 자신에게 성실한 사람은 무슨 일에나 성공한다.

성실은 자신의 생활과 행동에 대해서 책임을 지는 것이며, 성실한 사람은 인과(因果)를 믿으며, 인생이란 스스로 행동하는 프로그램이라는 철학을 믿고 있다.

당신은 피조물이다. 그러나 스스로 인격을 연마하는 독립된 존재이다. 비록 처음에는 성격과 환경을 스스로 만들 수 없지만 인생이라는 게임에서 승자가 되는가, 패자가 되는가를 결정짓는 것은 우리 자신이다.

"위기에는 기회도 있다"

궁핍이 오래 지속되면 지나친 향락이 지속되는 것과 마찬가지로
인간은 우둔해진다. — 에센바하

한자로 위기(危機)에는 위험과 기회가 함께 들어 있다.

에너지 위기라는 산업 혁명 이후 서구 문명에서 가장 커다란 위기를 잘
극복한 인류가 더욱 눈부신 발전을 이룩하여 미국은 아폴로를 발사, 달
나라 정복에 나설 수 있었다.

우리는 사회와 환경이 주는 많은 위험 속에서 지금까지보다 더 풍부한
것이 있다는 것을 발견하지 못하였다.

우리는 일상생활 속에서 그냥 지나쳐 버리는 것들 중에 참으로 가치 있
는 것들이 있음을 깨닫지 못하였다.

우리는 아침에 해가 뜨고, 저녁에는 해가 지는 광경을 아무런 의미도
없이 받아들인다. 우리는 그런 일들을 아무런 감동 없이 받아들이고, 하
루를 그냥 의미없이 보낸다.

출근 준비를 하면서도 음악을 듣고 자기 성찰을 하려고 하지 않고 세
상에서 어떤 좋지 못한 일들이 일어났는지 알기 위해서 신문이나 방송의
뉴스를 본다.

우리는 하루의 일상사를 그저 아무런 의미나 감동 없이 받아들인다.
그리고 세상사에서 부정적인 일에만 관심을 돌림으로써 우리에게 부정적
인 영향을 준다는 것을 깨달아야 한다. 이런 인식이 바로 성공을 위한 올
바른 사고방식이다.

"그릇된 행위와 올바른 인식"

빈곤이란 그다지 괴로운 것이 아님을 깨달았을 때 사람들은 비로소
자기의 부를 마음껏 즐길 수 있다. — 세네카

당신의 인생에 대해서 어떤 평가를 내리고 있는가?

당신의 무한한 가능성에 대해서 얼마나 솔직하게 평가하고 있는가?

당신 자신을 평가하기 위해서는 먼저 이 사회가 당신을 어떻게 대했는
지를 알아야 한다.

우리가 진정한 승리자가 되도록 해주는 풍부한 잠재력을 발휘하는 것
이 왜 그렇게 힘이 드는지 그 이유를 알아야 한다. 가장 큰 이유로 대중
매체가 우리에게 사회의 옳은 행위보다는 그릇된 행위를 알려주었다는 사
실을 들 수 있다.

그것들은 가장 불쾌감을 주는 인간의 행위를 요령 있게, 극적으로 잘
표현하고 있다.

그래서 우리들의 사고방식은 긍정적인 것보다는 부정적인 것을 더 많
이 생각하게 하고, 사회의 밝은 면보다는 어두운 면을 더 많이 생각하게
바뀐다.

우리는 이제 인식의 대전환을 이루어, 부정적인 것에서 긍정적인 것을
찾으며 그것이 이 사회의 모든 사람들의 의식을 지배하도록 해야 한다.

부정적인 것에서 벗어나기 위해서 긍정적인 것을 찾을 때 우리의 앞날
이 더 밝아질 수 있다.

"자기인식과 성실"

진실로 가난하다고 하는 것은 정신도 물질도 가지지 못한 것을 말한다.
— 데르나루

당신이 성공하기를 원한다면 성실해야 한다. '성실'은 성공의 주요 요소이기 때문이다. 성실하지 못한 사람은 절대로 성공할 수 없다.

제일 먼저 자기 자신에 대해서 성실해야 한다. 모든 일을 적당히 처리하거나 상사에게 아첨이나 하여 이득을 보려고 하거나 자신의 책임을 다른 사람에게 넘기는 일은 하지 않는가? 그렇다면 당신은 성실하지 못한 사람이다.

성실은 철저히 자기인식에서부터 출발한다. 자기인식은 스스로에게 성실한 것이다.

인생에서 승리한 사람들은 자기자신에게 성실했으며, 자기 맡은 일에 대해서도 성실하였다. 그들은 정상에 오르기 위한 노력에도 성실했다. 그들은 성공하기 위해서 노력을 아끼지 않았다.

자신의 마음속을 들여다보았을 때 무엇인가 꺼릴 것이 있다면 당신은 성실하다고 할 수 없으며, 성실하지 못하다면 당신은 성공할 수 없다. 당신의 생각과 감정, 그리고 행동과 언어가 일치했을 때 성실하며, 성공을 향해 달려왔다고 할 수 있다.

"개성이 있는가?"

우리들은 스스로 원해서 인생의 태반을 낭비하고 있다. 나태가 이루는
것은 아무것도 없다. — 로크

당신의 피부가 마치 환자처럼 하얗게 되어서 스포츠맨들처럼 검은 피부를 부러워한 적은 없는가? 또 키가 작은 당신은 키 큰 사람을 부러워한 적은 없는가?

부러워하는 것은 곧 나약한 가치관을 의미한다. 햇볕에 그을리고 키가 큰 사람을 부러워한다면 그것은 '키 작고 창백한 남자는 좋지 않다'는 당신의 선입견이 작용한 것이다.

당신은 피부색이나 국적, 출생지, 성별, 학력, 가문 등을 이유로 사람을 차별하고 있지는 않은가? 만일 그렇다면 당신은 이미 성공에의 길을 포기한 것이다.

사람은 각자가 서로 다른 개성의 존재라는 사실을 인정하고, 또 온 세상 사람들은 각자가 자기 능력을 살리기 위해 행동할 권리가 있다는 것을 깨달아야 한다.

모든 개인은 개성적인 존재라는 사실을 인정하고, 자신의 개성을 살리면서 상대방의 입장에 서서 그가 생각하는 것을 이해할 줄 알아야 한다. 이것이 곧 인생이라는 게임에서 승자와 패자의 차이라고 할 수 있다.

"적응력을 키운다"

천재, 그것은 무엇보다도 고통을 아끼지 않는 비상한 능력이다.
— 칼라일

환경의 변화에 따라 자신을 변화시킬 수 있는 사람은 성공할 수 있다.

환경의 변화에 적응하기 위해서는 먼저 주위 사람들에게 일어나는 사건들과 자신과의 관계를 이해해야 한다. 환경에 적응 여부는 승자와 패자를 결정한다. 생존 경쟁이 치열한 오늘날 그 길만이 살아갈 수 있는 유일한 길이다.

컴퓨터의 발전으로 막대한 정보가 시시각각으로 쏟아져 나오고 있다. 하루의 정보량이 우리 선조들이 평생 동안 접한 정보보다 훨씬 더 방대하다. 이와 같이 급속히 변모하는 세상에서 그 변화에 대응하고 적응할 수 있는 능력이 요구되는 것은 당연하다. 따라서 적응력이 성공의 필수조건이 되었다.

성공하기 위해서는 또 강인한 정신력을 소유해야 한다. 그러나 정신력은 태어나면서부터 갖추어지는 것은 아니다. 실패와 역경을 통해서 더욱 강해진다. 문제는 환경의 변화로부터 도피하거나 실패나 역경에 좌절하느냐, 아니면 환경의 변화에 자신을 적응시키면서 역경을 딛고 일어서느냐 하는 것이다. 도태하지 말고 환경에 대처해야 한다.

"인생은 귀중한 것이다"

산중에 있는 보물을 찾기 전에 먼저 내 두 팔에 있는 보물을 충분히
이용하도록 하라. 그대의 팔이 부지런하면 그 속에서 많은 것이 솟아나올
것이다. — 스탕달

미국의 요양원이나 양로원에서 살고 있는 사람들의 사망률은 결혼기
념일이나 공휴일과 같은 특별한 날 전에는 비교적 낮다고 한다. 그들은
한 번 더 크리스마스, 기념일 등을 위해 살자고 계획한다. 그러나 그런 기
념일이 지나고 나면, 즉 그들의 목표가 지나고 나면 삶의 의지가 약화되
어 사망률이 급증한다. 가치 있는 목표가 있다면 인생은 살 만한 것이다.

인생에서 목표가 중요하다는 사실은 모두 잘 알고 있다. 그러나 대부
분의 사람들은 목표가 뚜렷하지 않고 방랑자나 배회자의 위치에서 인생
을 살고 있다.

〈인간 두뇌 공학〉의 저자 맥스웰 말츠는 이렇게 말했다.

"인생은 자전거와 같다. 따라서 목표를 위해 전진하지 않으면 곧 넘어
지게 된다."

그렇다.

목표가 없으면 그 인생은 좌절하고 표류할 수밖에 없다.

목표는 사전을 보면 목적 또는 목적지로 나와 있다. 그것은 곧 계획
을 말한다. 그것은 당신이 하기를 원하는 것이다. 그것을 가져야만 당신
이 바라는 소원을 성취할 수가 있다. 그리고 당신의 인생이 값진 것이 될
수 있는 것이다.

"자생력을 키워라"

오늘의 음식은 내일로 미루지 않으면서 오늘 할 일은 내일로 미룬다.
— 스마일트

뉴기니와 호주 사이에는 '그레이트 벨리'라고 불리는 거대한 호수가 있다. 어느 날 나이팅게일은 그곳을 방문했다가 놀라운 사실을 발견했다.

이 호수의 전체 길이가 3천 킬로미터나 되었는데, 호수의 안쪽은 고요하고 물결이 잔잔하였다. 그런데 그곳에 사는 산호초의 풀잎은 하나같이 생기가 없었다. 반면에 호수의 바깥에 물결이 사나운 곳에 서식하는 풀잎은 오히려 싱싱하고 눈이 부시도록 아름다웠다.

나이팅게일이 그 광경을 보고 의아한 표정을 지었다 그녀를 안내한 사람은 이렇게 말했다.

"호수의 안쪽의 풀잎은 시련이 없기 때문에 죽어가고 있습니다. 그와 반대로 바깥쪽 산호초는 파도에 시달리면서 물결과의 투쟁속에서 성장하며 번식하고 있습니다."

인간도 고난과 역경 속에서 더욱 발전한다. 시련과 고난을 모르는 삶은 가치가 없다. 행동하지 않는 자는 행동할 수 없는 자와 똑같다.

끈기 있게 배우고 환경에 적응하는 자만이 성장한다. 성장하지 않는 자는 성공할 수 없다.

"진실을 외면하지 말라"

자유로운 사람은 죽음보다 인생에 대해서 더 많이 생각하는 사람이다.
— 스피노자

참된 삶을 원하는가?

성공하기를 바라는가?

진실을 추구하라.

진실을 외면하지 말라.

성공한 사람들은 거짓을 꿰뚫어보며, 거짓을 단호히 배격하며, 진실을 추구하고, 진실을 찾는다.

당신도 성공하기를 원하면, 그것이 고난의 길이라고 할지라도 진실에 바탕을 둔 가능성을 찾아야 한다. 그것이 결국 빛나는 성공으로 연결된다.

일상적인 일이나 행동이 진실에 바탕을 둔 것인지를 항상 자문해야 한다.

"자부심을 가져라"

현명한 사람은 알기 위해서 배운다. 어리석은 사람은 남에게 알리기
위해서 배운다. — 동양 격언

당신 자신을 정당하게 평가하고 자기 비하를 하지 말라. 자신의 존재
가치를 확인하며, 자부심을 갖는 확실한 방법은 그것뿐이다.

성공한 사람들은 이렇게 생각한다.

"나는 자 자신을 좋아한다. 내가 나 자신인 것처럼 멋진 일은 없다. 태
어나서 성공하기까지의 과정 속에서 진실로 나 자신이었다는 것은 참으
로 다행스러운 일이다. 어떤 시대에 살던지 나는 나 자신이 되고 싶다."

이런 적극적인 사고방식이 무엇보다도 중요하다. 이것이 곧 자부심이
다. 인생의 승리자는 강한 자부심과 자신감을 갖게 된다. 반면에 실패자
는 자부심이 없다. 또 사소한 성공에 만족하는 사람도 큰 자부심이 없다.

범죄자들은 거의 자부심이 없다. 그들은 자기비하와 심한 열등의식에
빠져 있다. 자부심을 갖기 위해서는 자기 개발에 힘써야 한다.

많은 사람들이 어린 시절, 그들 부모의 그릇된 인식으로부터 나오는
지시와 명령을 들으면서 자랐기 때문에 자신을 올바르게 생각하지 못한
다. 자신의 능력과 장점을 개발하여 자부심을 갖도록 부단한 노력을 기
울여야 한다.

"자기변혁에 주저하지 말라"

지성에 관해서 일할 때에는 성인이 되고, 감정과 욕망에 있어서는
어린아이가 되어 버린다. ― 골더스 헉스리

남아메리카의 한 종족이 원인 모를 병에 걸려서 몇 세대에 걸쳐서 죽어
가고 있었다. 그리하여 서구 의학자들이 그 원인을 알기 위해 현지로 가서
조사를 하였다. 그 결과 원주민들은 점토로 집을 지었는데, 그 점토에 독
충이 자라고 있었고, 그 독충에 의해서 죽어간 것이다. 그런데 그 원주민
들은 그 집을 없앨 대책을 세우지 않았다. 그들은 조상들이 물려준 그 집
에서 그대로 살다가 죽어간 것이다.

많은 사람들은 자기 성장과 발전을 위해서 자기변혁을 꾀하지 않는다.
장래를 위해서 자신이 변해야 한다는 것을 알면서도 실천하지 못한다.

많은 장벽을 뛰어넘어 적극적으로 자기 변혁을 시도할 때 인간은 성장
한다.

이 평범한 진리를 모든 사람들이 알면서도 어떤 장벽 앞에서 자기 변혁
을 시도하지 않는다.

그리하여 평범하게 살면서 성공한 사람들을 부러워하다가 그렇게 인
생을 끝내고 만다.

사람들은 자신의 실패와 결점만을 생각하고 그것을 고치려고 하지 않
는다.

성공을 원하면 먼저 당신 자신을 변화시켜라.

"자신에게 충실하라"

무지를 두려워하지 말라. 다만 거짓 지식을 두려워하라.
— 동양 격언

　자신의 능력을 최대한으로 발휘하도록 하며 좀더 실력을 발휘할 수 있는 자리에 앉도록 하라.

　일반적으로 사람들은 항상 현실에만 매달려 그 현실에 대해서 철저한 분석을 소홀히 한다. 자신이 놓여 있는 상황을 있는 그대로 수용하기 위해서는 철저한 현실평가와 분석이 따라야 한다.

　셰익스피어의 〈햄릿〉에서 재상 플로니우스는 이렇게 말한다.

　"가장 중요한 것은 자기에게 충실한 것일세. 이 한 가지를 지킨다면 밤이 지나면 낮이 오듯이 만사가 저절로 오기 마련이고 타인에 대해서도 충실하게 되네."

　그렇다. 자신에게 충실한 것이 자부심을 갖는 최선의 방법이다.

　그러면 자신에게 충실한 것이란 어떻게 하는 것일까?

　그것은 스스로 자신의 장점을 찾아 그것을 개발하는 데에 심혈을 기울이는 것이다. 그리고 자신이 성취한 업적에 대해서 긍정적인 평가를 내리고 그 평가를 자신에게 심어주는 것이다.

　강한 자부심, 그것은 긍정적인 자기 이미지로 나타나며, 그런 자기 이미지는 성공과 행복의 출발점이 된다. 다른 사람을 좋아하려면, 성공과 행복을 원한다면 우선 자신을 점검해야 한다.

"자신의 가치를 인정하라"

조금밖에 모르는 사람이 수다스럽게 떠들어댄다. 많이 아는 사람은
잠자코 있는 법이다.

― 괴테

정상에 우뚝 선 사람들을 자세히 살펴보면 그들에겐 공통점이 있다.
즉 그들은 자기 자신을 높이 평가하고 있다는 점이다.

벤자민 프랭클린, 토머스 에디슨, 골다 메이어 같은 사람들은 젊은 시
절 많은 고난 속에서도 자신을 높이 평가했으며 그 존재 가치를 스스로
인정하고 있었다.

알버트 아인슈타인은 대학 입시에 떨어졌고, 갈릴레오는 양복점에서 점
원으로 일했으나 그들은 자기 자신을 비하시키거나 자기모멸에 빠지지
않았다. 그 결과 그들은 역사에 길이 남을 업적을 이룬 것이다.

스포츠계나 비즈니스 등 여러 분야에서 성공을 거둔 사람들은 거의 예
외 없이 자신의 독창성을 인정하고 남이 그것을 알아주기를 소망했다.

자신의 현재 위치를 정확히 인식하고 있는 사람은 자기 방어나 자신
을 과시하지 않는다. 정확한 자기 평가는 자신만이 할 수 있기 때문이다.

승자는 자신의 능력을 믿으며, 긍지를 가지고 있으며, 스스로를 높이
평가한다.

"잘못된 충성과 가치관"

자기의 위치에 만족하고 있는 노예는 이중으로 예속되고 있다.
왜냐하면 그 때 그는 육체뿐만 아니라 정신도 예속되고 있기
때문이다.
— 볼케

충성은 노예만이 하는 것은 아니다. 우리도 조직이나 기관에 충성할 수 있다. 그러면 당신은 변함없이 받쳐야 할 충성의 대상은 누구라고 생각하는가?

바로 당신이다.

당신의 인생은 하나밖에 없는 귀한 것이다. 어떤 기관이나 조직이 당신의 인생을 지배하도록 방치하고 당신의 운명을 그것에 맡겨서는 안 된다.

돈이 중요하다고 하여 돈의 노예가 될 때, 결국 가장 중요한 당신의 인생을 잃게 된다. 잘못된 충성인 것이다.

무엇에 충성하는가 하는 것은 전적으로 당신에게 달렸다. 당신이 당신의 인생을 가장 중요하게 생각할 때 당신 인생에 충실하게 된다.

자기 자신에게 충실할 때 그것이 모든 것을 판단하는 기준이 되며, 그것을 중심으로 생활하게 된다. 그런 당신은 당신 인생의 중심이며, 주인이다.

자신에게 충실하라. 그것이 모든 인생의 첫걸음이다.

"자신과 경쟁하라"

기회를 바라고 방법에만 의지하는 사람은 뒷전에만 남아 있는 법이다.
— 네즈비트

세상 사람들은 많은 희생에도 불구하고 경쟁을 한다. "네가 죽지 않으면 내가 죽는다."는 사고방식으로 점차적으로 치열한 경쟁을 벌인다.

오늘날 모든 회사는 경쟁에서 이기기 위해 온갖 수단을 동원한다. 경쟁에서 낙오되면 파멸한다고 생각하여 경쟁에서 이기고 보자는 생각에 상대방을 쓰러뜨리기 위해 온갖 수단을 다 동원한다.

그리고 회사 내에서도 경쟁을 부추기기 위해서 보상, 진급 등 여러 가지 아이디어를 꺼낸다. 그러나 그런 지나친 경쟁으로 마침내 쓰러지고 마는 기업과 개인이 얼마나 많은가?

당신은 지나친 경쟁으로 인생을 망가뜨리지 않았는가? 경쟁이란 행동을 의미하며 다른 사람보다 더 빠르게 더 높게, 더 많이 행동하는 것이다.

경쟁에서 이긴 사람은 더 많은 희생을 내고, 또 그 자리를 지키기 위해서 더 많은 노력을 해야 한다.

지나치게 경쟁을 의식해서 자신과 가까운 사람에게 피해를 준 일은 없는가?

당신 자신과 경쟁을 하라. 당신 내부의 잠재력이 얼마나 많이 개발했는가 하는 것을 경쟁하라. 그러면 승자가 될 것이다.

"협력 속에서 발전을 찾는다"

불성실한 벗을 가질 바에야 차라리 적을 가지는 편이 좋다.
— 아이스퀼로스

오늘날 인류의 발전은 경쟁을 통해서 이루어졌는가, 아니면 협력을 통해서 이루어졌는가 하는 문제는 많은 사람들의 흥미와 관심을 끌어내고 있다. 물론 보는 시각에 따라 다르지만 선의의 경쟁과 협력 속에서 발전되어 왔다고 하는 것이 정답일 것이다.

그런데 오늘날 선의의 경쟁은 사라지고 수단과 방법을 가리지 않는, 극단적인 경쟁만이 성행하고 있다는 데에 문제가 있다. 자신의 인생과 다른 사람의 인생이 함께 발전하는 협력이 도외시되고 있는 것이다.

학교에서 A 학점을 따기 위해 서로 도우는 대신 경쟁만 한다면, 학생들 간의 우의나 신뢰는 없어지고 서로를 속이고 수단 방법을 가리지 않고 경쟁에서 이기려고 할 것이다. 그러나 협동적으로 공부를 한다면 아는 것을 서로 주고받으며, 서로에게 자극제가 되어 건전한 풍토가 조성될 것이다.

이제 두 가지 방법 중 어느 한 가지를 택해야 한다. 첫째는 어차피 경쟁 사회에 몸담았으므로 피나는 노력을 기울여 경쟁에 패하지 않는 것이고, 둘째는 이러한 경쟁을 피하고 자제하면서 삶을 여유 있게 사는 것이다. 두 가지 중에서 어느 것을 택하는가 하는 것은 오로지 당신의 인생관에 달린 문제이다.

"지나친 경쟁은 파멸을 부른다"

한 가지도 어리석은 짓을 하지 않고 사는 사람은 자신이 생각하는 것만큼
현명하지 않다. ― 고리키

존슨은 40대로, 큰 회사를 운영하고 있는 기업인이다. 그는 처음에는 무일푼으로 시작했다. 그러나 밤낮을 가리지 않고 일에 몰두하여 오늘의 중견 기업인으로 성공하였다.

그러나 그는 위궤양으로 두 번이나 입원을 했고, 심장병으로 많은 고통을 겪기도 하였다. 그는 잦은 외박과 출장, 폭음으로 아내와 별거 생활을 하게 되었다.

존슨은 대학 시절에도 오로지 1등밖에 몰라 늘 도서관에 틀어박혀 공부만 했으며, 말단 사원으로 입사했을 당시에도 마찬가지였다. CEO의 꿈을 안고 일에만 몰두하여 CEO에 올라 오늘에 이른 것이다.

그는 사업에는 성공했으나 인생에는 실패했다. 그는 사업의 성공이 곧 인생의 성공인 줄로 생각하여 사업보다 중요한 인생을 외면한 것이다. 그는 현재 병마와 가정 파탄이라는 이중고에 신음하고 있다.

무엇이 그의 인생을 그런 나락으로 떨어지게 했을까?

지나친 경쟁의식이었다.

"인생의 진정한 승리와 패배"

재앙의 근원은 남과의 경쟁에서 얻은 성공을 행복의 원천으로 지나치게 강조하는 데 있다. — 러슬

필자는 테니스를 좋아한다. 그래서 시간만 있으면 동료와 함께 코트에 가서 테니스를 한다. 그런데 게임에 질 때마다 우울해지고 기분이 상하는 친구가 있다. 그런 그를 보면 의아한 생각이 들면서 그와 테니스 하기가 싫어진다.

테니스에 진다고 하여 무엇이 달라지겠는가? 사실은 진 것도 없고, 이긴 것도 없다. 다만 상대보다 네트 위로 공을 많이 넘겼다는 것뿐이다. 이처럼 운동경기에서 꼭 승리해야 되겠다는 인간의 의식 구조로 말미암아 지금도 많은 피해자가 생기고 있다.

우리 사회에는 어떤 승부에서나 이겨야 한다는 가치관이 만연되어 있다. 그래서 약물까지 복용하는 사태가 벌어진 것이다.

굳이 남을 패배시키면서 성공을 해야 행복한 것은 아니다. 인생의 패자일수록 승부욕구가 강하다는 사실은 우리에게 주는 교훈이 크다.

만일 당신이 남을 이겨야만 행복하다면 당신에게 져주는 사람에게 심리적으로 조종당하고 있음을 알아야 한다. 승리는 매력있는 것이지만 한 인간의 가치는 승리에 의해 좌우되지 않는다.

"당신의 힘을 새롭게 하라"

일을 하면 할수록 더 많이 하게 된다. 바쁘면 바쁠수록 그만큼 겨를이
생긴다. — 헤즐리트

당신은 따분한가?

삶에 싫증을 느끼는가? 기진맥진해 있는가? 그러면 다음을 단계적으
로 실시하라.

첫째, 한숨을 쉬지 말라. 만약 오늘이 힘겹더라도 자신에게 미안해 하
지 말라. '나는 왜 이럴까?' 하고 탄식하지 말라. 힘만 빠질 뿐이다.

둘째, 무엇이든지 시도해 보라. 그렇다! 당신은 무엇이든지 할 수 있
다. 당신은 자신감에 넘쳐 있다. 당신이 그것을 시도할 때 오늘의 위치에
서 도약할 수 있다.

셋째, 손에 넣어라. 어느 누구 못지않게 성공적인 사람이 될 수 있는 아
이디어를 얻어라. 이 도전이 당신을 스쳐 지나가게 하지 말라. 그것을 잡
아라. 그리고 대가를 치러라. 지름길을 찾으려고 하지 말라. 문제에 대한
안일한 대책을 구하지 말라.

넷째, 당신은 새로워질 것이다. 평소 당신을 묶어두었던 실망을 넘어
설 것이다.

오늘 당장 이런 적극적인 일을 하도록 결단을 내려라, 그러면 당신은
성공의 문을 향해 한 걸음 내디딘다.

"100세까지 살 준비를 하라"

후회는 그 사람이 장차 후회할 일을 삼가려는 결심을 할 때만 진실한
것이다. — 탈무드

만약 인생에서 성공적인 길을 걷겠다고 하면 100세까지 살 준비를 해
야 한다. 오늘날 의학의 발달로 100세까지 사는 것은 그렇게 힘든 일은
아니다. 문제는 젊어서부터 준비를 하느냐 하는 데에 있다.

그러면 100세까지 살 준비를 어떻게 해야 하는가? '100세의 목표'를 세
우는 것이다. 적당한 운동과 영양, 현명한 다이어트, 그리고 적극적인 사
고방식을 가지고 살아간다면 100세까지 충분히 살 수 있다.

"나는 그토록 오래 살고 싶지 않다."고 말하는 사람들이 있다. 소위 짧
고 굵게 살고 싶은 사람들이다. 그러나 그렇게 생각하고 있는 사람들은
그런 자신을 부끄럽게 생각해야 한다. 인생은 한 번뿐이다. 따라서 보람
있는 일을 하기 위해서는 건강하게 오래 살아야 한다.

100세까지 살 준비가 되어 있지 않다는 것은 삶에 자신이 없다는 뜻
이다.

당신의 현재 나이가 얼마인가? 젊었든, 나이가 많든 지금부터 100세를
목표로 건강에 유의하고 희망과 적극적인 사고방식을 가지고 산다면 충
분히 100세까지 살 수 있다.

"보험 없이도 가능한 삶을"

모든 지식은 의혹에서 시작되며, 신앙에서 끝난다.

— 에센 바하

인생에서 가장 소중한 소유물은 보험으로도 어쩔 수가 없다. 신앙에 대한 도전은 인생을 모험적이면서도 풍요롭게 한다. 보험이 없어도 말이다.

무엇이 당신을 암으로부터 보호하였는가? 자동차 사고로부터, 그리고 불시에 찾아오는 죽음으로부터 당신을 보호했는가?

그렇다！자연의 섭리를 잘 관찰하면 이런 위험을 줄일 수 있다. 적극적이고, 활동적인 삶의 철학이 당신의 마음을 고통으로부터 보호한다.

위험이 없는 인생을 살기란 불가능하다. 따라서 신앙으로 그 위험을 정정당당하게 맞이해야 한다. 그런 위험 속에서 신앙은 유일한 선택이다.

〈이상한 나라 엘리스〉에서 나오는 주인공은 여행을 준비하면서 자신에게 닥칠 모든 문제를 생각한다. 사자의 공격에 대비해 발을 철판으로 감쌌고, 악어로부터 자기 말을 보호하기 위해 기사는 말의 다리에 칼을 감쌌다. 말과 기사는 모든 위험을 대비해 보호 장치를 갖추었을 때 말은 무게를 감당하지 못하여 주저 앉고 만다.

당신이 아무런 보호 장치 없이 신앙의 길을 걸었을 때, 신앙은 곧 당신의 보험이 되는 것이다.

"두려움 없이 죽음을 맞이한다"

죽음이란 삶이란 책에서 마지막 구두점을 찍는 것이 아니다. 다만 한 페이지를 남길 따름이다. — 앙드레프레보

자신의 죽음에 대해서 예견할 수 있는가? 죽음을 생각하고 위축되거나 두려움을 느끼고 있지는 않은가? 그렇다면 그 두려움을 지금 해결하라.

왜냐하면 그 두려움은 모든 두려움의 모태이기 때문이다.

죽음에 대한 공포만 극복하면 마음이 편해지고 영혼의 힘을 소멸시키는 괴물을 없애는 결과가 생긴다.

죽음이란 무엇인가?

죽음이란 단순히 생명이 끊어지는 것인가?

아니다. 그것은 이행(履行)이다.

세상의 모든 사람들은 세 번의 삶을 산다. 그 첫 번째 삶은 어머니 뱃속에서 10개월 동안 사는 것이다.

두 번째 삶은 육신이라는 몸으로 이 세상에 태어나서 50년 혹은 100년 사는 것이다.

평생이란 자신의 의식이 어머니의 자궁 속에 있을 때 의식을 초월했던 것과 같이 이 세상의 의식을 초월한 삶을 말하는 것이다.

죽음이란 이행이다.

죽음을 결코 두려워할 필요는 없다.

오늘 당신은 죽음에 대해 신앙을 통한 위대한 도약을 해야 한다. 그러면 죽음에 대한 두려움은 없어질 것이다.

"미지의 세계에 대해 도전하라"

운명에는 우연이 없다. 인간은 어떤 운명을 만나기 전에 벌써 제 스스로
그것을 만들고 있다. ― 윌슨

신념은 도전이며, 도약이다.

한 곳에서 다른 곳으로 이어주는 통로가 없다면 어떻게 옮겨갈 수 있
겠는가?

신앙은 알려진 곳과 알려지지 않은 곳 사이를,

증명된 것과 증명되지 않은 것과 사이를,

현실적인 것과 비현실적인 것과의 사이를,

성취된 목표와 아직 추구중인 목표와의 사이를,

시간과 영원,

삶과 죽음,

그리고 절망과 희망 사이를 연결하는 다리다.

오늘과 내일 사이에는 간격이 있다. 당신은 내일 견딜 수 있을지 확신
할 수 없다. 그런 큰 희망을 품고 내일을 향해 힘찬 도전을 해야 한다.

당신이 성취한 것과 성취하지 못한 것 사이에는 항상 간격이 있다.

그러나 신념을 가지고 그 간격을 도약해야 한다.

"희망을 가지고 앞을 보라"

산다는 것은 물론 인생의 최고 목표이다.
— 그릴파르치

당신은 진실로 신념의 길을 걷고 있는가? 그렇다면 다음과 같은 질문에 답을 하라.

나는 희망을 가지고 앞을 바라보고 있는가? 아니면 실망으로 뒤를 돌아보고 있는가? 나는 타자 입장에서 스트라이크 아웃을 중요시하는가, 아니면 안타를 중요시하는가?

당신이 자신의 실수와 좌절, 그리고 실패 따위를 헤아리고 있다면 뒤를 돌아보고 있는 사람이다.

어느 날 한 교인이 영국의 유명한 신학자인 찰스 스피전을 찾아갔다. 그런데 그 교인은 실망과 좌절로 가득차 있었다.

"선생님, 저 소가 지금 무엇을 하고 있습니까?"

"벽을 바라보고 있군요."

그러나 소를 몰고 있던 농부가 말했다.

"저 소는 벽을 볼 수가 없기 때문에 그 위를 바라보고 있는 겁니다."

우리는 살면서 꿰뚫어볼 수 없는 벽을 바라볼 때가 있다. 그 때는 그 위를 바라보아야 한다. 장애물을 보지 말고 그 위를 바라봐야 한다.

당신이 성공을 상상하고 있을 때, 한 마디 말로 가장 잘 묘사할 수 있는 내적인 힘이 생긴다. 그것은 곧 희망이다. 희망은 성공과 실패를 좌우한다.

"한 곳을 향해 굳게 나아가라"

희망은 만사가 용이하다고 가르치고, 절망은 만사가 곤란하다고 가르친다.
— J. 위트

당신이 자신과 자신의 꿈을 믿게 될 때 다른 사람들도 당신을 믿게 된다. 당신의 궁극적인 목표에서 눈을 떼지 말고 매진하라.

당신은 현재 위치를 변경하거나 전략을 변경시킬 수는 있다. 그러나 궁극적인 목표에서 눈을 떼지 말아야 한다. 곤경에 처해도 당황하지 말라. 계획이 틀어지고 자금이 떨어져서 위기에 처해도 공포가 당신을 사로잡게 하지 말라. 신념이란 한 곳을 향해 굳게 나아가는 것이다.

미군 공군 비행사 한 사람이 월남전 때 포격을 받았으나 구사일생으로 살아나서 한 유명한 말이 있다.

"비행기가 포격을 받는 순간 사관학교에서 배운 대로 즉시 조종간에서 손을 떼었다. 충동적으로 조종간을 잡고 싶었으나 그것을 억눌렀다. 만약 조종간을 계속 잡고 있었다면 최악의 순간을 맞이했을 것이다. 잠시 후 비행기는 다시 상공으로 솟아올라 무사할 수 있었다."

치명적인 상처를 입었을 때는 움직이지 말고 생각부터 하라. 단 긍정적으로 생각하라. 그러면 제대로 될 것이다.

"당신의 허락이 있어야 실패도 한다"

늦게 일어남으로써 아침을 즐기지 말라. 아침은 생명의 본질이며, 어느
정도는 신성한 것이다. ─ 쇼펜하우어

당신의 허락 없이는 아무도 당신을 성공한 사람으로 만들 수 없다. 또
당신이 허락함으로써 열등의식이 싹트고 자란다. 당신의 허락 없이는 실
패자가 될 수 없다.

성공자가 되려면 다음 사항에 특별히 유의해야 한다.

첫째, 당신의 허락 없이는 열등감을 가질 수 없다.

둘째, 남의 필요를 충족시켜주면 당신의 필요도 충족된다.

셋째, 성공을 향해 착실하게 나아가라.

이제부터 새 출발이다. 과거와는 다른 새 출발이다. 시작하라. 시작해
야 끝낼 수 있다.

우리는 종종 헤어질 때 이런 말을 한다.

"즐거운 날이 되기를 바랍니다."

좋은 말이다.

당신의 신을 믿고, 또 당신이 하는 일이 잘 될 것이라고 믿는다면 영원
히 즐거운 날을 가질 것이다.

"반성하고 다시 시작하라"

후회는 해봤자 소용이 없다는 말이 있지만 후회한다고 이미 늦은 것은 아니다. ― 톨스토이

지난날을 회고할 때 누구나 자신의 어리석음과 일말의 후회를 느끼게 될 것이다. 그러나 이 정도의 성과라도 얻을 수 있었다는 것에 만족할 수 있는 사람은 행복하다. 그는 다시 시작할 수 있는 용기와 신념을 얻었기 때문이다.

어떤 계획에서도 가장 어려운 부분은 시작이다.

시작한 사람은 완전히 실패를 하지 않는다. 그는 최소한 자신의 타성을 극복하는 데에 성공한 것이다.

신념과 동기는 우리로 하여금 출발하도록 한다. 신념은 우리에게 인생은 피할 수 없는 싸움이며, 여기에서 피해서는 안 된다는 것을 가르쳐 준다.

이제 지난날을 되돌아보고 다시 시작하자. 그러면 그것이 곧 성공인 것이다. 왜냐하면 시작의 두려움을 이겨냈기 때문이다.

지난날을 되돌아보고 시작한다는 것은 오늘의 성공을 보장하는 것이다.

지난날을 되돌아보고 후회와 아쉬움이 있을지라도 다시 시작하는 길밖에 없다. 실패하지 않을 것이라는 확신을 가지고 다시 시작하는 것이다.

다시 시작하자.

새로 출발하자.

"인생의 승리자가 되자"

성공이라고 하여 공포와 불쾌감이 없는 것은 아니고, 실패라고 하여
만족이나 희망이 없는 것은 아니다. .― 베이컨

자신의 인생을 스스로 관리하며 보람 있게 주어진 삶에 최선을 다해 사는 사람이 인생의 참다운 승리자이다. 그러기 위해서는 당신이 원하는 이상적인 자신의 이미지를 확실하게 형성한 다음, 매일 그 이미지대로 살아야 한다.

인생의 패배자는 부정적 사고방식, 후회, 과음, 과식, 태만, 불안감, 우울, 적당주의 등의 부정적인 것을 끊임없이 되풀이함으로써 그것이 몸에 배어 습관화된 것이다.

인생의 승리자는 마음속에 자신의 인생을 훌륭하고 아름다운 것으로 그린다.

그것은 한 편의 아름다운 영화이며, 그 영화의 작가이자 감독이며 주인공도 바로 당신이다.

인생에서 승리하기 위해서는 먼저 자기인식에서부터 출발한 다음, 스스로를 높이 평가하고 성실해야 한다.

오늘 이 순간이 자신에게 가장 진실한 순간이 되어야 한다. 그리고 당신 자신의 인생을 싼 값에 팔았음을 인정하고, 당신 생애에서 얻을 수 있는 가능성과 대안을 향하여 눈을 활짝 떠라.